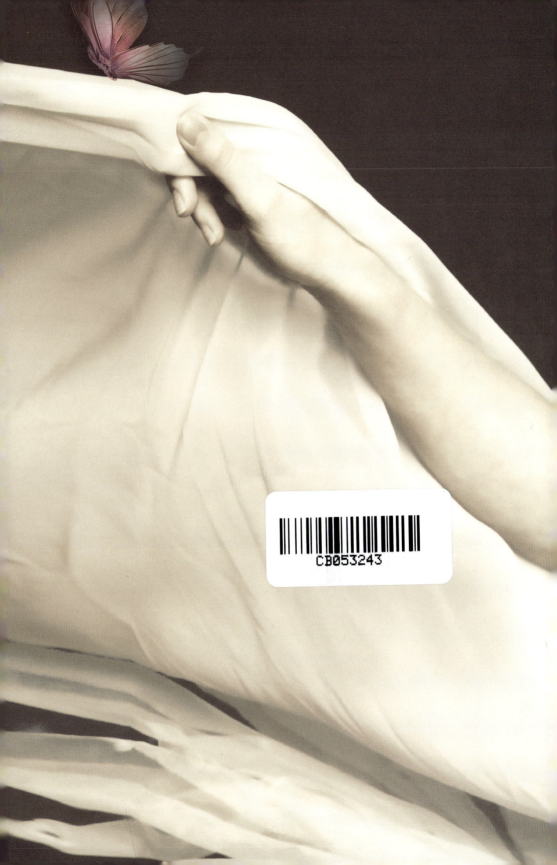

ANA CRISTINA VARGAS

Ana Cristina Vargas é natural de Pelotas, no Rio Grande do Sul, formada em Direito pela Universidade Federal de Pelotas, exercendo a advocacia.

Sua experiência com a mediunidade remonta à infância, desde quando apresenta a faculdade de vidência. Durante a adolescência, os fenômenos e a convivência com a espiritualidade se intensificaram, provocando a busca por respostas e autoconhecimento. Busca incessante que se desenvolve e aprimora a cada dia. É apaixonada por livros e pela leitura, embora nunca tenha pensado em tornar-se escritora ou psicografar romances.

Aos 17 anos iniciou o estudo da doutrina espírita e educação das faculdades mediúnicas, e, desde essa época, a psicografia faz parte de seu cotidiano. Mas foi no ano 2000 que o espírito José Antônio se apresentou, iniciando a parceria no ditado de romances mediúnicos. A autora também é orientada pelos mentores espirituais no estudo dos assuntos ligados ao comportamento humano.

Em 1998, juntamente com um grupo de amigos e o apoio da espiritualidade, fundou a Sociedade de Estudos Espíritas Vida, uma instituição que tem como lema: "Educação para a vida com liberdade e responsabilidade".

JOSÉ ANTÔNIO

José Antônio incentiva Ana na busca do conhecimento e pesquisa de todos os temas abordados em suas obras, especialmente os filosóficos, psicológicos e históricos. Este estudo metódico tem o objetivo de facilitar a sintonia mediúnica. Esse amigo espiritual pouco fala de si mesmo, seu nome é um pseudônimo, e tudo o que disse foi que era escritor em suas últimas três encarnações, duas na Inglaterra e a última na França, em meados do século 19.

Em sua companhia, a autora tem aprendido que ser humilde é reconhecer o próprio valor, que as posições de sucesso ou fracasso em que nos colocamos na vida decorrem diretamente do nosso modo de ser, pensar e agir, que devem ser autênticos sempre atendendo a consciência. A marca mais profunda que a obra de José Antônio deixa é o questionamento dos preconceitos.

LAYLA

Se eu quisesse falar sobre fatos, talvez bastasse simplesmente apor, neste espaço, o nome pelo qual fui conhecida, em minha última existência, como escritora, precursora dos direitos femininos e das ideias espiritualistas que impregnavam o século 19, na Europa — disponíveis à vontade de quem os desejasse conhecer. Mas, já não sou mais exatamente aquela personalidade, e, penso eu, fatos ou nomes não dizem quem somos, limitam-se a revelar um pouco do que fizemos, nada mais. Se eu os contasse, pouco diriam do que pensei ou senti.

O que é a biografia de um espírito? O relato de inúmeras e infinitas existências, algumas perdidas nas noites do tempo. Um trabalho muito grande para tão pequeno espaço!

Diziam que eu não sabia escrever, senão para falar de mim mesma e de meus sonhos, ideais, vivências e pensamentos. Diziam até que eu era a mais interessante personagem criada por minha mente e, minha própria existência, meu melhor romance. Vá lá, que tivessem razão meus críticos de outrora.

Retorno, hoje, na condição de espírito liberto da matéria, ainda falando de minhas vidas, minhas experiências — nisso continuo a mesma: ainda não posso falar do que não vivi. Agora, aproprio-me de minha memória imortal, vasculho-a e me retrato, não em uma página ou refletida em uma personagem, mas em inúmeras.

Conto-lhes os muitos caminhos que percorri, até atingir o que defino como um estágio de tranquilidade da alma, nele vivo em paz e alegria, sigo em frente buscando o progresso, lutando por meus ideais e trabalhando ativamente para vê-los disseminados e dando frutos no seio da humanidade. Sei que eles não são um patrimônio, muito menos uma invenção minha, são luzes que compartilharam comigo e me fizeram chegar onde estou.

E, ao sentar-me ao seu lado, amigo leitor(a), na forma deste livro que está em suas mãos, permitindo-me contar-lhe minhas muitas vidas, almejo dá-las a você, a fim de que, quando necessário, em algum momento, possam guiar seus passos, assim como um dia guiaram os meus.

Abro com você, o livro de minha vida. Conheça-me, eu hoje sou Layla.

© 2011 por Ana Cristina Vargas

Capa: Priscila Noberto
Projeto Gráfico: Andreza Bernardes e Priscila Noberto
Diagramação: Andreza Bernardes
Revisão: Mônica Gomes d'Almeida

1ª edição — 2ª impressão
3.000 exemplares — fevereiro 2016
Tiragem total: 13.000 exemplares

Dados Internacionais de Catalogação na Publicação (CIP)
(Câmara Brasileira do Livro, SP, Brasil)

Layla (Espírito).
Em tempos de liberdade / Layla e José Antônio; [psicografado por]
Ana Cristina Vargas.
São Paulo : Centro de Estudos Vida & Consciência Editora.

ISBN 978-85-7722-161-5

1. Espiritismo 2. Psicografia 3. Romance espírita I. Antônio, José. II.
Vargas, Ana Cristina. III. Título.

11-00153   CDD-133.9

Índices para catálogo sistemático:
1. Romances espíritas psicografados: Espiritismo 133.9

Publicação, distribuição, impressão e acabamento
Centro de Estudos Vida & Consciência Editora Ltda.
Todos os direitos reservados.

Rua Agostinho Gomes, 2312
Ipiranga — CEP 04206-001
São Paulo — SP — Brasil
Fone/Fax: (11) 3577-3200 / 3577-3201
E-mail: grafica@vidaeconsciencia.com.br
Site: www.vidaeconsciencia.com.br

Proibida a reprodução total ou parcial desta obra, de qualquer forma ou
por qualquer meio eletrônico, mecânico, inclusive através de processos
xerográficos, sem permissão expressa do editor (Lei nº 5.988, de 14/12/73).

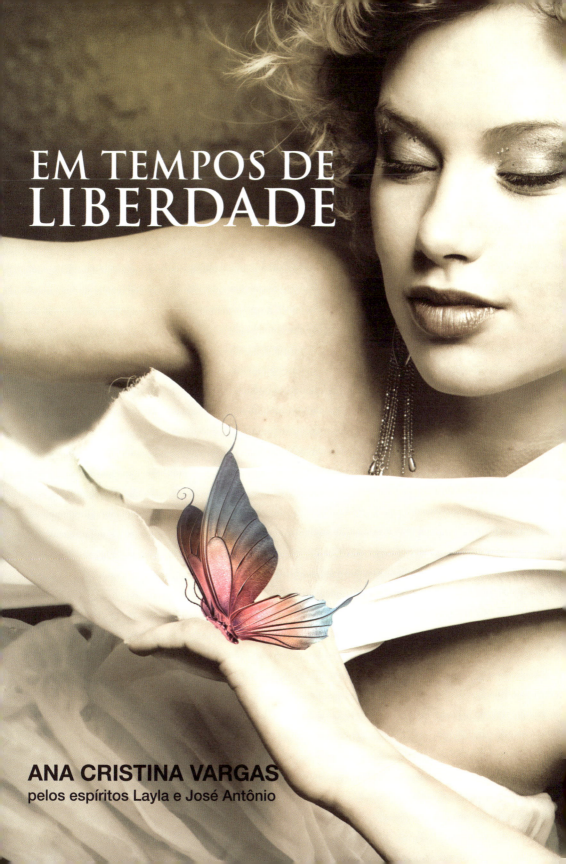

SUMÁRIO

Apresentação 10

Introdução 12

Primeira parte

1. Imagem autêntica 15

2. Notícias que perturbam 19

3. Convivência dolorosa 26

4. Em busca da liberdade 31

5. Aprendendo a viver 38

6. Uma alma espartana 45

7. Confronto da vida 51

8. Traçando rumos 63

9. Afinidades perniciosas 70

10. Armadilhas 78

11. Aurélius, Paulus e Caio 87

12. Injuriado 97

13. Em Roma 104

14. Estranho mestre 117

15. Reações 124

16. Ilusão, sonhos e realidades 138

17. Paixão 152

18. Provas inadiáveis 166

19. O amor e o poder 175

20. O encontro 186

21. Distância..195

22. Novos tempos 208

23. Ciúme 222

24. Amadurecer....................................231

Segunda parte

25. A amizade 240

26. Tropeçando no eu antigo.................251

27. Adriano 264

28. Descobrindo o amor 271

29. Teste em Tivoli 278

30. Libertar-se 295

31. Modo de ver 302

32. Cibele 311

33. Uma vida nova 317

34. Turbulência.....................................324

35. Escolhendo prisões 333

36. Enfrentando a dor 344

37. O cortejo..351

38. Destinos 362

Epílogo 373

Apresentação

Conhecer Verônica equivale à experiência de olhar milhões de almas que lutam para se erguer.

Verônicas andaram e andam nas ruas da Terra, em todos os séculos, e, tal qual ela, habitam sarjetas e mansões. Em toda parte, a vida nos ensina que a força nasce sempre de dentro, e o tempo auxilia as leis universais para que tudo e todos cresçam.

Lutar, vencer, cair, aprender, levantar e, acima de tudo, encontrar no íntimo a confiança e o amor a Deus, não importando a forma como O imagine, são os caminhos de Verônica. É assim que jorram as forças do interior e o espírito se eleva, se liberta, adquire saúde plena.

Às Verônicas de todos os tempos, que lutam e crescem, dedico este trabalho.

José Antônio

Quando você olhar a borboleta, voando nos ares, lembre--se da lagarta rastejando no solo sob forma triste e horrenda. Mas quando você olhar a larva rastejando, pense que um dia ela ganhará asas, será bela e alçará voo.

A natureza escreve páginas incansáveis a respeito da evolução, eu escrevo meus caminhos evolutivos.

Apresentaram-me uma "quase borboleta". Desejo mostrar--lhes meu "quase início", quando era larva e rastejava sem espiritualidade e sem asas que permitissem ao meu pensamento voar, e ainda sem sentimentos suficientemente burilados, que pouco espelhava a beleza do Criador.

Anseio que as luzes que, no passado, iluminaram a minha jornada possam iluminar outros caminhos.

A vocês, com carinho, ofereço a sinceridade de minhas memórias.

Com amor,

Layla

Introdução

Layla apresentou-se em 2007, acompanhando a rotina de trabalho de José Antônio junto à médium. Dia a dia, o trio habituou-se aos encontros, a aproximação das energias e a confiança ampliou-se até a natural aceitação. Ela, uma visitante silenciosa, atenta e bela, trajada em roupas orientais, transmitia com sua presença, força e bem-estar. Em 2009, eles comunicaram à médium o início de um projeto conjunto: o ditado de alguns romances em que narrarão as vidas passadas de Layla.

José Antônio e Layla foram amigos em sua última encarnação, ocorrida na França, no século 19. Ela diz que também foi mulher, escritora, dona de uma personalidade combativa; trabalhava ativamente por seus ideais: a divulgação da espiritualidade; a luta pelo reconhecimento dos direitos da mulher. Disseram que desde aquele tempo tinham o projeto de escrever juntos, no entanto, o desencarne de José Antônio, na ocasião, inviabilizou a execução.

O trabalho conjunto e harmonioso que desenvolvem hoje é a prova de que uma amizade real se baseia nas leis da afinidade e transcende a vida física. Os que se amam se procuram e se reencontram, os laços que os unem são imortais e este trabalho é apenas um exemplo dessa lei natural.

Conviver com Layla é apaixonar-se por sua presença, que é sinônimo de aprendizagem. Espírito antigo, é dona de extensa cultura e inteligência, que transmite com a mais tocante simplicidade o que a faz compreendida por todos. Muito viveu, muito errou, muito aprendeu. Sobretudo por ter a coragem de se mostrar com toda honestidade, de reviver a si mesma e mostrar-se ao leitor como uma alma nua, falando abertamente das mazelas humanas de todas as épocas.

01
Imagem autêntica

PARTE 1

Os homens deviam ser o que parecem ou, pelo menos, não parecerem o que não são.

William Shakespeare.

A vida pode ser suave, pensava Octávia. Seu olhar calmo passeava pelas plantações de oliveiras. Os escravos colhiam os frutos, acomodando-os em grandes cestos. A safra seria próspera. Os vinhedos prometiam fartura e sabor inigualável nos próximos tempos.

Sim, Octávia tinha razão. Há décadas a vida era suave para ela. Abandonara a vida agitada de Roma, refugiando-se no campo.

A Vila Lorena, batizada com o nome de sua mãe, mantinha--se tão altiva quanto a mulher que lhe dera o nome. Uma bela construção, em estilo clássico, com um jardim primoroso e muito bem-cuidado em torno. Além, se estendiam as plantações e os vinhedos.

Verdade seja dita, o trabalho era o segredo da paz e suavidade da existência cultivada por Octávia. Vivia reclusa, longe da chamada vida social, ou seja, não sabia das intrigas, das festas, dos escândalos, das traições e dos modismos que agitam a privilegiada classe dos patrícios.

Cansara-se das falsas amizades, dos interesses mesquinhos, dos zelosos afetos que não resistiam a um leve arranhão, tão fino era seu verniz de falsidade. Fora uma mulher amargurada e triste enquanto convivera com aquela realidade.

Insultava-a ser tratada como uma mercadoria de interesse da família, que podia ser negociada em casamentos, conforme os interesses políticos ou econômicos mais urgentes. Assim como eram casadas hoje com um, amanhã poderiam ser divorciadas ou enviuvadas, dependendo do que fosse mais lucrativo, e, de novo, "negociadas" por matrimônio. Era preciso ter mais força interior do que Octávia possuía para suportar ou, então, como muitas mulheres que conhecia, participar ativamente naquela fogueira de interesses.

Aquilo não era para ela. Dois casamentos, um terminado pelo divórcio e o outro pela morte haviam sido suficientes. Seu segundo casamento trouxera-lhe felicidade. Diulius, seu marido, entendera e apreciara a sua alma sensível. Propiciara-lhe paz, conforto, alegria. Viveram anos de muita felicidade, especialmente quando residiram na Grécia. Longe da interminável rede de intrigas romana.

Agora, tudo aquilo era passado. As linhas que marcavam seu rosto contavam a passagem dos anos, e os cabelos, levemente grisalhos, não permitiam nenhuma mentira. Tudo era passado. Há mais de uma década vivia na Vila Lorena, distante de Roma, sozinha, na companhia apenas de Mirina, sua escrava grega e dileta amiga, mãe da pequena Verônica, alegria de sua velhice.

Octávia respirou profundamente, deliciando-se com o frescor da tarde.

— Senhora — chamou Mirina, parada no centro da sala.

Octávia voltou-se e sorriu.

— Preciso que veja a correspondência — esclareceu a escrava.

— Vejo em seus olhos, Mirina, que se trata de algo desagradável – comentou Octávia. — O que é?

— Eu não li, senhora. É uma carta de seu filho, Adriano.

O semblante de Octávia anuviou-se, ela baixou o olhar e fez um gesto resignado ao dizer:

— Me entregue, há muito aprendi que protelar nada resolve. Sejam boas ou más, o que é mais provável, é melhor enfrentar logo a questão.

Mirina, igualmente séria, passou às mãos de sua senhora o rolo de pergaminho lacrado. Ia retirar-se da sala, quando foi impedida pela ordem de Octávia:

— Fique! Não tenho segredos para você. Deveria estar feliz em receber esta carta? Muitas matronas romanas me diriam que é um absurdo uma mãe não desejar notícias de seu primogênito. Mas, sinceramente, eu prefiro passar sem elas. Adriano apenas cresceu em meu ventre, não parece ter uma única gota do meu sangue. Pertence demais à família de seu pai, aquele bruto. Vive como ele. Talvez por eu não ter, ao menos, apreciado seu pai, hoje exista essa dificuldade com ele. Às vezes, sinto-me culpada e penso que poderia ter agido de forma diferente. Mas eu não sei fingir, essa foi minha derrocada. Mamãe horrorizava-se com meus maus modos e empenhou-se a vida toda, pobrezinha!, para tornar-me uma hipócrita. Fui o seu fracasso materno, assim como Adriano é hoje o meu.

Octávia, batendo nervosamente o pergaminho nas mãos, acomodou-se em um divã e rompeu o lacre.

Mirina observava-lhe a mudança na expressão da face e deduzia que o documento estava longe de conter boas notícias ou meras trivialidades. Os grandes olhos negros da escrava estampavam o medo que lhe tomou a alma. Em nada, absolutamente nada, apreciava o filho de sua senhora. Adriano era o oposto de sua mãe. Rude, grosseiro, orgulhoso, acreditava-se melhor do que qualquer pessoa por ser um cidadão romano. Essa crença o colocava muito distante das noções de respeito e fraternidade. Pertencia a uma raça superior, eis tudo. O direito de nascimento lhe conferia vantagens e prerrogativas que, se por mérito necessitassem ser adquiridas, jamais as possuiria.

Mirina sabia o quanto Adriano assemelhava-se a um animal e acreditava ser um deus. Era um ignorante! Mas um ignorante que ela preferia ver longe.

02
Notícias que perturbam

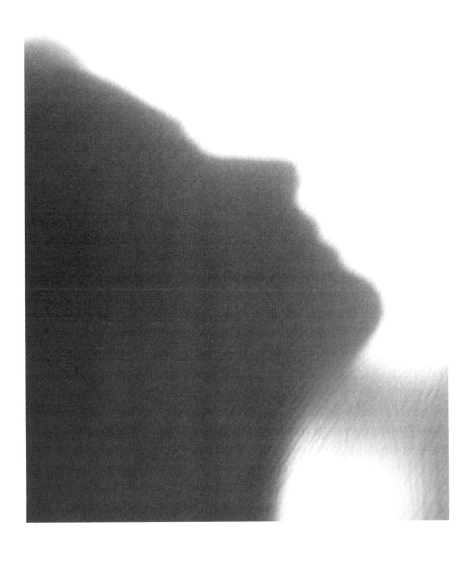

Da verdade só subsiste o mínimo
necessário para assegurar a vida social.

Shakespeare, William. *Medida por medida*
(1604-1605)

Aos olhos de Octávia, a tarde de sol perdeu o brilho. Fora repentinamente lembrada de que viver nem sempre é suave. Afinal, não há uma só pessoa em todo planeta que possa dizer-se isenta de experimentar sofrimentos.

— Ah! Eles são tantos e de tantas formas diferentes, não concorda Mirina? — indagou a senhora.

— Perdão, senhora. Não entendi a que se refere.

— Ao sofrimento, minha boa Mirina. Ao sofrimento é que me refiro. Antes de entregar-me esta mensagem, eu pensava em como há momentos em que é suave viver. Recordei os anos felizes ao lado de Diulius e via o trabalho calmo e constante nas plantações, agradeci aos céus por sua companhia e pela alegria de nossa menina, meu adorado encanto.

Octávia suspirou e tornou a bater, de leve, com o rolo de pergaminho na palma da outra mão. O gesto denunciava o estado nervoso despertado pelo conteúdo escrito.

— Eu odeio as convenções sociais, Mirina. Elas para mim são um fardo insuportável. Sei que inúmeras pessoas têm causas muito maiores de sofrimento e desincumbem-se delas com força e coragem, encontrando até motivos de alegria e felicidade. Já vivi o bastante para saber desse fato. Admiro-as, sinceramente admiro-as. Mas eu não sei empregar a arte da hipocrisia. Causa-me mal-estar tão profundo ser hipócrita, que é uma dor física. Sinto como se todo meu corpo estivesse em sofrimento, tenho angústia e ânsias de gritar. Todas estas emoções devem ser reprimidas, a verdade escondida, e, na face imperturbável, serena e satisfeita, devo ostentar um sorriso. Ah, que dor! Eu desejo é morder, arranhar e berrar a verdade aos quatro cantos: meu filho é uma besta selvagem, como tantos homens de Roma. Da criança que cresceu ao pé de mim, nada mais resta. Tornou-se um estranho, frio e desumano. Quando ele nasceu, tive esperança de que meu padecimento naquele casamento tivesse compensações: as alegrias da maternidade. Qual?! Enganei-me, trouxe-me a manutenção do padecimento. O casamento acabou-se; quando foi do interesse de minha família, libertaram-me daquele compromisso. Mas do filho quem me libertará? A morte, somente ela tem tal poder.

— Senhora, por favor, não exagere. Pensar assim é sofrer antes da hora, por consequência condena-se a sofrer ainda mais. O que diz a mensagem para transtorná-la a este ponto? — indagou Mirina, tomando o braço da senhora e conduzindo-a a sentar-se num divã próximo.

Acomodada, Octávia reclinou-se, levando a mão à garganta, no afã de liberar a emoção que oprimia aquela região, queimando-a como fogo. Balançou sutilmente a cabeça de um lado a outro, e seu olhar fixou-se no rosto da escrava. Há muito Octávia não pensava em Mirina e Verônica como suas escravas. Sabia que era a amizade o maior elo que as unia.

Mirina tinha traços bem definidos, a pele morena, os cabelos negros, pesados e ondulados. Era uma mulher forte, uma alma lúcida, doce e guerreira, ao mesmo tempo. Conviver com Mirina era como navegar em um lago de águas calmas, mas profundas. Octávia apreciava estas qualidades de caráter e tudo fizera para que ela as cultivasse. O pai de Mirina fora escravo da família, era um homem culto e fora o mestre de sua adolescência. O tempo e a morte a todos ceifam, assim como seus próprios pais, o grego agora pertencia ao reino dos mortos. Talvez por causa do passado, considerasse Mirina como uma irmã caçula ou uma sobrinha muito querida, afinal a mesma bondosa criatura as havia educado. Considerava provável que essa fosse a causa de tão grande afinidade; nem mesmo com seus familiares tinha tanto em comum.

— Você é uma mulher jovem e bonita, Mirina. Será que não está enterrando sua vida e felicidade vivendo nesta Vila, tão distante de outras pessoas?

Mirina levou o dedo aos lábios, pedindo silêncio. Tomou a mão da senhora e a afagou com carinho.

— A senhora e Verônica são a minha família. São tudo o que tenho e quero, não preciso de mais nada. Agora me diga: está se sentindo melhor? Sabe que fico preocupada quando se altera; não é bom para a sua saúde.

— Preciso pensar no futuro da nossa Verônica. Você sabe, ela carrega sangue romano e nobre nas veias...

— Senhora! — interrompeu Mirina, com firmeza. — Ela é filha de mãe grega, escrava. O pai é desconhecido, assim a educamos, assim precisa ser e é. Não vamos agora mudar o que está bem e estabelecido. Ela é uma criança feliz e saudável.

— Mas, Mirina, e o futuro? Estaremos sendo justas? Questiono-me tanto! É impossível não reconhecer os traços de minha mãe e dos meus sogros misturados aos seus e aos de seu pai — objetou Octávia. — Ela tem os traços de Adriano, não há como negar. É por isso que eu lhe dei o nome de Verônica; ela é a imagem autêntica do pai. O rosto de Verônica é uma imagem que fala. Há mistério em seus olhos e em seus traços, tão romanos sob aquela cabeleira grega.

— Não exagere, senhora. Eu lhe peço, pense em sua saúde. Por que causar-se este sofrimento? Verônica brinca lá fora, está bem. Deixe-a assim. Além do mais, ela tem a pele morena como a minha, e terá um corpo forte como o meu. Minha mãe era de Esparta, a senhora lembra-se dela? Forte como uma guerreira amazona, adorava fazer exercícios...

— Nua — falou Octávia, sorrindo da recordação. — Sim, Verônica terá um físico como o seu. Ela é uma estranha combinação da natureza.

— A natureza é sábia. Suas leis, dizia meu pai, tendem sempre ao equilíbrio e ao belo. Deve ser por isso que Verônica é uma criança tão bonita.

— Minha flor exótica! Sim, a pequena é linda — concordou Octávia.

— E então, a senhora não deseja me dizer o que há de tão ruim escrito neste pergaminho? — insistiu Mirina.

Octávia passou-lhe às mãos o rolo e lhe disse:

— Leia por si mesma, nem ao menos tenho vontade de repetir as notícias. Já deve imaginar que não são boas.

Mirina afastou-se do divã. Em busca da luz, aproximou-se da janela aberta e desenrolou o pergaminho. As faces morenas e rosadas empalideceram e as mãos tremeram, conforme a compreensão da mensagem lhe chegava à mente.

"Pobre senhora!" – pensou a escrava – "não merecia isto ainda mais agora que sua saúde mostra-se tão frágil."

— A vida consome-se cuidando dos outros — comentou Octávia resignada. — Às vezes, creio que os homens são os únicos animais a devorarem os da mesma espécie com intenso prazer. Aliás, por puro prazer. Diulius me advertia muito sobre a forma equivocada como eu via os fatos e as pessoas, na juventude. Dizia-me: "Observa, Octávia, vê bem. Em todas as casas estão muito claros os limites da propriedade e quem é seu senhor. Infeliz aquele que tente ocupar propriedade alheia. Rudes penas são impostas sobre si. Mas pense, querida, de quantas formas deixamos que invadam nossas vidas e usurpem nosso tempo, nosso dia, nossos pensamentos e ocupações, apossando-se do que é nossa propriedade e que não vigiamos, nem demarcamos com clareza os limites. Ficam misturados, e esta é a maior causa de desavença entre as pessoas; são invasivas demais na vida alheia e acabam, por conseguinte, tendo a sua invadida". Ele tinha verdadeiro horror ao pensamento da minha família, especialmente das minhas irmãs, porque se afligiam com o que diziam os outros, com o que pensavam e queriam agradar a opinião pública a qualquer preço. Muitas vezes, Diulius me alertava que elas não tinham personalidade e que não eram felizes exatamente por este pequeno grande motivo. "Não permita que roubem o que não lhe podem dar: a sua vida, o seu tempo, a sua paz e felicidade. Ocupe-se disso ou ninguém o fará." Demorei alguns anos para compreender o que ele me ensinava, mas aprendi, e a essas lições devo a minha felicidade.

Abandonando a leitura enfadonha e de tão mau agouro, Mirina voltou o olhar à sua senhora. Viu a saudade e as lembranças de amor doce e sereno refletidas em sua face envelhecida. "Pobre senhora!", lamentou outra vez, em pensamento. Amava Octávia, o relacionamento delas estava fora de todas as convenções estabelecidas pelas classes sociais. A única lei era a ditada pelos sentimentos e pela vontade.

— O senhor Diulius era um sábio. É comum lembrar-me dele quando o sol se põe, e o crepúsculo tinge o azul do céu de cores fortes. Ele adorava esta hora do dia — falou Mirina, expressando a ternura que sentia pela memória do antigo senhor, acima de tudo, um bom amigo de seu pai.

— É verdade. O crepúsculo harmonizava-se com perfeição ao Diulius. Tem um frescor que bane o cansaço; um colorido forte e suave que relaxa e acalma; e há sempre uma expectativa pelo que virá. Diulius foi um companheiro maravilhoso, jamais senti tédio em sua companhia, ele sempre conseguia me surpreender de algum modo. Sinto a falta dele. Hoje, à noite, cultuaremos sua memória.

— Sim, senhora. É sempre bom lembrarmos nossos antepassados e aqueles que partiram para outra vida. Que tenham paz! — concordou a escrava. — Senhora, se me permite, tomarei as providências necessárias a ... — e balançando o pergaminho para atrair o olhar de Octávia, completou desacorçoada: — a isto.

— Não há outra coisa a fazer, não é mesmo? — inquiriu Octávia, buscando resignar-se ao fato.

— Não, eu creio que não.

Mirina dirigiu-se à porta e parou sob o batente. Fitando Octávia falou:

— Mais do que as preces, cantos e flores oferecidos ao senhor Diulius, penso que ele fique feliz quando nos vê tentar seguir vivendo de acordo com os seus ensinamentos; a senhora, ainda, mil vezes mais do que eu ou Verônica. Não permitiremos que o senhor Adriano tire de nossas existências a paz, o tempo e a felicidade conquistados, impondo-nos sofrimentos antes da hora e, por isso, desnecessários.

Um pálido sorriso desenhou-se no rosto de Octávia e, com um leve aceno de cabeça, dispensou a escrava.

Tempos difíceis à vista.

03
Convivência dolorosa

*Não te envergonhas de destinar
para ti somente resquícios da vida e
reservar para a meditação apenas a
idade que já não é mais produtiva?*

Sêneca. Sobre a brevidade da vida, capítulo III.

Mirina supervisionava, como de hábito, o serviço doméstico da Vila. No entanto, trabalhava sem prazer. Desde a chegada da mensagem do filho de Octávia, debatia-se entre a angústia, a mágoa e a ansiedade. Detestava este estado de espírito, tirava-lhe a paz. Agora, a cada hora, precisava fazer grandes esforços sobre si mesma para ser paciente, tolerante e mesmo, minimamente, simpática com os demais habitantes da Vila Lorena.

Lutava por recuperar o equilíbrio íntimo. Impunha-se pensar que tudo fazia parte do passado e lá era seu lugar. Mas nem sempre a razão vence a emoção. E as forças internas de Mirina sangravam, deixando-a fraca, irritada e infeliz. Seu desejo era tomar Verônica pela mão e sair a passos largos rumo ao desconhecido. Enfrentar a incerteza, pensava, era mil vezes melhor do que enfrentar uma criatura como Adriano.

Ele era uma peste conhecida; sabia o que lhe reservavam os dias futuros, estando sob o mesmo teto.

Porém o dever gritava aos seus ouvidos que não podia abandonar Octávia. Se pouco poderia fazer para poupá-la do sofrimento da companhia do filho, ao menos a sua presença poderia abrandar a situação. Poderia ouvir suas queixas, suas dores, seu desprazer e rezava aos deuses pedindo-lhes força antecipadamente.

Apenas por amor a sua senhora ficaria. Verônica seria enviada para longe; elas já haviam combinado. A menina ficaria com um casal pobre que trabalhava na Vila e residia em uma humilde casa, numa das plantações de oliveira mais distantes da sede. Lá, esperavam, ela estaria protegida da presença de Adriano.

Verônica contava com treze anos, e a beleza exótica de seus traços e de seu corpo jovem e forte começava a despontar. Pelo passado, Mirina sabia que o melhor era mandar a filha para longe. Sofreria de saudade, nunca haviam se afastado, mas aplacaria este sentimento com a certeza da segurança da menina. Este era também o pensamento de Octávia.

Mirina, cansada da agitação, muito mais de sua agitação interior do que da azáfama doméstica, teve ânsias de respirar ao ar livre. Apressada, dirigiu-se ao jardim, caminhando entre as alamedas floridas. Lutava por um pouco de tranquilidade dentro de si. Não percebeu que Octávia a observava, triste, do balcão de seus aposentos.

— Que lástima viver para ver este dia! — murmurou Octávia.

"Mirina é estoica até a raiz dos cabelos, mas para tudo há um limite", pensou a senhora, observando-a vagar pelo jardim. Debruçada no parapeito do balcão, entregou-se a especulações mentais sobre o presente e futuro: "Tenho certeza de que a preocupação dela e a minha, nos últimos anos, é o bem-estar de Verônica. Ah, se ela não fosse tão teimosa! Se Mirina, ao menos, tivesse permitido que eu adotasse a pequena. Mas ela é orgulhosa; isto a faz insensata. Verônica tem sangue senatorial nas veias, tem direitos. É bastarda, é fato. Além disto, é mulher. Pobre criaturinha! O destino não foi pródigo com ela: bastarda e mulher. Somente a adoção lhe daria melhores condições, mas ela não quis, não permitiu, mas as libertei e dei-lhes bens com que possam viver após a minha morte. Até lá estarão, ou estariam, seguras comigo. Agora, tudo é uma incógnita. Vejo sombras no futuro; sei o quanto de lama e corrupção envolvem meu ocupado filho. Graças aos deuses que é tão ocupado, pouco se lembra de mim. Ele vive aquele intolerável limite entre a nobreza e a marginalidade. É uma alma vil. A alguns apresenta a face nobre, culto, amante das artes, zeloso defensor dos valores romanos: a família, a propriedade e a civilização. Veste-se com túnicas e mantos, ouve os melhores oradores e pensadores de Roma, banqueteia-se com os senadores, com os generais, com as mais nobre famílias e com o próprio imperador. Casou-se; lastimo a mulher que o desposou. Por certo, mais um acordo político-financeiro. Isso faz da minha infeliz nora uma mulher a ser duplamente lamentada. Não compareci ao casamento. A fama de louca precedeu-me. Ah, como a aprecio! Libera-me de presenciar cenas detestáveis da hipocrisia humana. Esta face social é festejada em Adriano. Mas e a outra... ela sim, provavelmente seja a verdadeira face de Adriano, pois nunca vi um animal hipócrita ou cruel. E Adriano é pior que um animal; ele é hipócrita, violento sem justificativa e cruel por prazer. Abusa sexualmente das escravas, desconhece até o respeito devido à infância. Mirina era poucos anos mais velha que a própria Verônica quando ele a submeteu, à força, aos seus caprichos. Aquela visita, que dias de horror! Dias que prefiro esquecer. Sei que o passado é sagrado, pois ele não mais pertence à incerteza do destino e nada pode atingi-lo. É o maior capital do ser humano, nem pestes, nem calamidades, nem desgraças podem retirá-lo de nós; é a única posse perpétua e intrépida que temos. Talvez devesse dizer propriedade, pois, em verdade, o que somos senão a soma do que vivemos e aprendemos? E isso é o nosso passado. O passado e o presente de Adriano são péssimos; para ele o tempo parece não passar. Ele não muda, parece ser atravessado pelo tempo. Rugas, flacidez, cabelos brancos... ah! Nada disso significa viver.

É o mero passar dos dias, comum a todos. A vida vale pelo que se aprende. Se cada ruga refletisse uma transformação, um crescimento intelectual ou moral, então sim, significariam horas bem vividas. Do contrário, são apenas o calendário dos deuses. Cada marca só serve para nos mostrar que o fim da jornada está próximo, e é inevitável. Por mais desocupados e distraídos que estejamos, ou tão ocupados que não vejamos a vida passar, nada faz diferença, pois o certo é que ela chega ao fim. Eu sinto que a minha se aproxima do fim. E a de Verônica se ensaia; é menos que um botão em flor... apenas se inicia.

04
Em busca de liberdade

Quem tem mais direito de falar com liberdade do que quem não tem casa para enfiar a cabeça?

Shakespeare, William. *Timão de Atenas* (1607-1608).

Dois anos depois, em Roma, ano 28 da era cristã. O sol fazia brilhar as construções de mármore da metrópole romana. A distância, sobre as montanhas que cercavam a cidade ao norte, um grupo de legionários se deslocava em marcha acelerada. Ansiavam retornar a Roma, tinham sede de vinho, fome da boa comida, desejavam as casas de banho e os prazeres que a vida urbana, com tanta facilidade, propiciava.

As batalhas, os saques, serviam para enriquecê-los, mas onde gastar? Nas cidades, e qual seria melhor do que a capital do império?

Paulus afastou-se do grupo. Cansado, sentou-se sobre uma pedra à beira da estrada e admirou a cidade, ainda distante algumas horas de marcha, mas perfeitamente visível no horizonte. Embeveceu-se com a imagem. Por tanto tempo aquela visão alimentara seus sonhos e suas esperanças que, naquele instante, sentia necessidade de observá-la, sem fazer esforços na imaginação.

Não se preocupou com seus companheiros que avançavam à frente. Simplesmente permaneceu sentado sobre a pedra, perdido em seus pensamentos.

Paulus era um homem jovem, ingressara no exército muito cedo. Dedicado e persistente, começava a destacar-se, merecendo a confiança e a amizade de seu comandante. Personalidade arredia, solitário, sem ambições culturais, como a maioria dos soldados romanos. Interessava-se pelas artes da guerra, lutas e armas.

Na companhia do comandante Damiciano, ele se iniciava no aprendizado das táticas e estratégias, que até então apenas executava. O exercício mental revelava uma mente arguta, inteligente e perspicaz.

Sua história familiar não podia ser mais comum. Filho da plebe romana, o melhor que o destino lhe reservara era exatamente o que desfrutava — o exército. Há anos afastado da cidade, Paulus não sabia o que o aguardava. Não sabia se seus pais ainda viviam, suas irmãs já deviam estar casadas, talvez não as encontrasse. Não tinha irmãos e se incorporara ao exército com quinze anos. Aos dezessete, acompanhara Damiciano para as distantes fronteiras do império, ao norte da capital, enfrentando as tribos bárbaras que ameaçavam o império. Lá permanecera por seis anos. Deixara Roma como um jovem quase imberbe, muito pobre, de físico franzino, olhar arredio e extremamente tímido. Retornava um homem de vigor e beleza plena. Amealhara riqueza nos saques aos bárbaros e economizara tudo que recebera, ao longo daqueles anos. Isto enchia-lhe a mente de planos: desejava adquirir uma propriedade, alguns escravos baratos, boas roupas, boa comida, bons cavalos e se divertir. Não era mais o jovem tímido; tornara-se alguém; era um soldado habilidoso, destemido e forte. Aprendera a tomar o que queria sem pedir licença, não importando do que se tratava; do dinheiro à posse das mulheres aplicava o mesmo princípio.

Os ideais do exército romano favoreciam muito o egoísmo e a arrogância, pois era a conduta apresentada como modelo e digna de ser seguida. Eles eram pessoas civilizadas, os demais eram bárbaros sem cultura. Aliás, deve-se dizer que ao longo dos tempos, as nações ocidentais herdeiras desse legado que se entregaram ao militarismo, continuaram adotando e promovendo os mesmos princípios e atitudes.

As legiões ainda passavam na estrada, podia ouvir o som dos passos pesados dos soldados sobre as pedras. Olhou-os e percebeu que seus companheiros haviam avançado muito. Decidido, ergueu-se e pôs-se a caminhar à margem da estrada, em passo acelerado, ganhando terreno rapidamente. Damiciano marchava à frente; precisava alcançá-lo; entregara as rédeas de seu cavalo a um companheiro, pretextando necessidade de caminhar. Fato verdadeiro, mas se dissesse ao comandante que tivera uma crise de nostalgia ao avistar a capital, seria alvo de pilhérias impiedosas por um longo tempo.

Com esforço, alcançou sua posição e, quando tomava as rédeas do cavalo, o companheiro lhe disse:

— Veja aquilo! — e apontou para um pequeno bosque próximo da estrada, onde se via um corpo de mulher caído e suas roupas ensanguentadas. — Não é muito diferente do que vimos no norte.

Paulus voltou-se, olhando na direção indicada. Não era possível ver se a mulher era jovem ou não, era apenas um vulto feminino caído ao chão.

— Deve estar morta — continuou o soldado, ignorando o silêncio de Paulus e sua face perturbada.

Sem nada responder, Paulus puxou o cavalo, retirando-o da formação, montou e se dirigiu ao bosque. Não saberia explicar que estranhos sentimentos o moviam. A cena era comum. A mulher possivelmente fora estuprada ou sofrera outra forma de violência, ou, o que também era comum, as duas coisas haviam lhe sucedido. Isso acontecia com frequência, fazia parte dos saques e era uma forma de diversão dos soldados em campanha. Ele protagonizara um número tão grande delas que não saberia dizer se dezenas ou centenas. Mas aquele corpo o atraía irresistivelmente. Precisava olhar, tinha que saber se estava morta ou não. Não poderia viver com a dúvida; não havia escolha e nem sequer cogitou que houvesse.

Desceu e tocou as costas da mulher; sentiu o corpo quente e o movimento da respiração.

— Está viva — murmurou.

Virou-a e surpreendeu-se com os ferimentos. A mulher estava literalmente arrebentada; parecia que enfrentara uma batalha – essa atitude era novidade. As mulheres sofriam toda sorte de violências e eram machucadas, algo que estava habituado a ver e praticar, mas aquela desconhecida estava tão ferida que não tinha dúvida que reagira.

Tomou-lhe uma das mãos e confirmou suas suspeitas; estava ferida, inchada com hematomas. Sem pensar, ergueu a mulher inconsciente nos braços e depositou-a sobre o cavalo, analisando qual a melhor forma de transportá-la. Depois, acomodou-se e voltou ao grupo de legionários.

Caetano, o soldado que lhe mostrara o bosque, espantado, o aguardava na beira da estrada.

— O que deu em você, Paulus? É sua conhecida? — indagou tomado de surpresa com a atitude do companheiro.

— Não, acredito que não. Está tão ferida que não dá para afirmar com absoluta certeza — pilheriou Paulus, antecipando que teria dificuldade de explicar o que lhe acontecera. "Que impulso irresistível fora aquele que lhe impusera uma ação inesperada e mesmo imprópria a sua natureza?" — indagava-se mentalmente.

— Ficou piedoso — debochou Caetano. — O que você pretende fazer com este "prêmio" em Roma? Vai desfilar com ela na parada? Não será melhor colocá-la junto com os escravos?

— Está desacordada. Não posso amarrá-la com os escravos — argumentou Paulus, pensativo, questionando-se o que faria.

Poderia largá-la na beira da estrada, mas seria o mesmo que condená-la à morte. Amarrá-la junto aos escravos não lhe daria melhor destino, pois inconsciente, acabaria arrastada e ferida. Como estava, isso somente apressaria sua morte.

Pensando assim deu-se conta de que a vida daquela mulher o interessava. Importava-se com ela, não desejava a sua morte. Mas, por quê?, pensou ele. Não havia resposta, não naquele momento.

Olhou a cidade que se aproximava conforme desciam e avistou os vilarejos sujos e fétidos que cercavam a grande metrópole. O mau cheiro chegava às narinas, trazido pelo vento. As ruelas lamacentas e apertadas, os casebres, a grande quantidade de animais, pequenas mulas e cachorros magros e feios enchiam o espaço. Crianças famintas e maltrapilhas corriam descalças, perdidas em um mundo de brincadeiras e jogos que as fazia esquecer a realidade em que viviam. Algumas outras, menores, choravam nas portas, reclamando atenção das mães.

A solução de seu problema recém-adquirido chegou como um raio. Deixaria a mulher em alguma daquelas casas e pagaria para que a cuidassem. Resolvido o dilema, Paulus balançou a cabeça, satisfeito com a solução.

Caetano prosseguia seu debochado discurso a respeito da mulher ferida e do gesto salvador de Paulus. Fazia piadas e ria, mas ele não o ouvia, recusava-se a dar-lhe atenção. Diga-se, que desde que tomara a mulher como encargo, não pensara em outra coisa que não fosse nela.

Notando o fato, justificou-se, em pensamento: "Fazia pouco tempo, uma hora, talvez um pouco mais. Era natural que se preocupasse com a saúde da criatura, estava muito ferida".

O que causava estupor em Caetano e que Paulus não percebia é que era a primeira vez, em muitos anos, que ele demonstrava preocupação com alguém.

O vilarejo margeava a estrada, e Paulus avistou uma taberna. A construção era miserável, mas não deixava dúvida quanto a sua finalidade.

Parou o cavalo, tomou a mulher nos braços e avançou construção a dentro. Avistou uma mulher velha atrás de um balcão de madeira encardido. Vestia-se muito mal, tinha os cabelos presos num arranjo desmanchado, os seios e os braços flácidos, o rosto enrugado. Em torno da boca tinha tantas linhas marcadas e a mulher estava tão suja que eram acinzentadas, fazendo o rosto lembrar a pele de um animal malhado.

— Você vai cuidar desta mulher para mim — ordenou Paulus olhando-a frente a frente. — Diga onde fica um quarto para eu acomodá-la.

Apavorada ao ver sua moradia invadida por um soldado, a mulher gaguejou uma aceitação e apontou uma porta. Ele a abriu com facilidade, utilizando os pés e, na penumbra, avistou uma cama. Deitou a mulher ferida e a olhou com atenção. Não era possível dizer se era feia ou bonita. Tratava-se de uma mulher jovem, dona de um corpo forte e bonito, e de longos cabelos escuros, mas que estavam sujos e mal cuidados.

A velha gaguejava sem parar; ele não entendeu uma única palavra do que ela desejava dizer. Sacou a bolsa que carregava e apanhou várias moedas. Entregou-as à velha gagá e começou:

— Cuide bem dela. Voltarei para vê-la.

A velha seguiu gaguejando atrás de Paulus, até vê-lo galopar em direção à legião romana na estrada. Uma nuvem de poeira o seguiu, e a mulher ainda parada na porta dizia:

— Ma...ma...ma...is uuu qui...qui...ééé ...qui...qui aaa con ttt ...teceu?

05
Aprendendo a viver

Certamente, miserável é a condição de todas as pessoas ocupadas, mas ainda mais miserável a daqueles que sobrecarregam a sua vida de cuidados que não são para si, esperando, para dormir, o sono dos outros, para comer, que o outro tenha apetite, que caminham segundo o passo dos outros e que estão sob as ordens deles nas coisas que são as mais espontâneas de todas — amar e odiar.

Sêneca. Sobre a brevidade da vida, capítulo XIX. Ed. L&PM.

O som do vento e da chuva enchia a noite. Árvores retorciam-se, vergavam, algumas tombavam ao furor do vento. As menos flexíveis iam ao chão com maior facilidade. Arrancadas de sua rigidez, expunham suas raízes. Ante os temporais da existência humana, os caracteres rígidos cumprem o mesmo destino, enquanto que as criaturas verdadeiramente humildes, sabendo o próprio valor e cultivando a autenticidade, vergam-se, podem mesmo beijar o solo, porém erguem-se e tornam à vida passada a tempestade.

No casebre, após três dias acamada, a mulher ferida desperta e, pela primeira vez, sente-se perfeitamente consciente. Lembrava-se, vagamente, de haver acordado sob os cuidados de alguém estranho; depois resvalara novamente para o mundo escuro e vazio do qual emergia agora ouvindo o som da furiosa tempestade.

As paredes rústicas balançavam com o vendaval, e o

rugido em torno da construção era assustador. Tentou olhar em volta, identificar onde estava, mas tudo era estranho. A penumbra não lhe permitia examinar o lugar devidamente.

Virou a cabeça, e uma dor aguda a fez gemer; ergueu a mão e tocou a região; estava inchada e haviam colocado uma faixa de tecido de algodão áspero em torno. Elevou mais a mão e tateou os cabelos. Alguém os havia amarrado.

Com a outra mão, tateou o leito estreito. Palhas e lã, era duro e lhe maltratava as costas, sentia "caroços" nele, demonstrando que cuidados domésticos não eram o primor do local.

O ruído da tempestade recrudesceu, e a mulher sentiu-se culpada pelos pensamentos que alimentava.

"Perdão", pediu em pensamento, reconhecendo o quanto o abrigo era necessário naquela noite de ventos e especialmente machucada como se encontrava. Teve consciência de que a morte estivera bastante próxima.

As cenas da agressão voltaram devagar. Recordou os soldados repulsivos, violentos, animalizados que a atacaram e tentaram violentá-la na estrada quando caminhava sozinha em direção a Roma.

Lutara com eles, mas eram três e acabaram subjugando-a. Sentiu, na boca, o gosto de sangue das mordidas que lhes dera. Dobrou os dedos e sentiu dificuldade; ainda estavam grossos, inchados, deviam estar roxos. Sabia que tinha muitos ferimentos, pois lutara ferozmente com eles e acabara por vencê-los, afastando a ameaça de estuprarem-na. Mas tinha apanhado como se fosse um ladrão de rua pego em flagrante.

— Miseráveis! Malditos! Hão de penar sob o sol, sem que lhes deem um copo de água — praguejou.

No mesmo instante, uma pessoa que estava sentada em um canto escuro do cômodo aproximou-se, fazendo ranger as tábuas do soalho.

Olhou-a por instantes. Parecia ter a visão de um gato e ser capaz de vê-la no escuro. Após o exame inesperado, uma voz feminina, com característico timbre de pessoa idosa, comentou com dificuldade:

— Aa..té qui qui enfim vo...vo...você aacordou. Co...co... como eesssstá?

A mulher ferida fixou o olhar, lutando contra a penumbra, na tentativa de enxergar a pessoa que lhe falava. Divisou, com esforço, o vulto de uma mulher baixinha e roliça.

— Dolorida — respondeu a enferma e completando em seguida — e com sede.

A gaga afastou-se e, com espantosa precisão, serviu um copo de cerâmica com água. Retornou e, amparando a cabeça da mulher ferida, com gentileza, levou o copo até seus lábios.

— Se...se...seu nome...qqual é?

— Verônica — e, ao dizer seu nome, afastou o copo vazio. — Obrigada. E o seu nome, como é?

— A...a...aura.

A dificuldade de falar era grande e Verônica percebia o enorme esforço que ela fazia. Compadeceu-se e pensou em deixar as perguntas que queimavam sua mente para outra ocasião; talvez residisse no local alguém que pudesse esclarecê-la com mais facilidade. No entanto, sua intuição dizia-lhe que isto era um desejo vão. Por isso, cedeu à ansiedade e questionou:

— Como cheguei aqui?

Aura, gaguejando muito, conseguiu explicar a Verônica a forma inusitada como fora entregue aos seus cuidados.

"Mais uma ironia, em meio a tantas que colorem os meus dias" – pensou Verônica, ao entender que seu salvador era um soldado romano.

— U...uuu q...qui...qui a...a...acconteceu c...ccontigo? — perguntou Aura, expondo a curiosidade que a torturava.

— Maa...chuca...ram mumu..ito vo..você.

O vento zunia e o som das folhas e galhos arrancados das árvores era assustador. Trovões e raios cortavam a noite, fazendo pano de fundo ao triste relato da violência tão comum daqueles dias. Verônica, ainda fraca, resumiu ao máximo o episódio de agressão gratuita que sofrera. Entendia que Aura tinha o direito de estar curiosa a seu respeito e se sentia grata pelos cuidados recebidos. Embora escassos, eram tudo o que ali podia ser oferecido a ela.

Penalizada, Aura movia a cabeça de um lado a outro, em evidente reprovação.

Em meio àquela tempestade, naquele casebre sujo e miserável, tornava-se quase tangível a compreensão dos mútuos pesares. Aura, velha e experiente, vivera e presenciara muitas cenas semelhantes; Verônica era jovem e, com sua história, aproximava-se das vivências que conferiam maturidade à outra. Poucas mulheres, naqueles dias, ignoravam o que era sofrer a força bruta. Era um doloroso elo.

Aura tomou uma das mãos de Verônica entre as suas, com gentileza e incrível suavidade. Apesar de tão calejadas, era um toque suave. Com esse gesto, expressava-se muito, mais do que com palavras articuladas com tanta dificuldade.

As duas mulheres permaneceram em longo silêncio, mãos unidas, pensando em suas vidas, com trajetórias tão diferentes, mas que se cruzavam. O vento amainara, tornara-se um sussurro, como se fosse um lamento arrependido, ao constatar o que sua força destruíra.

Repentinamente, Aura levantou-se. Depositou a mão de Verônica sobre o rústico cobertor e, depois de algumas tentativas, falou:

— Vo..vovou bubus...ccar coco...comida. Vo...você tttem qui...qui si alimentar.

Verônica sorriu. Já conseguia entender com mais facilidade a fala de Aura. Notara que ela se acalmara ao conhecer parcialmente sua história e gaguejara menos.

"Pobre mulher! É uma criatura bondosa que deve ter sofrido muito. Imagino quanto medo não sentiu ao cuidar de mim, sem saber por que me encontrava nesta situação. Octávia teria gostado dela, diria que há virtude em seu íntimo e isto a faz digna de receber amizade", pensou Verônica, ouvindo os passos de Aura e depois o ruído dos pratos e copos de cerâmica.

— Tttome — disse Aura, estendendo a Verônica uma caneca fumegante e mostrando um pão de trigo redondo, na outra mão. — Ssso..pa de legumes.

Verônica sentou-se no leito. Uma leve tontura a atingiu e a fez fechar os olhos e demorar a erguer a cabeça.

— Ééé fffffra... fraqueza — consolou Aura, sentando-se ao seu lado. — Ccoma, va... vai passar.

A luz de um relâmpago iluminou o quarto, permitindo a Verônica vislumbrar o sincero sorriso desdentado de sua anfitriã.

— Você é uma boa alma, Aura. Não sei como agradecer o que está fazendo por mim.

— Nââo é de grgrgra... ça. O soldado me me pagou — e levando a mão a um bolso escondido na túnica, mostrou-lhe algumas moedas de ouro.

Ao recordar a infância, em meio à fartura e à riqueza, Verônica sorriu com tristeza. Entendia o quanto valiam e o que compravam aquelas moedas. Aura era uma mulher idosa, desconhecia como havia sido sua vida. Nos últimos anos, aprendera a não julgar o passado pelo presente, pois os reveses da vida atentam à lógica. Muitos episódios acontecem no calor das paixões e fogem a toda racionalidade, determinando caminhos tortuosos e situações inesperadas. No entanto, brilhava uma ingenuidade quase doentia no olhar de Aura, que calara os argumentos da jovem.

Apanhou a caneca e o pão e, depois de alimentar-se, agradeceu.

Aura, comunicando-se com mais tranquilidade com sua hóspede, mostrou-lhe os precários utensílios de higiene.

— Eu adoraria um banho quente — falou Verônica, tomando consciência de que estava tão suja quanto Aura.

— Aaamanhã — respondeu-lhe a anfitriã prontamente.

— Claro, em meio a esta tempestade e a esta hora da noite, desejar tomar banho é descabido. Vou dormir, Aura. Sinto muita dor...

— Chchá, vou bu... buscar, titira a dor.

Sozinha, na escuridão do quarto, Verônica pôs-se a pensar em seu salvador. Quem seria? Tudo o que sabia era que se tratava de um soldado. Teria sido um dos agressores que se arrependera? Antes de perder os sentidos, lembrava-se de vê-los fugir.

Eram três agressores, mas um havia ficado mais afastado, deixando aos outros a ação violenta e a briga ferrenha que tinham travado. Mas tinha vaga recordação de que este sujeito havia dito alguma coisa sobre a aproximação da legião de um centurião, cujo nome ele declinara, mas que ela não recordava.

43

"— Larguem esta mulher! — dissera. — O centurião não vai gostar de vê-los atacar uma mulher na estrada, ainda mais tão perto de Roma.

— É uma escrava! — gritaram os outros — e furiosa. Vai ser bom amansá-la e mostrar quem tem força aqui.

— E o centurião mostrará a vocês. Aguardem mais um pouco, há muitas prostitutas em Roma. E, olhem bem, ela é romana.

— As roupas são de escrava — retrucou um deles, que ainda a segurava.

O companheiro a largara e a encarara. Não conseguira distinguir suas feições, pois os olhos inchados dificultaram a visão.

— Largue-a, vamos embora. Até que nos divertimos, não esperava uma luta destas com uma mulher. Ela tem realmente traços romanos. Vamos embora."

Naquele minuto, desfalecera. Não conseguia acreditar que vencera os dois soldados. Sua mãe teria ficado orgulhosa do quanto sua habilidade como lutadora tinha melhorado.

A lembrança de Mirina trouxe-lhe lágrimas aos olhos.

Aura retornou ao quarto, trazendo outra caneca fumegante. O cheiro das ervas fez com que Verônica erguesse o rosto.

— Nanão chchoore! Vai passar — confortou-a Aura, crendo que ela chorava uma dor física.

Ela não conhecia sua hóspede.

06
Uma alma espartana

Hoje, escapei de todas as dificul-
dades, ou melhor, eu as pus para fora. A
dificuldade não estava fora, mas dentro
e dependente do meu ponto de vista.

Marco Aurélio. O guia do Imperador, pág.154.
Editora Academia de inteligência, SP, 2007.

Os dias sucederam-se. Verônica recuperou-se. A relação com Aura ganhava confiança e contornos de uma amizade incipiente.

Sabia que a velha temia abrigá-la por desconhecer sua origem. No entanto, caíra sob o jugo da inflexão de autoridade da voz do legionário. Ele fora categórico em dizer que voltaria, e longe dela meter-se em confusão com alguém do exército. Vivia na miséria, era a escória da plebe e tinha consciência dos limites que colocavam em risco sua segurança. Desde a juventude, prostituía-se; perambulara por várias cidades do interior e acabara chegando às proximidades da capital. Movera-se de acordo com o movimento das moedas e sem pensar. De suas amigas, restavam poucas, a maioria já morrera. Pierina, a mais jovem, era quem ainda a visitava.

Verônica, ao conhecê-la, percebeu a dúvida e o medo

em seu olhar. E, como ela tinha retornado à casa de Aura, em uma das visitas, quando estavam sozinhas, ao apanhar lenha e água no pátio, encarou-a e questionou:

— Por que você tem medo de mim?

— Não sei de onde você vem nem o que pretende — respondera Pierina, erguendo o nariz e deixando aflorar a expressão de confronto em seu rosto. — Nesta nossa vida o que não falta é violência e agressão. Desde muito cedo aprendi a me defender.

E, correndo os dedos pelo cinto que prendia a túnica abaixo do busto, sacou um pequeno punhal. A lâmina, de tão usada e afiada, lembrava uma garra, tal era sua curvatura. Apresentando-a à Verônica, passou-a bem próxima ao seu rosto, fazendo-a sentir o frio do metal na pele.

— Vê isto? Acredite, eu não tremo se precisar enfiá-la em alguém. Antes no outro, que em mim. Mas sei que ainda sou jovem e faço isto porque tenho força. O que me diz de Aura? Está velha e nunca foi das mais saudáveis; às vezes não entende o óbvio, como você já deve ter percebido. Preocupo-me com a segurança dela. Sua história é muito louca. Diz que brigou de igual para igual com dois soldados e, surpreendentemente, seu salvador é também um desconhecido legionário, que a deixa aqui e dá dinheiro à Aura para cuidá-la. Você diz que não sabe quem é este abençoado filho dos deuses. O que fazia na estrada? De onde vem? Você é toda estranha.

— Venho do norte — respondeu Verônica, imperturbável ante a avaliação de Pierina, que, empunhando a arma, andava em círculos a sua volta.

— Sim, ajuda muito saber — ironizou Pierina. — Você parece romana, mas não é pura. Qual é sua origem?

— Minha mãe era grega, nossa família era de Esparta.

— Hum, gregos? Escravos. Você é uma fugitiva, eu não estava enganada.

— Sim, Pierina. Faz alguns meses que vivo nesta situação — confirmou Verônica.

— Por que fugiu e de quem? Quem são seus senhores? — insistiu Pierina.

— Não lhe devo tantas explicações assim. Você não é tão melhor do que eu e não se gabe por andar com este punhal a minha volta. Eu não tenho medo. Já conheceu uma mulher espartana? Sabe como somos educadas? Deverá bastar saber que a minha senhora morreu.

— Não tinha herdeiros? Você é propriedade da família, sabe disso, não é?

— É claro que sei. Mas lhe asseguro que o herdeiro de minha senhora desconhece a minha existência. Ela não registrou meu nascimento, em verdade não tenho pátria. Ninguém virá atrás de mim, reclamando a minha posse e acusando Aura. Pode ficar tranquila. Quanto ao legionário que me deixou aqui, não sei quem é. Tudo o que digo é verdade.

Pierina relaxou; parou em frente à Verônica, colocou as mãos na cintura e, encarando-a, perguntou:

— Como pretende viver? Vai querer se estabelecer?

— Não entendi.

— Quer que lhe arrume clientes? Posso fazê-lo, mas quero a metade do que você ganhar durante o primeiro ano.

— Prostituição? — indagou Verônica. — Está me oferecendo este trabalho?

— Sim, por quê? Não gosta? Garanto-lhe que dá para viver. A clientela aqui é, na maioria, de soldados. Às vezes, trabalho em Roma. Tenho amigos que têm uma taberna lá, sempre há muitos homens. Mas não se ganha tanto quanto trabalhando sozinha. Para isso, você precisará ser conhecida, então poderei levá-la até lá. E não faça esta cara de nojo. Quando a fome e o frio apertarem, você mudará de ideia. Não lhe restam muitas escolhas, você não é nada, mas pode ser facilmente tomada como uma escrava fugitiva. Não tem como provar que é livre e sabe que, na verdade, não é.

— Sou livre, sim. Conheço a família dos meus senhores, mas eles não me conhecem nem sabem que eu existo; não têm provas de que lhes pertenço. Morro, mas não digo o nome deles — respondeu Verônica com firmeza.

— Como queira. Menos mal que tem coragem ou é muito furiosa. Vai precisar desta disposição se quiser viver. A vida de uma mulher vale pouco, ainda mais na sua situação. Então, vai querer ir comigo? Nem pense em ficar esperando seu salvador, ele não voltará. Deve ter tido algum ataque de consciência, coisa passageira. A realidade da vida é outra. Sabe quantos anos tem?

— Sim, eu sei. Para sua informação, sou espartana, portanto, minha mãe, ainda que escrava de romanos, educou-me segundo nossos costumes: sei ler, dançar, manejo um punhal muito bem, como também sei lutar. Ajudava minha mãe a controlar as plantações e o comércio dos produtos da vila onde vivíamos.

— Oh, como você é instruída! — debochou Pierina. — E sexo, o que sabe a respeito?

— Somos ensinadas desde muito cedo a respeito do sexo e da procriação — respondeu Verônica, achando graça da atitude de Pierina.

A ironia revelava insegurança e surpresa. Ela a manejava como se fosse um escudo, desejando proteger-se. Se agia assim, era porque sentia-se ameaçada. A frieza e a calma são sempre indícios de força moral na luta, ensinara-lhe Mirina desde muito cedo e a fizera aprender a observar, atentamente, as reações alheias, nas lutas e nos negócios.

— Ótimo, não tenho paciência com principiantes. Vamos à taberna amanhã. Prepare-se, sairemos ao amanhecer — falou Pierina, guardando o punhal sob o cinto.

— Irei com você, mas lhe darei minha resposta quanto a trabalhar no seu ofício mais tarde.

— Como quiser, mas não há muitas opções.

— Eu sei — respondeu Verônica —, mas há opções.

Aura observava calada o enfrentamento das duas no pátio dos fundos de seu casebre, sem que tivessem visto sua presença. Então chamou da porta:

— Vvveennham! Fififi papão novo.

Verônica e Pierina olharam a velha e sorriram pela primeira vez, uma para a outra, desde que se conheceram.

— Aura ficou nervosa. Ela teme o legionário, sempre teve medo deles. Bateram muito nela. Abusam da força, especialmente contra uma mulher fraca e doente — comentou Pierina.

— Você gosta de Aura. Eu respeito seu sentimento e vejo que zela pela segurança de sua amiga. Não pretendo causar-lhe problemas. Minha mãe prezava muito a amizade, aprendi a lição em casa — falou Verônica, encarando Pierina.

Ambas entreolharam-se e estabeleceram o respeito mútuo a partir daquele momento.

07
Confronto da vida

*Aprecie a vida que lhe foi dada
e tudo que está tecido em seu destino,
mas nada além disso. Afinal, o que
melhor poderia se adaptar a você?*

Marco Aurélio. O guia do Imperador, pág.126,
Editora Academia de inteligência, SP, 2007.

A taberna estava cheia. Pierina disfarçava com maestria o cansaço e as indisposições após a longa caminhada, feita sob o sol quente da tarde.

Verônica sentara-se próxima da janela e usufruía a brisa fresca da noite. Igualmente exausta, limitava-se a observar o movimento. Tinha uma expressão ausente, distante, mas estava atenta. Praticamente dois anos perambulando pelas estradas do império desde as províncias do norte, tinham-na ensinado muito sobre o ser humano. Tornara-se uma perspicaz observadora. Aliás, capacidade que Mirina desenvolvera e treinara, à exaustão, em sua filha, enquanto lhe ensinava as artes da luta e do comércio.

— Atenção, Verônica. Observe, não se precipite, veja com calma o movimento do outro. Ataque sempre nas fragilidades. É assim que se ganha uma luta ou um bom negócio. Você jamais vai vender algo que o outro tenha o suficiente ou mais que o suficiente; será sempre o que lhe falta. Então, minha filha, atenção. Analise.

Aquelas severas lições frutificaram no espírito de Verônica. Da criança indolente e medrosa fizera nascer uma jovem lutadora, senão corajosa, ao menos consciente de que lutar era preciso.

Naqueles últimos anos, Verônica enfrentava uma ferrenha luta interior. Seus dias eram de completa incerteza e risco. Expusera-se a todo tipo de agressões e necessidades. Vivia como uma nômade. Nesta dura jornada, a cada dia construía a segurança íntima e a autoconfiança. Ao acordar, ainda não conseguia abrir os olhos e encarar a vida, com disposição. Não. Lutava para vencer-se, fazia grandes esforços e travava enormes discussões consigo mesma, recordando e reafirmando os princípios que recebera na infância. Uma voz interna, muito profunda, repetia-lhe uma cantilena de força e disposição, que a fazia acreditar-se uma rebelde convicta. Pensava que responder: sim senhora, a tudo e a todos, baixando a cabeça, ignorando sua vontade e capacidade em troca da garantia de comida e proteção era rebaixar-se a uma escravidão que somente um ser humano vil se submeteria.

"A vida destas mulheres não me serve. Estes homens sujos e bêbados são insuportáveis e se são violentos na rua, tanto mais serão aqui. Que os deuses me protejam! Mas qualquer mulher, com o mínimo de inteligência, pode imaginar em que tipo de tiranos não se tornam entre quatro paredes. Não, não, se é para ser estuprada prefiro a incerteza da rua. Lá posso me defender; aqui, se o fizesse, não seria uma boa "trabalhadora". Por meia dúzia de moedas é muito sacrifício e risco. Não ficarei neste lugar mais do que o necessário para descobrir o que preciso", pensava Verônica.

Pierina a olhava, e a reprovação estava visível em seu rosto. Aproximadamente, um quarto de hora após este último olhar, acercou-se dela e indagou:

— Nenhum homem lhe agrada? Muitos estão olhando interessados...

— Eu disse que vim apenas conhecer e acompanhá-la. Não vou ceder ao desejo de nenhum destes... — fez uma pausa analisando os homens presentes e completou com ironia: — candidatos.

Pierina riu, gargalhou na verdade. Vencida a crise de comicidade, comentou com igual ironia:

— Você tem muito dinheiro, é bem nascida, uma nobre, com toda certeza. Tem razão em desprezar estas míseras moedas com que remuneram os momentos de prazer que lhes vendo. Deixe-as para mim, assim mais me tocam.

Verônica meneou a cabeça concordando e falou com calma:

— É justo. Aprendi que, na vida, cada um somente dá ou vende o que tem. E que sempre temos as coisas conforme nos colocamos perante a vida.

— Ah é! Esqueci que você estudou filosofia. Isto no meu mundo são simples palavras, cujos significados nem todos sabem — respondeu Pierina despeitada.

— Estudei o suficiente para lhe dizer que mesmo que não saiba o que é filosofia, você age de acordo com uma ou algumas das muitas escolas existentes. Por isto, sempre é tempo de estudar e descobrir qual é a sua; irá ajudá-la a prever caminhos e a se conhecer mais.

— Me conhecer mais? Ora, esta é boa, senhores. Desde quando quem precisa lutar para viver tem tempo pra isto?

— Desde o momento que queira, Pierina. E, por falar em tempo ocupado, acredito que não seja uma boa hora para esta conversa. Você precisa atender seus clientes e recolher as moedas deles; foi para isto que veio.

Pierina lançou-lhe um olhar zangado, deu meia volta e se afastou pisando duro.

A risada de um homem que bebia sozinho há horas, sentado na mesa ao lado da janela, despertou a atenção de Verônica.

Ao receber um olhar indignado da jovem, o homem riu com mais gosto.

— Não sei qual é a graça — falou Verônica irritada, com as faces tingidas de vermelho e o olhar brilhante.

O homem levantou-se, esforçando-se para conter o riso; mantinha uma expressão hilária e divertida. Apontou o banco do lado oposto da mesa e convidou:

— Sente-se, beba comigo por minha conta e lhe explicarei.

Verônica o examinou de cima a baixo, sem pudores ou constrangimento. Era um homem na faixa dos trinta anos. Estava muito bem trajado para o local; aparência de limpeza, feições comuns; chamava a atenção as marcas iniciais da calvície.

Ao ver que Verônica mantinha-se reticente ao convite, esclareceu insistindo:

— Não sou, como foi que disse a sua amiga? Ah, lembrei: não sou candidato. Sente-se.

Confiar nos homens não era uma das virtudes da jovem filha de Mirina. As vivências recentes somaram-se a uma inclinação natural que a fazia temer o sexo masculino. Considerava-os excessiva e desnecessariamente violentos.

O homem solitário era insistente. Não queria causar aborrecimentos que chamassem atenção à sua presença na taberna. O que era uma grande ingenuidade, pois todos percebiam sua presença e tinham curiosidade sobre a bonita jovem de porte tão altivo e arrogante. Temerosa de que ele se tornasse importuno, sentou-se no banco indicado.

Ele sorriu, vitorioso, e também se sentou. Chamou uma das mulheres mais velhas que serviam as mesas e mandou que trouxesse outro copo.

— O que faz nesta taberna uma jovem mulher rica, bem-nascida, inclusive com estudos de filosofia? — a ironia era patente no rosto e na voz do desconhecido. Ele se divertia com a indignação de Verônica.

— No momento, compartilha uma mesa com uma pessoa desconhecida, insistente e deselegante — respondeu Verônica.

O homem gargalhou prazerosamente. A insolência da moça o agradou.

— Adoro mulheres bravas, tem sangue nas veias — disse ele em meio ao riso.

— É mesmo? Como você é inteligente! — ironizou Verônica.

E dirigindo-se à mulher que trouxera o copo e servia a cerveja, disse-lhe:

— Apenas meio copo.

— Também não bebe — admirou-se o homem, fingindo espanto.

Depois, com expressão natural, falou à mulher que servia:

— Deixe a jarra.

Na semiescuridão do ambiente, iluminado por tochas e bastante enfumaçado, ele contemplou sua contrariada acompanhante.

— Você é bonita. Muito bonita. Tem algo indefinido em você, um quê perturbador. Não sei se são seus traços que não combinam com o tom da pele e dos cabelos... Não combinam, mas ficou bonito. De onde vem?

— Eu ou os meus traços? — indagou Verônica.

— Os dois — retrucou o homem, não se dando por vencido.

— Venho do norte, e meus traços devem pertencer aos meus pais que não conheci — mentiu Verônica, aproveitando--se do fato de que muitas órfãs eram criadas para prostituição.

— Devo ter ouvido mal. Entendi que você estava se recusando a trabalhar aqui.

— Você ouviu e entendeu muito bem o que eu falei. Espero que não insista em ser "candidato" — esclareceu Verônica.

— Não, não insistirei. Ao menos, não hoje.

Fitou-a e sorriu, mudando completamente a fisionomia. Abandonou o ar irreverente e irônico; relaxou e perguntou educadamente:

— Como é o seu nome?

— Verônica. E o seu?

— Aurélius. É verdade que gosta de filosofia e sabe ler?

— Sim, é verdade.

— E como aprendeu? Quem lhe ensinou?

— Duas amigas do lugar onde nasci e cresci. Elas já morreram — respondeu Verônica, sem esconder a tristeza que a lembrança lhe trazia.

— Por isso veio embora? Ficou sozinha? Não tinha mais ninguém que a protegesse? — perguntou Aurélius.

— Não tinha nenhum motivo para permanecer lá. O que você faz lhe dá o direito de interrogar as mulheres que vivem na taberna? O que há de tão interessante na vida de uma prostituta?

— São vidas interessantíssimas— respondeu Aurélius prontamente, divertido com a evasiva de Verônica. — Eu as considero semideusas.

— Quanto exagero! A vida real é bem diferente de um mimo[1] — advertiu Verônica com um acento de amargura. — Não há nada de esplêndido nem de divino na vida nestes estabelecimentos. Existe miséria e violência, uma realidade que, embora exposta no cotidiano, eu não creio que seja encenada. Os cidadãos de Roma não devem dar um minuto de suas existências para conhecer esta realidade.

— Conhece Roma? — perguntou Aurélius verdadeiramente interessado em sua acompanhante.

— Ainda não.

— Pretende conhecer?

— Sim, pretendo. É a capital do império.

— Somente por esta razão quer conhecer Roma? — perguntou Aurélius.

— Não basta? — retrucou Verônica.

— Acredito que deva bastar para muitas pessoas. Roma é um formigueiro humano. Lá encontramos pessoas de todas as partes do império e que lá chegaram por diversos motivos. Apenas os abastados vão a Roma, somente para conhecer a capital do império. Em geral, as pessoas têm interesses.

— Riqueza e poder geram oportunidades. Isto atrai, não concorda?

Surpreso, Aurélius sorriu, simpatizando com a jovem. Ele, que pretendera passar a noite sozinho, bebendo e remoendo seus problemas, repentinamente, por um destes caprichos da vida, se via acompanhado de uma jovem e interessante mulher, numa taberna de péssima reputação, para onde fora movido pela certeza de não encontrar nenhum conhecido.

— Esta vida é mesmo cheia de ironias. Você não faz ideia de como foi engraçada a pequena briga que teve com sua amiga, agora há pouco — comentou Aurélius. — É irônico...

— Ironias sem graça é o que existe muito na vida — disse Verônica.

---

1 Pequenas composições dramáticas encenadas ou declamadas que reproduziam cenas da vida cotidiana.

— Tudo bem, mas pare e, por um instante, veja a coisa com os meus olhos — passando a mão no rosto com dramaticidade, fez um gesto como se arrancasse os olhos e os entregasse a ela. Depois concluiu: — Estamos numa taberna inqualificável, dizer que é a pior da província, talvez seja um elogio. Isto aqui só é frequentado por bêbados, ladrões e prostitutas. Olhe as mulheres que estão trabalhando: as que servem as mesas são as que os homens não querem mais, estão muito velhas ou feias ou estão doentes. Todas as demais são prostitutas, e o que elas mais querem é que muitos "candidatos" apareçam. Não venho muito aqui, mas em toda parte, o público de lugares como este é quase sempre o mesmo, logo todos se conhecem. Você é nova e fingia que ninguém a estava vendo...

— Mas não estão mesmo — protestou Verônica. — Entrei quieta e permaneci naquele canto sozinha.

— Exatamente. Este comportamento aqui é como empunhar uma bandeira, é o diferente. Se você rolasse de mesa em mesa, nos braços de qualquer homem, precisaria fazer mais esforço para chamar atenção, afinal, isto é o comum, é o que todas fazem — comentou Aurélius. — Pergunto: por que agiu assim?

— Eu só queria observar o lugar e o público — respondeu Verônica francamente. — Não vim me prostituir, não queria a companhia de um homem...

— Agora quer? — indagou Aurélius malicioso.

— Você disse que não era "candidato" — lembrou Verônica. — E cedi a sua insistência porque não desejo incomodar-me com violência. Ainda tenho dores e marcas da última agressão.

— Eu odeio abusos de qualquer ordem. Nunca agredi fisicamente uma mulher, não pretendo começar esta noite. Como você, eu também pretendia passar muitas horas sozinho na companhia da bebida — tranquilizou-a Aurélius.

— Posso saber a razão do seu desejo de solidão? — Inquiriu Verônica.

Uma sutil mudança se operava nela: baixava a guarda.

Simpatizava com o proceder de Aurélius e, como a simpatia baseia-se em uma confiança instintiva, pode-se dizer que Verônica começava a confiar no homem a sua frente.

— Perdi algumas de minhas ilusões — declarou Aurélius, sucinto, e, passando a mão sobre a cabeça, gracejou: — Espero ter menos ilusões do que cabelos. Sabe, Verônica, perder tanto uma quanto outro são igualmente dolorosos para um homem.

Verônica riu do ar falsamente compungido e triste com que alisou os cabelos.

— Recorra às perucas. São excelentes protetoras da vaidade fragilizada pela careca — sugeriu Verônica, participando do espírito da brincadeira.

Depois o olhou séria. Analisou as olheiras; a expressão caída, os olhos estavam rajados de vermelho e, em torno da íris escura, havia uma mancha amarelo esbranquiçada. Observou que as vestes estavam frouxas, pareciam grandes, e que Aurélius estava muito magro.

"Todos os indícios de alguém que está sofrendo, vivendo sentimentos que consomem", constatou Verônica, em pensamento, ao fim da análise.

— É uma boa ideia — concordou Aurélius. — É uma lástima que não consigamos proteger-nos de outros sofrimentos com a mesma facilidade. Aliás, nem ao menos nos dão tempo de pensar. Simplesmente acontecem com a força e a rapidez de um raio.

— Você gostaria que existisse uma peruca específica para... — instigou Verônica, fitando-o com serenidade.

— Para mágoa, para raiva, para decepções, ou melhor, para desilusões. Já imaginou como seria bom termos um baú cheio de perucas protetoras, abençoadas pelos deuses que nos resguardariam de sofrer ao enfrentar o olhar dos outros, ao ter que ouvir suas palavras nem sempre oportunas? Com elas, poderíamos desfilar em paz até mesmo pelo Coliseu. Seria muito bom. Creio que poderemos ganhar muito dinheiro se vendermos esta ideia àquela praga de vendedores de coisas mágicas que curam todos os males e que empestam as ruas da capital.

— A calvície deixa a mostra, a descoberto, uma parte

de você: o couro cabeludo — Verônica sorriu matreira, como se houvesse pronunciado algo de grande sabedoria; depois, olhou-o serenamente e continuou. — Como ele não costuma ser muito belo nas pessoas e não é comum tê-lo exposto, acaba chamando a atenção. Minha mãe dizia que alguns sentimentos são tão fortes que marcam nossos corpos e, se permitirmos, fazem morada dentro de nós, e que ao olhá-los com atenção é possível vê-los. Isso torna o outro mais vulnerável, mais frágil. Você carrega marcas de alguém que enfrentou ou enfrenta um problema bem grande. Você também desejava ficar só, e fala de desejar proteção, será que se sente fragilizado diante de mim?

— Não, Verônica. Diante de você não, pois é até possível que você veja, como disse, os meus sentimentos, mas não sabe a causa da existência. O que fragiliza é ter que passear a dor ante o olhar de pessoas que consideram, por conhecer em parte, que estão aptas a julgar fatos e pessoas. Irrita ouvir murmúrios a sua passagem, ou pessoas afastando-se deliberadamente da sua presença. Incomoda olhares de mal disfarçada piedade e outros de repúdio, de escárnio, de zombaria. Ser o centro de tanta atenção é insuportável.

— Você tem razão, Aurélius. Mas, às vezes, podemos estar enxergando coisas que não existem. Quero dizer: não existem nos outros com esta intensidade que falou. Ela está dentro de nós. Por nos sentirmos fracos, feridos, nos tornamos muito sensíveis. E como na nossa mente o "problema" domina, acabamos remetendo tudo para ele. Daí a coisa cresce como aquelas perucas com penteados enormes, altos — Verônica riu, fazendo pender a cabeça ora para um lado ora para o outro, imitando as mulheres que equilibravam perucas com penteados pesados e grandes.

Aurélius também riu e descontraiu o semblante.

— Isto, ria — incentivou Verônica. — Minha mãe dizia que rir faz bem ao fígado. E o seu parece estar precisando ser bem tratado.

— Que ideia! Nunca tinha ouvido alguém falar isto. Mas como sabe que tenho problemas de fígado? — indagou Aurélius, surpreso com a perspicácia da jovem.

— É simples: aprendi a analisar e interpretar a aparência das pessoas. Aposto que se você receber um golpe forte no fígado não se recuperará na briga, é um ponto seu que está fraco. Está óbvio, na cor amarelada em torno da sua íris, no tom pálido e esverdeado da sua pele. Sua roupa está folgada, deduzo que emagreceu, o que é natural quando temos problemas hepáticos.

— Sua mãe lhe ensinou isso, Verônica?

— Sim, foi ela.

— Era uma sábia — falou Aurélius respeitosamente.

— Não, era uma lutadora espartana — informou Verônica, sorrindo travessa. — São aprendizados para lutas. Conhecer o inimigo e descobrir seu ponto fraco são as principais lições.

Eles prosseguiram conversando. Aurélius bebeu vários copos de cerveja, mas o de Verônica ainda jazia sobre a mesa, pela metade, até o raiar do dia.

Foi, ao despedir-se, que notou o quanto a taberna estava silenciosa. O proprietário cochilava encostado ao balcão, e muitas mulheres dormiam profundamente deitadas no chão ou sentadas debruçadas sobre as mesas.

— Preciso ir embora — falou Aurélius pesaroso. — Gostei da sua companhia, Verônica. Sinto-me bem melhor, eu acreditava que precisava ficar sozinho, no entanto foi melhor conversar com você.

Levou a mão a um saco de moedas e o entregou a Verônica dizendo:

— Aceite. Para mim, não farão falta e você precisa. Se quiser, receba como pagamento da prostituição de seus ouvidos e do seu tempo — brincou Aurélius.

Os olhos de Verônica brilharam de contentamento. Feliz, respondeu ao receber o dinheiro:

— Eu nem pensei em não aceitar. Adorei prostituir apenas meus ouvidos; use-os quando quiser.

Aurélius ergueu-se, acariciou a cabeça de Verônica, beijou seus cabelos e disse-lhe à guisa de despedida:

— Talvez eu volte aqui.

Ela o acompanhou com o olhar até a saída da porta,

mas a mente ocupava-se com planos para o futuro. O dinheiro viera a calhar.

Olhou a sua volta: o taberneiro cochilava debruçado sobre o balcão, várias mulheres dormiam bêbadas, deitadas no chão. Por todo lado, o cheiro do vinho, da cerveja e de restos de comida.

Verônica deteve-se analisando as mulheres. Estavam lamentáveis, feias, desgrenhadas, vestes sujas em total desalinho. Lembravam frutas sugadas, cujos bagaços eram lançados fora, sem vitalidade. Teve uma sensação dolorosa, um sentimento de culpa mesclado com vergonha, que não sabia a origem, e, ao mesmo tempo, firmava dentro de si a certeza de que não desejava viver aquela experiência. Não queria os abusos da sensualidade, queria equilíbrio, queria prazer e saúde – tanto física quanto emocionalmente. Ao analisar a cena, o ambiente, ao rememorar o que sabia sobre a vida das mulheres que viviam de explorar a sexualidade, poderia jurar que jamais incorrera ou incorreria nesse caminho, tal era a certeza íntima de que ele não dava segurança, muito menos felicidade.

Verônica iniciara desde os 15 anos, uma série de eventos que se pode chamar de confrontos da vida, testes práticos por assim dizer, nos quais a alma avalia e prova a si mesma a sua transformação. Dessas experiências repetidas de provar a si mesma, nasce a segurança interior. As certezas de Verônica eram vozes do passado, emergindo do inconsciente, relembrando antigas vivências de outras encarnações e determinando decisões e escolhas no presente.

As leis da vida não nos pedem santidade. Perante elas, já existe virtude em quem resiste às próprias más tendências. Resistência é esforço; não significa vitória absoluta. Cair e levantar faz parte do processo de crescimento. Verônica esforçava-se, sem ter consciência, nas trilhas da evolução.

08
Traçando rumos

*Aprecie a vida que lhe foi dada
e tudo que está tecido em seu destino,
mas nada além disso. Afinal, o que
melhor poderia se adaptar a você?*

Marco Aurélio. O guia do Imperador, pág.126,
Editora Academia de inteligência, SP, 2007.

— Você tem ssorte — comentou Aura, na tarde do dia seguinte, quando Verônica contou-lhe a respeito da taberna e de Aurélius, enquanto partilhavam uma frugal refeição, sentadas à mesa tosca da cozinha do casebre. — Pode gganhar mumuito dinheiro.

— Eu?! Tenho sorte? Você bebeu, Aura? Tá louca, mulher. Se eu tenho sorte, que resta aos desafortunados? Minha vida é uma sequência de desgraças. Eu nem sequer existo nas contas do império, não sou cidadã nem sou escrava. Sou uma andarilha, não tenho casa, as roupas que uso neste momento pertencem a Pierina, pois só tenho trapos.

— Tem ssorte, ssim. Os homens lhe dão dinheiro co... com facilidade. Na...não vê isto? — retrucou Aura, sorrindo. — De...desde qui qui a co...conheço dois já já lhe deram dinheiro.

Verônica ficou pensativa. Aura tinha razão, não devia reclamar tanto e entregar-se à autopiedade. De fato, encontrara homens rudes e violentos, mas encontrara também homens bondosos, simpáticos, alegres e que a tinham ajudado, como Aurélius e seu salvador anônimo.

— Você tem razão, Aura. Eu atraio homens que me dão dinheiro. É estranho, mas é real. O engraçado é que não me prostituí em nenhuma das circunstâncias. Minha mãe ensinou-me que sexo é bom e que se pode exercer um forte poder por meio dele, mas este poder é frágil e temperamental, como tudo que nasce de fortes paixões físicas.

Aura ouvia com atenção. A gagueira a tornara uma excelente ouvinte. A dificuldade na fala, que em determinados dias ou situações se tornava mais pronunciada, a fazia ouvir mais e falar menos e, quando o fazia, usava poucas palavras e dizia objetivamente o que pensava.

— Pensa...mento na...não enche barriga — disse fazendo um gesto de menosprezo ao comentário da jovem. — Dinheiro rresolve prooblemas.

Verônica riu da praticidade de sua anfitriã e não pôde deixar de reconhecer que, apesar das limitações, Aura tinha uma visão clara sobre a vida.

— É, não tenho o que contrariar. O que você disse é a pura realidade, mas... — Verônica fez uma pausa. Olhando para dentro de si, falou com o intuito de convencer Aura e a si própria: — Não é somente pelo que minha mãe ensinou-me que eu não desejo o caminho da prostituição. É algo que sinto, lá bem no fundo da alma, sabe, como algo que não me fará feliz. Eu sei, como você disse, que tenho facilidade em tirar dinheiro dos homens, em seduzi-los. E, veja bem, não me considero uma mulher bonita...

— Vo...você pensa qui...qui homens ssó proccuram mulher bo...bonita? Na...não mesmo, que...querem boa co...companhia, di...diversão. Vê ooo da noite passada, co...como é o nome mesmo?

— Aurélius — respondeu Verônica, recordando as horas que passara com ele. — Outra vez, você tem razão, Aura. Mas, não sei. Não gosto da ideia de passar noites e noites bebendo e ter de aturar qualquer homem que apareça em troca de dinheiro.

— Bb...boba — retrucou Aura. — Ssobreviver na...não é fácil. Se se vo...você fo...fosse escrava também te...teria qui qui aturar a a mesma co...coisa. Do do qui vai vi...viver?

— Sou boa lutadora, Aura — revelou Verônica. — Posso ser uma gladiadora.

O espanto de Aura foi total. Arregalou os olhos e depois os revirou como se pedisse paciência aos céus para fazer uma criança teimosa entender o que desejava lhe ensinar. Julgava Verônica uma criatura ingênua e romântica, sem noção da realidade.

— Do...doida. A a di...diferença é é pouca. Já já vi...viu elas?

— Não, apenas ouvi falar. Mas desde que resolvi vir para Roma penso em procurar uma escola de gladiadores e oferecer-me para lutar — respondeu Verônica.

— Hum — resmungou Aura. — Ssabe qui qui elas ssão escravas, qui qui tem qui qui ter mu...muita ssorte pa...para gganhar as lutas e dinheiro pa...para ser livre. Elas ssão bárbaras. Ma...mas morrer é fácil. Pprostitutas vi...vem mais, eu ggaranto.

— Nada tenho a perder.

— Vo...você é jovem, diz mu...muita aasneira. Vvida e liberdade ssão co...coisas impoortantes. Chega de co...conversa, vá co...cortar a lenha e pensar na vvida.

***

Na semana seguinte, os planos de Verônica ainda eram somente planos. Habituava-se à convivência com Aura; não demonstrava a insatisfação com o casebre miserável, agora um pouco mais limpo.

Ainda guardava na memória o luxo e o conforto da Vila Lorena. Lembrava do ambiente perfumado pelas flores e dos apetitosos aromas da cozinha. As roupas limpas e macias e, acima de tudo, sentia falta do carinho e da orientação de Mirina e de Octávia. Evitava pensar nelas. A raiva e a revolta queimavam como braseiro mal coberto por fina camada de cinzas. Um pequeno sopro e as labaredas voltariam a consumir o que tocassem.

O infortúnio do presente tinha nome: Adriano. E, no íntimo, Verônica guardava enorme raiva, que ia, lentamente, ganhando contornos de rancor. A cada dificuldade enfrentada, o culpava, pois tinha a certeza de que sua existência deveria ser muito diferente: cercada de atenções, afeto e comodidades. Ele era o culpado por tudo quanto lhe acontecia.

Verônica ainda não tinha consciência de que cada um está exatamente onde necessita e onde seus próprios passos o levaram. Recusava-se a assumir a responsabilidade por suas escolhas. A educação espartana operara maravilhas em seu espírito: fizera-a encontrar e confiar em sua força interior, estimulara o desenvolvimento da atenção e do intelecto. Mas ainda faltava muito para entender que as experiências de nossa existência são como um traje de alfaiataria: feito sob medida para nós, de acordo com nossas necessidades sem exigir mais do que podemos dar. É algo que se molda, com perfeição, aos contornos de nosso ser, por isso é bom apreciá-lo; é sempre o melhor para nós, seres imortais.

Verônica vivia entre o sonho e o pesadelo. Sonhava ao traçar seus planos e sofria o inferno íntimo, quando se permitia mergulhar nos próprios pensamentos e sentimentos. Assim, seu humor oscilava e, com ele, suas decisões.

Tanto que acabou retornando, na companhia de Pierina, à mal-afamada taberna. Prostituiu-se por dinheiro. Certo dia, bebeu imoderadamente; entregou-se à orgia. Dançou nua sobre as mesas; perdeu os freios da educação dada por Mirina; entregou-se ao sexo sem pudores e estimulou os demais a tomarem a mesma conduta.

A plateia foi ao delírio. Jamais imaginaram que a moça pacata e comum, que acompanhava Pierina guardasse dentro de si aquela outra criatura feita de pura sensualidade e exagero. O dono da taberna aplaudia tomado de contentamento. Enquanto olhava as proezas da moça, previa os comentários correndo de boca em boca no dia seguinte e o aumento da clientela e dos lucros.

Ela descobriu que sentia prazer ao ser alvo da cobiça. Fascinada, notou o poder que exercia sobre os outros.

Obviamente, não considerou o tipo de público que assistiu a seu exibicionismo sensual.

Acabou suja, desgrenhada, dormindo, sob efeito do álcool, sobre o piso encardido e frio da taberna. Quando acordou, sentiu-se mal. Colheu todos os efeitos físicos da noitada; a ressaca era algo que desconhecia.

Semiliberta do corpo, a alma de Verônica sofreu também as consequências da droga. Perambulava inquieta e descontrolada pelo ambiente da taberna, aventurava-se pelos arredores, caindo, tropeçando, ora rindo histericamente e dizendo obscenidades a outras pessoas pelas quais passava, ora revoltada, quando via soldados romanos, e rememorava as agressões recentes e passadas. Caía em pranto convulsivo, mesclado de profunda ira. Seu rancor, porém, era desmedido, excessivo, pois afloravam sentimentos represados do pretérito reencarnatório.

Em meio às pessoas pelas quais vagava, percebeu com nitidez duas mulheres, no entanto, não conseguia enxergar-lhes as extremidades corporais. Via, à perfeição, seus rostos e seus olhos. Eram vagamente familiares, mas não recordava de onde ou quando os vira.

Acordou sobressaltada, com dor de cabeça, náuseas e muito frio. Recordava cenas misturadas e confusas que não lhe diziam nada, mas se lembrava das duas mulheres, do olhar de severa reprovação e piedade que lhe endereçaram e das palavras que uma delas proferiu:

— Triste queda! Tropeça no passado, outra vez.

O mal-estar físico cobrou-lhe atenção imediata e isso a distraiu da memória do "sonho". Arrastou-se até o balcão para, apoiando-se, vencer a tontura e erguer-se do piso sujo e frio. O odor do ambiente era dos piores: álcool, restos de comida e secreções humanas misturavam-se, produzindo um cheiro insuportável.

Conseguiu avançar até a rua, tateando a parede. Cambaleando, chegou a uma frondosa árvore, bem próxima à entrada do estabelecimento. Escorregou pelo tronco, sentando-se ao chão e respirou devagar. A brisa fresca do amanhecer ajudava a desanuviar os pensamentos.

Sentiu-se envergonhada e arrependida, mas, ao tocar o bolso oculto da túnica, as moedas ganhas durante a noite tilintaram. Pesou com a mão o pequeno bolso e sorriu satisfeita, esquecida dos sentimentos anteriores. Tenho dinheiro: estou segura, pensou.

Segurança era uma necessidade profunda em Verônica — a insegurança dirigia muito de seus atos e escolhas, traçando rumos em sua vida, sem que ela os percebesse. Atender essa carência dava-lhe prazer e falsa tranquilidade.

— Foi mais fácil do que eu imaginava — murmurou, referindo-se à forma como as adquirira.

09
Afinidades perniciosas

É, portanto um erro pernicioso de certas pessoas imaginar que em amizade a porta está aberta a todos os abusos e a todos o atos indignos: a amizade nos foi dada pela natureza como auxiliar de nossas virtudes, não como cúmplice de nossos vícios, a fim de que a virtude, não podendo alcançar sozinha o soberano bem, o alcançasse ligada e apoiada à virtude de outrem.

Cícero, Marco Túlio. *Lélio, ou a Amizade*, cap. XXII, item 83, Editora L&PM.N.A: Marco Túlio Cícero foi advogado, orador, escritor, político e divulgador da filosofia. Viveu de 106 a 44 a.C, sob o império romano. Foi assassinado pelos soldados do imperador Antônio que fez expor sua cabeça em Roma, na tribuna dos oradores.

A rotina se estabeleceu por algumas semanas. Vivia tranquilamente na companhia de Aura, mas Pierina e o dono da taberna não eram pessoas de tão prazerosa convivência. Não demorou a iniciarem as cobranças, a exigirem a mesma atitude exuberante. Queriam transformá-la em escrava, não admitiam deslizes na personagem a ser representada à exaustão, quando assim decidissem.

Essa atitude, somada ao conflito interior que espreitava cada dia de prostituição, a fazia oscilar.

Os sonhos repetiam-se com as duas mulheres que a observavam, lançando-lhe olhares severos e cheios de piedade. Aquela lembrança frequente a incomodava. Por que aquelas criaturas que nunca vira antes assombravam dessa forma sua consciência?, questionava-se. Por que não lhe davam descanso? Quando menos esperava, como se a acompanhassem de perto durante a vigília, eis que os olhos das mulheres brotavam lá do fundo da mente. Lembrava as palavras que ouvira no primeiro dia em que cedera à influência de Pierina:

— Triste queda! Tropeça no passado, outra vez.

Julgava a frase sem nexo; nunca, em seu passado, necessitara prostituir-se. Fazia-o agora como forma de sobreviver, justificava-se intimamente. Em um desses momentos de introspecção, quando enumerava e reforçava para si mesma seus motivos e lutava por sufocar a consciência e os valores aprendidos na infância, herdados de Mirina e Octávia, ouviu claramente uma voz feminina sussurrar:

— Se é como diz: algo transitório. Por que você não retoma os exercícios? Como pretende tornar-se uma gladiadora se não faz para isso nenhum esforço? Cuidado, Verônica, a acomodação é uma cilada. O tempo passará e, quando menos perceber, terá perdido suas oportunidades.

Os pensamentos de Verônica mudaram de curso. Olhou para os lados, à procura de alguém; não havia outra pessoa. Estava sozinha no minúsculo quarto do casebre de Aura. A tarde caía rapidamente e o ambiente era de semiescuridão.

— Quem fala comigo? Como entrou aqui? — indagou Verônica, com a voz esganiçada e baixa. Sentia a garganta seca e oprimida pelo medo.

— Uma amiga. Retome os exercícios, Verônica. Disciplina. Não pare à beira do caminho. O fácil pode tornar-se muito difícil.

Verônica corria o olhar pelo aposento, mas nada viu.

— Quem é você? O que deseja de mim? Você é um espírito, eu sei. Precisa de oferendas e preces? É isto o que quer?

O silêncio foi a resposta. Ela insistiu, porém nada mais ouviu. A experiência foi marcante e fê-la pensar muito.

No dia seguinte, muito cedo, começou a correr pela estrada. Ao retornar, exercitou-se no pátio. Sentiu que se reencontrava consigo. Durante a manhã, recordou todo tempo as lições da mãe. Sentiu como se ela estivesse próxima e aprovasse seu esforço. Era como, quando ainda menina, Mirina a incentivava a superar os limites, estimulando-a a encarar novos desafios em seu aprendizado.

A saudade doeu fundo, e ela esforçou-se por conter as

lágrimas. Mirina não apreciaria uma filha chorona e, embora soubesse do amor materno e isso lhe desse estabilidade e confiança, sabia, também, que precisava manter esse amor e ser digna dele. Mirina fazia exigências; queria uma filha da qual pudesse sentir legítimo orgulho. Havia uma parcela do amor dela que Verônica precisava conquistar e manter todos os dias e isso a estimulara a crescer.

— Por Júpiter! o que estou fazendo? Minha mãe odiaria me ver naquela taberna. E Octávia? O que me diria? Preciso sair daqui — murmurou Verônica, interrompendo os exercícios abdominais que fazia deitada no chão. — Não posso envergonhá-las.

Lembrou que há meses, desde que partira da Vila Lorena, não cultuava, como era seu dever, a memória de suas antepassadas.

Naquela noite, não acompanhou Pierina à taberna, pretextou um mal-estar. E, na solidão de seu minúsculo aposento, ajoelhou-se e ergueu as mãos ao céu, buscando os deuses e fazendo preces por suas queridas mortas.

O retorno aos hábitos de disciplina e religiosidade foram-lhe extremamente benéficos, embora não tenham operado a mudança imediata de rumos. Verônica voltou à taberna e à prostituição outras vezes, porém, cada vez mais consciente do que fazia, de que precisava sair dali e não se entregar aos excessos, vícios e abusos de toda ordem praticados no início. Foi em uma destas noites que reencontrou Aurélius.

Parado, à entrada da taberna, ele logo a avistou, rindo, descontraída, entretendo alguns homens, fazendo-os beber mais do que deveriam.

Achou-a mais encantadora do que se lembrava. "Sim, pensou, ela é perfeita para o que preciso." Olhava-a tão fixamente que, mesmo a distância, ela sentiu-se observada e inquieta. Voltou-se, sem rodeios, e o encarou diretamente. Reconhecendo-o, abriu um amplo sorriso, que iluminou seu olhar.

Ágil e graciosa, ergueu-se e estendeu as mãos ao recém-chegado, num gesto de familiaridade e boas-vindas. Esqueceu-se de onde estava e o que fazia. Simpatizava com

Aurélius; na companhia dele recordava-se de sua vida na Vila Lorena. Ele era mais culto e educado que todos os homens presentes no local. Conversava com humor e cortesia, podia falar sobre vários assuntos e isso a agradava. Afinal, fora educada, entre outras coisas, para ser uma mulher articulada, sofisticada e boa companhia. Mas, naquele arrabalde miserável, o que a todos interessava era vê-la dançar arrebatadoramente e expor seu corpo jovem e bonito aos olhares cobiçosos. Ela sabia que ali não era seu lugar, mas como sair? Precisava de ajuda.

Ele caminhou com segurança e rapidez e, aproximando-se, pegou suas mãos, apertou-as com suavidade e beijou-a na face. Havia uma genuína felicidade estampada em seu semblante. Quando se afastando, mas ainda segurando suas mãos, saudou-a muito alegre:

— Ora, ora, até que enfim a reencontro. Como está, Verônica?

— Estou procurando melhorar. Mas, falando assim, Aurélius, posso acreditar que andou a minha procura — brincou Verônica. — Venha, sente-se comigo e me conte como vai a sua vida. Vejo que está com boa aparência, você estava doente, não é verdade?

Aurélius olhou com desgosto para os homens que aguardavam o retorno da jovem. Fitando-a, falou sério:

— Não desejo compartilhar sua companhia com essas pessoas. E, sim, estive e estou aqui a sua procura. Foi na esperança de encontrá-la que voltei a esse lugar. Por favor, venha comigo.

— Ir com você, para onde? — indagou Verônica, afastando-se um pouco assustada com a determinação que via em Aurélius.

A criatura impulsiva que havia dentro dela estava pronta a aceitar a oferta, ciente de que nada tinha a perder. Afinal, ali, onde se encontrava, sempre poderia voltar. Mas uma voz interior a advertia: "Cuidado, não seja imprudente. O caminho fácil para ter o que deseja pode ser o mais difícil".

Perspicaz, Aurélius notou a divisão no íntimo de Verônica. O olhar da moça brilhava de expectativa e excitação, mas seu corpo ficou tenso e ela se afastou ligeiramente dele.

— Preciso muito conversar com você. Pode escolher: um quarto aqui ou irmos até uma pequena vila nas proximidades.

Verônica pensou e respondeu relaxando o corpo:

— Aqui. Venha!

***

Caetano e Paulus caminhavam pelo centro do mercado da capital. A atividade era intensa; comerciava-se de tudo naquele lugar: especiarias, tecidos, joias, escravos, óleos, serviços de magia, alimentos, bebidas... Enfim, o que se desejasse na época, ali era o local para procurar.

Um pouco distante, um homem lia, em um pergaminho, em alto e bom som, para dar conhecimento ao povo das principais notícias da hora.

Mais além, um encantador de serpentes egípcio tocava uma flauta e magnetizava o animal, fazendo-o obedecer e dançar a sua vontade.

Prostitutas pobres caminhavam com os ombros e braços à mostra, falando muito e gargalhando, para chamar a atenção dos homens.

— A casa de banhos está próxima — comentou Caetano, encarando o amigo e tocando-lhe o braço amistosamente. — Algum tempo na sauna, uma boa massagem, vinho e algum tempo em uma piscina de água morna melhorarão o seu humor, amigo. Vamos! Apressemos o passo.

— Não estou de mau humor — retrucou Paulus.

—Não?! Tem certeza? — ironizou Caetano.

— Absoluta. Estou muito bem, não tenho motivos para estar mal-humorado — respondeu Paulus, taciturno.

— Bem, então por que está tão silencioso? Falou apenas o estritamente necessário desde que nos encontramos. Parece preocupado.

Paulus enfrentou o olhar do companheiro e, analisando sua conduta, concordou. Foi obrigado a reconhecer que não estava sendo uma boa companhia aquele dia.

— Desculpe-me, não me dei conta do silêncio. Realmente, eu estava longe, perdoe-me.

— Ora, é claro. Mas preciso saber a causa desse alheamento tão profundo, será uma mulher? — indagou Caetano, sorrindo malicioso. — Uma nova paixão é a maior causa desse estado de alma que o aflige.

Paulus sorriu e balançou a cabeça em negativa.

— Meu amigo, hoje não faça nenhuma aposta, sequer pense em ir a uma rinha de galos, seu palpite está péssimo.

— Céus! Será mesmo que errei tão feio? Não sei por que, mas sua negativa me soa falsa. No entanto, eu acreditarei no que diz. Posso saber o motivo da preocupação? Espero que não seja nenhuma doença, você falou que não havia problemas...

— E não há, apenas me sinto desconfortável, incomodado.

— Com o que, homem? — insistiu Caetano, abrindo os braços e fazendo um gesto amplo e teatral.

— Você vai rir de mim, eu sei — respondeu Paulus, reticente. Erguendo a mão direita e fazendo uma expressão solene, desmentida pelo brilho travesso no olhar, Caetano falou:

— Por Hélius, eu prometo não rir da sua confissão.

— Não abuse da sorte, Caetano. E se Hélius ficar irado com você? Perderá sua proteção nas lutas. Não se brinca impunemente com os deuses — advertiu Paulus, desejando desconversar para fugir ao inquérito do amigo.

— Eu e Hélius somos inseparáveis, cumpro rigorosamente todos os meus deveres com ele, e, lógico, se prometi, sob o olhar dele que não rirei, você pode ter absoluta certeza: eu não rirei — respondeu Caetano, não se dando por vencido e tomado de curiosidade.

Paulus não era homem de ficar remoendo pensamentos e sentimentos; a ação era sua principal característica. Era um soldado destemido e seguro, sempre concentrado no momento presente. Por isso, o amigo estranhava seu comportamento e, sob a ironia e a brincadeira, escondia uma sincera preocupação.

— Muito bem, então não ria, pois se o fizer será um homem morto — advertiu Paulus, e num rompante continuou: — Não consigo esquecer a mulher que socorremos na beira da estrada. Tenho pensado em ir procurá-la.

Caetano arregalou os olhos, assobiou baixinho e, voltando o olhar ao amigo, indagou:

— Por quê?

— Não sei. É absurdo, mas eu sonho com ela. Quando menos espero me pego pensando naquela mulher. Até já procurei os covardes que a agrediram para saber o que podiam me contar sobre ela...

— Pelos deuses, por essa eu não esperava! — interrompeu Caetano, ainda sob efeito da surpresa causada pela revelação. — Eles ainda lembravam de alguma coisa? Confesso que nunca mais pensei naquele episódio. Faz dois meses ou mais que aquilo aconteceu. Não lhe ocorre que ela pode ter morrido? Estava muito ferida.

— É óbvio que sim, e isso me aflige ainda mais.

— E o que pretende fazer? — perguntou Caetano. Lançando um olhar à frente percebeu que estavam próximos da casa de banho e acelerou o passo.

— O que me parece lógico, mas que me dirá que é loucura: amanhã retornarei àquele vilarejo. Irei procurá-la; recordo nitidamente o local em que a deixei.

Caetano olhou espantado para Paulus; não conseguia entender o comportamento dele.

— É, ainda bem que você tem consciência. Mas, Paulus, eu não consigo entender a razão, o que você pretende fazer lá, quero dizer, o que pretende fazer com a tal mulher?

— Conhecê-la, saber seu nome, o que fazia sozinha naquela estrada, se está bem...

— Ãhã. São sobre essas coisas que pensa? Se é assim, entendo que você vai tentar matar uma fantasia que ronda sua mente ou... vivê-la plenamente. E teve a ousadia de negar que havia paixão envolvida na história! Ora, ora, assim que acabarmos o banho, iremos a uma rinha de galos e você pagará as minhas apostas. Não se mente impunemente a um soldado de Hélius — determinou Caetano, quando ingressavam no estabelecimento.

Paulus sorriu da expressão ofendida do amigo e a conversa morreu, pois ambos entregaram-se aos cuidados dos serviçais do local.

10
Armadilhas

*[...] aqueles que, tendo negligen-
ciado a virtude, imaginam ter amigos,
percebem que se enganaram tão logo
uma grave dificuldade os obriga a colocar seus supostos amigos à prova.*

Cícero. *A amizade*, cap. XXII, item 84, L&PM,
Porto Alegre, 1997.

Não é demais ser prudente, quando se trata de julgar quem merece a nossa confiança. A precipitação é a mãe de muitas horas de sofrimento que poderiam ser facilmente evitadas, exercitando-se a virtude da prudência e a arte da observação.

Verônica ainda não desenvolvera tais habilidades. Era crédula e inexperiente; pagaria o preço do aprendizado. Aurélius levou-a a uma vila nas cercanias da cidade, bem próxima ao rio que demarcava o limite de Roma.

— Acho que conheço cada pedra dessa estrada — comentou Verônica, quando pararam em frente à entrada da propriedade. — Vi esse acesso, lá da colina. É possível enxergar a casa, parece bonita.

— É uma construção simples. A família a usa como um refúgio para o calor do verão. O rio corta a propriedade e tem recantos muito aprazíveis. Venho para cá desde que era menino. Minha mãe adorava esse lugar — disse Aurélius, sorrindo de suas lembranças.

— Adorava? — estranhou Verônica — Sua mãe desgostou daqui ou ...

— É ou. Minha mãe morreu há alguns meses.

— Sinto muito, Aurélius. Eu, às vezes, falo demais. Minha mãe me advertia deste erro, mas creio que ainda não o corrigi.

— Não se constranja, Verônica. É natural. Diferente de meus irmãos, eu gosto de falar sobre a minha mãe. Era uma mulher adorável, uma verdadeira romana.

Verônica o ouviu com atenção. Olhava-o demonstrando interesse, mas, ao contrário do que afirmara, Aurélius teceu mais alguns breves comentários em torno da figura materna e calou-se. Ela não insistiu no assunto, e foi em harmonioso silêncio que chegaram em frente à casa branca. As janelas estavam abertas; o pátio interno não era muito grande, mas bem cuidado, e tinha todo conforto.

— Essa casa sorri — disse Verônica, encantada com o local, repetindo palavras de Mirina.

— O quê? — perguntou Aurélius.

— Minha mãe dizia que os lugares possuem personalidades, assim como as pessoas. Ela achava que as pessoas que moram em um lugar imprimem nele um pouco do seu modo de ser. Se ela estivesse conosco, diria que esta casa é muito simpática, é alegre, aconchegante.

— Você gostou daqui — declarou Aurélius, auxiliando Verônica a desmontar, acariciando a face dela, corada de alegria. — Fico muito feliz. Venha! Vou lhe mostrar o interior, não é muito grande, mas é confortável.

— Está bem cuidada — observou Verônica, olhando ao redor.

— Sim, temos alguns escravos e um servidor que a administra. Não é uma propriedade grande, mas temos algumas plantações.

Ele adentrou a casa, chamando pelo escravo doméstico. Verônica parou no alpendre, entre as duas altas colunas, em frente à pesada porta de madeira. Podia ver as salas, tipicamente romanas. Foi impossível não se sentir arremessada de volta às lembranças queridas de sua infância. A dor por tão grandes perdas e por tão profunda alteração, em seu modo de vida, sufocava-a e logo irrompeu com força, junto com a raiva contra Adriano. Dominada pelas emoções, Verônica tremia, paralisada pelo passado.

Aurélius dava ordens ao escravo e não percebeu, de imediato, o estado de sua acompanhante. Estranhando sua ausência, voltou-se e a viu, trêmula, pálida, olhar distante – a expressão transbordando dor e ressentimento.

"Hum, está tudo à flor da pele", analisou Aurélius em pensamento e com certa dose de satisfação. "Será mais fácil do que eu imaginava. Posso colocá-la no lugar que desejo e ela, em troca, realizará alguns de meus sonhos, tudo muito justo."

Aproximou-se de Verônica, disfarçando os pensamentos que o alimentava e passou o braço sobre seus ombros. Fingindo-se surpreso com a visível crise emocional, indagou:

— O que houve? Você não se sente bem? Será que foi o sol? Está enjoada? Você se alimentou direito?

Verônica, engasgada com os próprios sentimentos e lutando para conter as lágrimas, limitou-se a negar, balançando a cabeça. Depois, respirou fundo e, com esforço, conseguiu dizer:

— Não é isso... estou bem. É a casa, o lugar... me fez lembrar da Vila Lorena... da vida que eu tinha, de minha mãe, da senhora Octávia, enfim...

— Entendo — murmurou Aurélius, apertando-a em seus braços, com gentileza. — Peço perdão; não tive a intenção, ao convidá-la para vir aqui, de trazer à tona tanta dor. Eu sabia da história, devia ter imaginado... Perdão. Vamos! Não chore mais. Eu sou um estúpido! É óbvio que isso podia acontecer e, claro, lembrá-la de quem causou todo este sofrimento. Coisas que é melhor esquecer... Perdão. Você quer ir embora? Eu entenderei...

As palavras de Aurélius tiveram o dom de fazer Verônica sentir-se culpada e, ao mesmo tempo, de fixar na mente as últimas imagens vividas da Vila Lorena e o nome de Adriano. Irritada, ela murmurou algumas imprecações e praguejou contra ele.

Aurélius a acalentava e incentivava sua ira contra Adriano. Por fim, vencida pela culpa e, inconscientemente, submetida à vontade de Aurélius, crente de que a compreendia e a apoiava, daí conceder-lhe irrestrita confiança, ela voltou ao presente, dominou a crise e, envergonhada, desculpou-se e sorriu.

— Melhor assim — disse Aurélius, suavemente. — Será que consegue entrar? Ordenei que nos preparassem uma refeição leve.

Verônica concordou e, amparada no braço de quem ela julgava um amigo, ingressou no interior da residência.

O dia em companhia de Aurélius foi um refrigério na rotina de Verônica. Por algumas horas, esqueceu a extrema penúria, a prostituição, os alimentos de má qualidade, as tristes recordações que carregava no coração. Terminava a visita encantada por seu novo amigo. Aurélius a cortejara sutilmente; não forçou sua aceitação, limitou-se a, pacientemente, seduzir. E a estratégia mostrou-se vitoriosa. O olhar da jovem brilhava de contentamento e admiração enquanto o ouvia discorrer sobre a vida na capital do império.

Passearam pela propriedade, que tinha um belo jardim nos fundos, adornado com canteiros baixos de alecrim. Oliveiras e loureiros misturavam-se às árvores frutíferas, e muitas plantas eram podadas em formas geométricas. Pareceu que foi absolutamente natural e prazeroso o surgimento de uma crescente atração e aproximação física entre ambos.

— Já falamos muito, Aurélius, sobre diversos assuntos, mas você ainda não me disse o motivo de querer passar esse dia comigo — lembrou Verônica, enquanto caminhavam pelo pomar, em direção às margens do rio, onde havia um delicado e aprazível *solarium*, e, ao lado, um belo gramado salpicado de roseiras e algumas árvores nativas.

Enquanto descia displicentemente a mão pelas costas da moça, em uma gentil carícia, até pousá-la na cintura e assim dirigi-la pelo caminho, Aurélius riu e suspirou de forma teatral antes de falar.

— Verônica, sua companhia me encanta de tal forma que esqueço meus propósitos. Se eu dissesse que foi uma artimanha para convencê-la a me acompanhar, você acreditaria?

Embevecida pelo sutil galanteio, Verônica corou, mas balançou a cabeça negativamente.

— Por que não? — inquiriu Aurélius. — Não mereço a sua confiança? Não provei o quanto aprecio a sua companhia? Olhar para você é um prazer que os deuses me concedem.

— Exagerado! — ralhou Verônica. — Eu creio que goste da minha companhia, afinal nada o obrigou a me procurar. Além disso, me trata muito bem. Mas não sou cega, nem tão burra que não consiga imaginar que você vive cercado por mulheres bonitas e atraentes, enquanto eu, olhe bem para mim... Seus escravos trajam-se melhor e estão mais bem cuidados do que eu. Portanto, meu amigo, diga a verdade. O que quer de mim?

— Bem se vê que você não tem se olhado no espelho com frequência, Verônica. Você é uma mulher linda, concordo que mais tratada será deslumbrante. É isso que desejo ver: o desabrochar dessa beleza inteiramente para mim. Você concorda em me conceder exclusividade na sua vida, Verônica? Em abandonar a taberna e as suas amizades e viver aqui ou em Roma, mas sob a minha proteção?

Verônica piscou os olhos atordoada com a inesperada proposta. Sua mente não conseguia ir muito além da experiência de cuidado, conforto e luxo que experimentava naquele lugar, em companhia de Aurélius. Sorriu, olhou em volta. A vista do *solarium*, a poucos metros de distância, atordoou ainda mais sua mente. Impetuosamente, pensou em aceitar, sem questionamentos, a oportunidade e entregar-se a uma vida de comodidades. Mas esse impulso foi travado pela voz da consciência que, tal qual uma ladainha, falava à sua razão: "Não seja apressada. Calma. Pense, pense bem, Verônica, para não se arrepender depois".

Aurélius, experientemente, não cobrava uma resposta, mas acariciava-a com delicadeza, beijando-a suavemente, no ombro à mostra na túnica rústica. Verônica sentia seus lábios em contato com a pele exposta, como se fosse o pouso de uma borboleta, leve e rápido, porém delicioso.

Perspicaz, ele sabia com exatidão o que causava em sua acompanhante. Afastando-se, deliberadamente, tomou-lhe a mão e, em silêncio, a conduziu ao interior do *solarium*[2]. Falou sobre as lembranças da construção do prédio, um presente de seu pai à esposa.

---

2   Construção com teto de vidro e, frequentemente, com grandes espaços envidraçados nas paredes.

— Mamãe amava esse lugar, era feliz e amada aqui — contou Aurélius.

E, astuto, deu voz aos pensamentos que adivinhava dividi-rem a jovem. Aliás, uma adivinhação das mais fáceis, o dilema estava estampado na fisionomia dela. O brilho do olhar traía sua natureza impetuosa, mas os lábios comprimiam-se, tensos, revelando o nervosismo acarretado pela resistência ao impulso.

— Verônica, eu não tenho pressa, sou um homem paciente e tenho certeza do que quero, portanto minha proposta não irá mudar. Pense, analise com calma minha oferta. Eu a levarei de volta à taberna e retornarei em cinco dias, está bem para você?

Aliviada, ela concordou, ainda mais encantada por Aurélius.

***

Na manhã seguinte, Aura encontrou-a insone. Verônica caminhava pelo casebre inquieta, seu olhar era um misto de euforia e preocupação.

— Vvocê accordou mui...muito cedo — comentou Aura. Depois, observando-a com maior atenção, notou os sinais da noite em claro e o estado de espírito da amiga. — Qui...qui acconteceu?

Verônica a encarou, tentou sorrir, pensou em disfarçar, mas a ansiedade falou mais alto e, tomando as mãos de Aura, relatou-lhe detalhadamente os acontecimentos do dia anterior.

Aura acompanhava a narrativa interessada e incrédula.

— Ih!.i...i...i ele não quis ssexo? Qui...qui estranho! Tra... tratou vvocê me...melhor qui...qui se fo...fosse uma pa...patrícia...

— É, eu sei. Também estranhei as atitudes dele. Eu não tenho nada, sou uma pária, qualquer coisa como uma folha largada ao vento. Ele me encontrou numa taberna de última espécie, me prostituindo por comida e algumas moedas. É estranho o comportamento de Aurélius, é nobre demais! Pensa que eu não enxergo, Aura? — comentou Verônica. — Isso me causa dois sentimentos: eu temo e confio nele ao mesmo tempo.

— Hum... — murmurou Aura, pensativa. Depois de alguns minutos aconselhou: — Meddo! Do quê? Vvocê não te...tem naada a perder, mulher! E...eu se fo...fosse vvocê já já tinha me mu...dado. Vai ser vadia doo mmesmo jeito, só vai so...frer menos e vviver no luxo. Aaproveite, criatura!

Era tudo o que o lado impetuoso de Verônica precisava ouvir. Os olhos dela brilharam cheios de expectativa, refletindo os sonhos que povoavam sua mente; dias cheios de satisfação, comida, limpeza, boas roupas, a companhia atenciosa e gentil de um homem educado, que, intimamente, acreditava tivesse por ela um sentimento amoroso. Poderia voltar a cultivar os valores dentro dos quais fora educada. Ler! É certo que, mesmo sendo objetos caros, Aurélius deveria possuir livros. Adorava ler.

Em troca, seria uma devotada e fiel amante. Aura tinha razão: não mudaria de "classe social", apenas era uma ascensão na mesma "classe". "Mas, dane-se!" – pensava Verônica. "Sem dúvida, será melhor do que esse casebre e a taberna."

A alguns metros, duas entidades espirituais, sob formas femininas, antigas conhecidas de Verônica, Talita e Dara, acompanhavam a cena.

— Ela ainda cede com grande facilidade às ideias fáceis — criticou Talita.

— As tendências do passado não são "ideias fáceis" de serem superadas — advertiu Dara. — São crenças, formas de pensar e agir que estão arraigadas no espírito. Mudá-las é uma necessidade quando são destrutivas, como é o caso de Verônica. No entanto, não podemos perder de vista que se trata de um processo lento, ainda mais quando, como é o caso, a consciência da necessidade de mudar é pequena e a vontade é do mesmo tamanho. Não fosse assim, os seres humanos não sofreriam tanto. Quando atingimos uma consciência a respeito da vida e de nós mesmos, quando compreendemos as principais leis que regem a existência, bem, aí então, aceleramos o passo e vivemos melhor. Entendemos que vivemos para aprender, crescer e evoluir. Deixamos de ser imediatistas e acomodados, vislumbramos os efeitos de nossas ações, temos consciência de que somos autores do nosso destino e que a história de nossa vida escrevemos linha a linha; e, todas as tramas são apenas consequências das nossas escolhas.

— Sim, eu entendo. Todos nós experimentamos essa verdade. Mudar é difícil, é lento. Mas eu esperava mais de Verônica. Afinal, ela teve uma infância cercada de boas influências, recebeu valores firmes. Até mesmo a cultura espartana foi um cuidado, uma bênção para sua transformação. E... — insistiu Talita.

— E... — repetiu Dara. — O que vemos é apenas o exercício da lei da possibilidade. Precisamos testar nossos aprendizados em reais condições, não em teorias. Se Verônica não experimentasse vivências próximas àquelas em que faliu anteriormente, como saberíamos se o ensino teórico de fato deu resultados? É a vivência que conta para nossa evolução espiritual, não o mero conhecimento teórico. É preciso viver e sentir para pôr em prática os conceitos aprendidos. Não é assim que são feitas as joias, burilando-se a pedra bruta até que brilhe? Verônica está sendo burilada.

Talita sorriu e voltou a olhar a cena entre a jovem e Aura. Retornando a atenção a Dara, comentou:

— Em geral, pensamos que estamos sendo burilados quando sofremos, mas, pelo que vejo, toda experiência é um buril.

— Exatamente — concordou Dara. — Existem caminhos e atalhos na vida, Verônica parece estar inclinada a tomar um atalho. Vejamos até onde irá.

11
Aurélius, Paulus e Caio

Nossa raiva e as lamentações nos fazem mais dano do que aquilo que inicialmente originou essa raiva e essa aflição.

Marco Aurélio. *O Guia do Imperador*, livro XI, item 18, Ed. Planeta e Academia de Inteligência, SP.

O desejo de Paulus não se cumpriu da forma imediata como era sua vontade. Somente quinze dias depois do encontro, pôde realizar a visita ao vilarejo nas proximidades de Roma.

O cavalo vinha a passo lento, não havia por que maltratar o animal. Paulus tinha absoluta certeza de encontrar a jovem no mesmo lugar onde a deixara. "O que pode uma mulher ferida, sozinha e pobre? Nada", pensava. A certeza era tão grande que nem a possibilidade óbvia da morte da jovem, afinal ela fora muito machucada, cogitava.

Sua mente dividia-se entre a certeza do reencontro e o questionamento das emoções que o impulsionavam a essa busca. "Por que aquela mulher havia mexido tanto com ele?", indagava-se inutilmente, pois a única resposta que vinha de seu íntimo era o louco desejo de reencontrá-la.

Sentia como se sua vida houvesse chegado a um portal.

Não conseguia imaginar o futuro com aquela dúvida, embora não tivesse claro o que faria no presente, ao confrontar a mulher cujo nome desconhecia.

"Livrar-me dessa obsessão", respondia para si mesmo. "Ela pode ter ficado cheia de cicatrizes, com o nariz torto, um olho vazado, desdentada. Sim, tudo isso pode ter acontecido, e ao vê-la, enfrentando a realidade, matarei esses devaneios, nunca mais sonharei com ela. Acabarei com essa perseguição. Como posso sentir desejo por alguém que mal toquei? Que vi mais morta do que viva? Por que, Hélius? Me responda, tenha compaixão. Por que essa mulher desconhecida, quando há tantas outras em Roma ou em qualquer lugar? Como é possível ter feito de mim alguém impetuoso? Justo eu, que luto tanto para ser ponderado, que tenho evitado relacionamentos afetivos porque, no fundo, tenho medo das minhas emoções, tenho medo de sofrer. Ironia da vida, só pode ser! Uma brincadeira dos deuses. Mas seja lá o que for, me venceu. Dobrou-me como um trapo à sua vontade e me pôs em peregrinação a esse lugar miserável."

Nesse monólogo interior, Paulus não sentiu a distância vencida. Surpreendeu-se ao ver os primeiros casebres. Decidido, esporeou o cavalo determinando maior velocidade. Atravessou rapidamente o vilarejo, chegando ao lar de Aura.

Apeou do cavalo, ajeitou o manto do traje militar sobre os ombros e andou em direção ao casebre. Estava fechado; aparentemente sua dona não se encontrava.

— Maldição! — murmurou irritado.

Mesmo assim, bateu na porta e gritou um "olá". Para sua surpresa, ouviu barulho no interior da construção e, minutos depois, com um forte puxão, a porta da frente abriu-se, revelando a mesma mulher baixa, gorda e suja de que recordava.

Ao se deparar com o legionário, a mulher encolheu-se com medo.

— Fique calma — apressou-se Paulus em tranquilizá-la. — Venho em paz. Posso entrar? Preciso conversar com você.

Aura afastou-se, dando passagem ao visitante, no entanto, não fechou a porta e ficou próxima à saída. Suas experiências já a haviam ensinado a fugir; não queria ter glórias para contar, com o corpo cheio de ferimentos e gemendo de dor. Não. Fugir e manter o bem-estar físico era mil vezes mais sensato, assim, quanto mais próxima estivesse da saída, melhor. Não confiava em soldados; eram violentos por natureza.

Paulus observou a precariedade do lugar; a miséria e a sujeira reinavam. Decepcionado, não notou nenhum indício da presença da jovem. Mesmo assim, perguntou:

— Como se chama? Meu nome é Paulus. Espero que se lembre de mim, eu entreguei aos seus cuidados uma jovem ferida. Isso aconteceu há, aproximadamente, três meses, está lembrada?

— Si...sim, ééé claro. Me...meu noome ééé Aura — respondeu tão nervosa, que dava pequenos risinhos.

— Desejo saber da moça, onde ela está? Pode ir chamá-la?

Aura balançou a cabeça, incrédula, e respondeu:

— Fo...foi emboora jjáá faaz tempo. A...acho qui...qui ia pa...pa...ra Roo...ma.

— Então ela se recuperou, ficou bem?

— Si...sim, euu cui...dei bem dela. Era jj...jovem, sa... sa...dia. Nããoo tttinha nenhum ffferi...mento ffundo. Ma...mas ggastei todo dinheiro — declarou de supetão — i...i nem deu...

Paulus teve vontade de rir do nervosismo da Aura e de sua gagueira. A conversa era difícil e, ao entender que ela temia que ele pedisse o dinheiro de volta, não pôde evitar um sorriso, meio torto.

— Não quero o dinheiro de volta, queria saber da moça. Você diz que ela foi para Roma. Como se chama?

— Vverônica. Ma...ma...is é só o qui...qui eu sei. Poor que não pper...gunta na ttaberna?

Paulus balançou a cabeça concordando com a dica. Agradeceu a Aura e saiu.

O taberneiro confirmou o nome dado por Aura, relatou que ela havia ido até algumas vezes e que na última saíra de lá com um cidadão patrício e, desde então, não tivera notícias dela.

— Uma mulher bonita — comentou o taberneiro. — Roma é grande, mas ela chama atenção.

Desolado, Paulus montou o cavalo e retornou à cidade.

***

À noite, em Roma, Aurélius comparecia a um banquete na residência de um parente próximo, Caio Petrônio.

Com maestria, disfarçava o rancor e a mágoa do meio-irmão, Aurélius III, em cujo braço Cássia repousava a mão.

Faltavam poucos dias para a realização das bodas do casal. E ele não sabia se conseguiria vencer esse dia. Fora um duro golpe em sua vaidade perder a bela Cássia para o meio-irmão, mas esses revezes eram comuns, embora Cássia fosse uma mulher que não se sujeitava às imposições familiares.

As mulheres da elite romanas primavam pela habilidade política. Os homens que elas desejaram ver coroados o foram; aqueles que não interessavam encontravam com facilidade a morte. O mundo feminino era rico; a subserviência, aparente. A liberdade era algo que elas conquistavam nos bastidores. Em uma sociedade militarizada, a sutileza feminina era como a água preenchendo os espaços em um vaso com terra; havia muitos espaços invisíveis e mil caminhos para fazer desmoronar montanhas.

Elas casavam e divorciavam-se com facilidade, sempre atendendo interesses políticos ou financeiros. Mas a grande regra era coroar uma aliança política entre homens, desposando-se uma irmã, assim tornavam-se cunhados e as famílias mantinham o poder.

Os sentimentos não eram considerados e os relacionamentos extraconjugais eram tolerados; faziam de conta que não enxergavam.

Cássia era uma pequena cobra, o que não a fazia menos venenosa. Descendia de uma tradicional família romana, que, no entanto, não vivia seus melhores dias. Era uma mulher de aparência doce e frágil, uma verdadeira miragem. Escondia um interior astuto e dissimulado. Trajava sua alma ao inverso dos soldados que, embaixo das armaduras usavam tecidos macios. Apresentava exteriormente delicadeza e fragilidade e, sob a pele, havia uma camada de puro aço e ferro.

Aquela noite, ela sorria e encantava, mas seus olhos fugiam de encarar Aurélius, seu antigo amante.

Aurélius III, seu noivo, diferente do irmão, era um rapaz cordato, bom orador, ganhava espaço entre os políticos. Mais intelectualizado que o meio-irmão, sua mente dedicava-se à busca do saber. Sinceramente amava a filosofia e participava de debates por puro amor ao conhecimento. As láureas que lhe rendiam o desempenho nas tribunas, aceitava como natural consequência de seu desejo pelo melhor e pela justiça. Alguns anos mais jovem que Aurélius I, era fruto do segundo casamento do pai, após a morte da primeira esposa. Pela descendência materna, participava de uma família de políticos. Aguardava-se, para breve, sua ascensão a um bom cargo no governo do império.

Aurélius III vivia para os ideais superiores da vida, se assim posso me exprimir, enquanto seu irmão mais velho, Aurélius I, tinha toda a atenção focada, exclusivamente, nos interesses pessoais e imediatos. De índole rancorosa — tão comum naqueles que não raciocinam sobre seus sentimentos e se deixam entreter pela força desgovernada das emoções, pagando o alto preço da irreflexão —, ele escondia sob aparente aceitação a escolha de Cássia. No íntimo, ruminava e alimentava a ira, exaltando-a com o julgamento que fazia sobre os fatos. Adoecera gravemente, mas não acreditava que os males físicos nasciam da desordem de sua mente e pensamentos. Consultara médico, videntes e curandeiros, não aceitara o que uma anciã egípcia lhe dissera:

— Senhor, a natureza tem somente um modo de ação: equilíbrio onde há harmonia. Sinto que o senhor queima sua alma no fogo das paixões; como quer que seu corpo tenha saúde?

Indignado, Aurélius levantou-se e saiu da casa da mulher. Não foi até ali para ser admoestado sobre seu modo de ser, pensar ou agir; foi até lá buscar cura para seu corpo. A velha deveria ter prescrito remédio ou feito algum ritual que afastasse dele a doença.

Assim é que, ao longo do último semestre, emagrecera, enfrentara noites de insônia, era perseguido por constante estado de angústia, dores de cabeça e resistente desarmonia no aparelho digestivo, especialmente no fígado. Os tratamentos traziam-lhe alívio por alguns dias, mas não solucionavam.

Agora arquitetava uma vingança contra Cássia e Aurélius III. "Ela receberá a paga merecida", pensava Aurélius, por tê-lo humilhado, ferido e desprezado. "É uma ambiciosa, ordinária, que se julga mais do que é. O tempo tem a solução para todas as coisas. Ela que me aguarde. Eu conheço, mil vezes mais, o homem em cujo braço ela se dependura. Posso fazê-la pagar cada humilhação que me fez, e cobrarei com todos os juros." Um sorriso de escárnio e desdém desenhou-se em seu rosto.

Caio Petrônio, o anfitrião, vendo seu convidado sorrir e beber sozinho, aproximou-se e indagou;

— Caríssimo Aurélius, que bom vê-lo sorrir depois da longa enfermidade. Não quer contar a esse velho amigo o motivo desse sorriso?

Ao sentir uma mão masculina, forte e pesada, pousar em seu ombro, Aurélius voltou-se e encarou Caio. Com expressão misteriosa, respondeu:

— O que mais faria um homem sorrir sozinho, senão a lembrança de uma bela mulher?

Caio riu e, estendendo a mão sobre os ombros de Aurélius, o guiou até a mesa do banquete, apanhando algumas iguarias e servindo-lhe mais vinho. Entre amenidades indagou:

— Tenho o prazer de conhecê-la?

— Não, é estrangeira — respondeu Aurélius. Com ar satisfeito, começava sua campanha.

— Hum! Entendo. Nada como ares novos para revigorar o espírito — brincou Caio. — E por que não a trouxe?

— Não creio que ela se sentisse bem nesse ambiente, Caio. Ela é uma raridade, algo muito precioso, porém você sabe como nossa sociedade é preconceituosa...

— A sociedade pode ser, mas eu não sou. Da próxima vez, não o perdoarei se não apresentar aos amigos essa misteriosa criatura. De onde ela é?

— Na verdade, Caio, Verônica é do norte, mas descende de gregos e foi educada à moda das mulheres de Esparta, de onde era sua mãe.

— Verônica ... um nome patrício para uma grega. Deve ser filha de escravos, uma plebeia, foi somente por isso que não a trouxe a minha casa, Aurélius? Deveria me conhecer o bastante para saber que não desperdiço minhas horas preocupado com o que os outros irão dizer ou pensar. Não aceito discriminações, por isso não as faço.

— Meu bom amigo Caio, de você não esperaria nada diferente, mas que dizer do olhar dos demais? Pode ferir, e muito. Desejei proteger Verônica. Assim como eu, ela enfrentou sérios problemas de saúde recentemente, mais uma vítima da violência urbana. Não achei justo expô-la às feras.

Caio sorriu e, amistosamente, apertou o ombro do amigo.

— Vou lhe dar crédito, Aurélius, mas ainda penso que você está sendo egoísta em não compartilhar essa "raridade" plebeia conosco. — Vendo que outro convidado o chamava, disse: — Fique à vontade, divirta-se. Vou ver o que deseja tribuno Graco.

— É claro, vá, Caio. Qualquer dia você conhecerá Verônica.

Caio desculpou-se e se afastou, indo ao encontro de um grupo que conversava animadamente. Colocou-se ao lado de Paulus e Caetano, que riam das pilhérias trocadas entre o tribuno[3] da plebe e o tribuno dos soldados, Graco.

Imitavam as prostitutas pobres que perambulavam pelas ruas de Roma, fazendo da miséria, motivo de riso no banquete. Paulus calou-se ao ouvir as pilhérias mais ácidas proferidas pelo tribuno dos soldados; igualmente tornou-se sério o tribuno da plebe. Caio, sensível à mudança de comportamento do grupo, imaginava uma forma de intervir no diálogo, sem ser deselegante com seu inconveniente convidado. Ele abusava de sua hospitalidade. Porém, antes que pudesse fazer algo, Graco voltou-se para Paulus, e Caio notou os sinais da embriaguez.

— Aliás, sobre as prostitutas dos arrabaldes, soube que

---

3 Tribuno: **O tribuno** (em latim *tribunus*) era o magistrado que atuava no Senado romano, em defesa dos direitos e interesses da plebe; era conhecido como o tribuno dela. Os tribunos podiam ser procurados por qualquer pessoa que se julgasse injustiçada, daí suas casas ficarem abertas dia e noite Os exércitos romanos tinham a figura do tribuno dos soldados, que era o representante dos soldados e infantes, perante os generais, lugares tenentes e alto comando do exército.

nosso legionário Paulus é muito versado. Foi visto à procura delas recentemente. Conte-nos, são tão competentes em agradar quanto sujas e fedorentas?

Paulus enrubesceu, apertou os olhos e fez esforço para conter a ira desencadeada com a humilhação. Caio rapidamente interveio dizendo:

— Os arrabaldes da cidade têm muitas histórias e não são habitados somente por prostitutas. Lá também residem pessoas pobres e honestas que exercem diversas profissões. Tenho certeza de que o legionário não tem necessidade de envolver-se com prostitutas, quanto mais dos arrabaldes da cidade. Se há algo que não falta em Roma é sexo, não concorda comigo, legionário?

Paulus, com a irritação sob controle, lançou um olhar de gratidão ao anfitrião. Caio encostou-se imperceptivelmente nele e murmurou:

— Graco está bêbado.

Paulus meneou a cabeça concordando e respondeu:

— É claro. Caio Petrônio tem toda razão. Nenhum de nós precisa envolver-se com prostitutas dos arrabaldes. E, de fato, fui até lá procurando uma jovem que socorri de uma agressão na estrada, quando retornávamos da campanha nas províncias do norte. Deixei-a entre a vida e a morte, com uma velha em um casebre. Por curiosidade, voltei ao local para certificar-me do destino da moça — esclareceu Paulus, preocupado com a imagem que os demais fariam dele após a grosseria de Graco.

— E o que conseguiu, meu amigo? — questionou Caio, com uma atitude absolutamente comum, como se fosse corriqueiro a classe patrícia preocupar-se com a violência sofrida por uma mulher da plebe, uma desconhecida.

— Descobri que sobreviveu e que veio para Roma — respondeu Paulus.

— Prostituir-se nos mercados — gargalhou Graco, retomando a linha agressiva. O álcool liberava seus freios de comportamento e acrescia uma ousadia, que sóbrio não demonstrava possuir.

Caio prosseguiu o diálogo, ignorando o comentário,

observando que alguns integrantes do grupo afastavam-se. "Ótimo!", pensou. Em meio à conversa, Paulus deixou escapar o nome "Verônica" e Caio, de imediato, o utilizou para mudar o assunto.

— Verônica! — exclamou Caio, fingindo surpresa. — Esse nome me persegue nessa noite. Não tenho nenhuma convidada que se chame Verônica, no entanto é a segunda vez que falo sobre uma mulher com esse nome.

Ao observar que conseguira atrair a atenção de todos os homens do grupo, segredou-lhes:

— A outra Verônica de quem ouvi falar, pasmem, é a nova amante de Aurélius.

Prontamente, o bafafá formou-se. Ouviram-se risinhos maliciosos e olhares discretos foram lançados sobre Aurélius, que bebia sozinho e aguardava quando e onde sua notícia começaria a circular. Com um sorriso de satisfação, ele observou o grupo de Caio e viu que a novidade já começava a espalhar-se.

— São as mãos de Cloto![4] — brincou Caio. — Entregar-me-ei a elas e deixarei que teçam os caminhos da minha vida. Quem sabe não há também uma Verônica em meu destino.

— A Verônica que encontrei era uma bela mulher — comentou Paulus, entrando no clima descontraído que Caio imprimia à conversa.

— Muito, talvez até demais — disse Caetano, exagerando e fazendo expressões cômicas. — As Verônicas devem ser mulheres incendiárias. Cuidado, Caio Petrônio. Quem sabe uma delas não põe fim aos seus longos dias de solteiro e incendeie de paixão essa sua mente tão racional.

Caio riu e retrucou, enquanto erguia a taça propondo um brinde em tom de desafio:

— A alguma Verônica que possa, algum dia, se conseguir, incendiar-me inteiro.

---

4 Cloto é uma antiga deusa grega pertencente às Moiras que são a personificação do destino individual. Seu nome em grego significa a que fia, a fiandeira. No mito, é ela que segura o fuso e vai puxando o fio da vida. O culto às Moiras teve grande influência em Roma e acabou identificando e substituindo o culto às Parcas, a versão latina.

12
Injuriado

Você não pode ser prejudicado pela ação de outro ser, nem pode ser ferido por qualquer mudança ou alteração nas circunstâncias de sua vida. Então, onde está o dano? Está na sua sensação de ofensa – na parte de você que forma um julgamento sobre tais coisas. Não forme julgamentos e a injúria desaparece.

Marco Aurélio. Guia do Imperador, Livro IV, 39, Ed. Academia de Inteligência/Planeta, São Paulo.

De posse da nova fofoca, rapidamente o grupo que cercava o inconveniente Graco se desfez. Somente Caio ficou ao seu lado e, com sabedoria, o convenceu a retornar ao lar. Como anfitrião, suspirou aliviado ao entregá-lo aos cuidados dos serviçais e julgou que nada mais, naquela noite, colocaria em perigo o sucesso de sua festa. Estava parcialmente certo, não haveria nenhum transtorno imediato, porém todas as ações têm consequências e a misteriosa amante estrangeira de Aurélius era um prato muito bem servido, irresistível.

A dispersão dos convidados que cercava Graco foi rápida e certeira como um rastilho de pólvora. Cada um encarregou-se de buscar os mais "íntimos" para contar, tendo o cuidado de não juntarem-se dois emissários em um único grupo.

É incrível o poder de atração que a vida alheia exerce sobre certas mentes, especialmente em ambientes fúteis ou traiçoeiros, nos quais as pessoas não prezam pela honestidade ou autenticidade. Neles pululam hipócritas.

Naquela sociedade, havia sempre um clima de conspiração, um anseio pseudamente oculto pelo poder e, assim, qualquer informação poderia ser valiosa. Se nada disso houvesse, bastaria o prazer de ocupar-se com a vida alheia e esquecer os devidos cuidados à própria.

Não, sem razão, os mestres da época — os filósofos estoicos — insistiam tanto no cuidado e na valorização do tempo, pois era (e ainda é) grande o tempo e o esforço que os homens gastavam (gastam), prestando atenção à vida alheia, ou em, pretensamente, querendo saber o que pensava (pensa) e julgava (julga) o outro. Em contrapartida, é muito pouco o tempo investido em concentrar-se no próprio comportamento para torná-lo melhor. Se fizessem isso, não se preocupariam com trapaceiros; simplesmente buscariam realizar os próprios sonhos e viver as próprias vidas. Com isso, seriam felizes e saudáveis.

Foi assim, como fogo, que a notícia chegou ao conhecimento de Cássia. Aliás, a ela um convidado correu com mais pressa do que aos demais. Afinal, que maior prazer haveria, do que o de um mexerico? De poder levá-lo ao conhecimento de alguém que pudesse "alfinetar".

O marido de Lavínia, que participara do grupo de Caio, correu ao encontro da esposa e segredou-lhe a nova.

Lavínia, que tolerava a presença de Cássia, mas não nutria por ela nenhuma simpatia, adorou a informação. Apanhou da bandeja do serviçal uma taça de vinho. Com os olhos fixos em Cássia, que reinava em um grupo de jovens, exibindo-se, juntou-se a elas e aguardou a primeira oportunidade de dar a notícia.

Cássia julgava-se exímia conhecedora de assuntos relativos à beleza feminina, e tinha-se na conta de uma beldade. Era bonita, é verdade. Mas tornava-se desagradável com imensa facilidade. O encanto não sobrevivia a um ouvir atento, ainda mais se a conversa fosse entre mulheres. Aos homens, ela reservava joguinhos e charme que não desperdiçava com o sexo feminino. Por isso, contava com muitos admiradores e com pouquíssimas amigas.

— Queridas, não imaginam a novidade que incendeia esta festa! Acabei de descobri-la — anunciou Lavínia, dirigindo-se a todas.

— Novidade? Mas anda tudo tão pacato. E, hoje, tenha piedade, nos poupe das intrigas do império — comentou uma delas, séria. — São sérias demais, custam vidas, prefiro não saber.

— Nada disso, bobinha — ralhou Lavínia e, maliciosa, completou: — Intriga de lençóis. Adivinhem quem tem uma nova amante?

Pronto, as mulheres fixaram-na com toda atenção e risadinhas se ouviram. Ao mesmo tempo, todas falavam citando casos amorosos de pessoas presentes. Mas nenhuma citou Aurélius, era sabido que, desde o noivado de Cássia, ele adoecera gravemente, e, à boca pequena, comentava-se que era despeito o mal que o afligia.

— Diga, então, Lavínia, é amante de um homem ou de uma mulher? — pediu uma convidada. — Dê uma pista.

— Dê um homem e bem conhecido — informou Lavínia, olhando prazerosamente para Cássia.

Foi o que bastou. O gesto disse mais que as palavras, e duas das mulheres, acompanhando o olhar de Lavínia, fitaram Cássia e murmuraram:

— Aurélius I ?

— O próprio — confirmou Lavínia, com largo sorriso. — Acho que está curado. Dizem que a mulher é estrangeira e lindíssima. É o assunto entre os homens; estão todos ansiosos por conhecê-la.

Cássia empalideceu; apertou os lábios com força e seus olhos lançavam chispas de raiva. Impiedosa, Lavínia sabendo que a rival não poderia revidar e expor-se de forma inadequada, em razão de sua condição, prosseguiu o discurso, enaltecendo a beleza da amante de Aurélius e dando sua contribuição à história.

Não resistindo, Cássia lançou um olhar indignado a Aurélius. Não esperava, no entanto, que ele estivesse acompanhando, solitário, em seu posto de observador da festa de Caio, a conversa entre elas.

Aurélius encarou, zombeteiro, o olhar de Cássia e a provocou, erguendo a taça, em uma saudação silenciosa.

— Com licença — pediu Cássia. — Vou encontrar meu noivo, ele me chama.

— Hum, parece que alguém não gostou da novidade — disse uma das convidadas para Lavínia, após a retirada de Cássia.

Lavínia sorriu e balançou os ombros, como se dissesse: "E eu com isso". Óbvio, o assunto teve mais sabor após a saída de Cássia.

Satisfeito, Aurélius deixou a festa.

***

Três dias depois...

Verônica exercitava-se no pátio. Ainda que não lutasse com outra pessoa, mantinha a força e o vigor físicos. Aurélius, que a visitava uma ou duas vezes na semana, desde que a levara a Roma, surpreendeu-se com a disciplina que a moça se impunha.

Admirava-a silenciosamente; ela não o vira chegar. À moda dos gregos antigos, Verônica exercitava-se nua; seu empenho e concentração eram evidentes. Ele riu ao pensar o quanto aquela conduta devia chocar até mesmo seus serviçais. Não era para menos que o pátio e arredores estavam completamente despovoados.

Aguardou que ela concluísse os exercícios, escorado ao batente de uma porta. "Uma linda mulher, sem dúvida", admirou ele, percorrendo com o olhar o corpo da jovem. Estava encantado com o tom dourado de sua pele, que brilhava, coberta de suor, à luz do sol.

— Céus! Você não se cansa, Verônica? — perguntou Aurélius, após admirá-la por bastante tempo.

Surpreendida, Verônica assustou-se, parando o exercício e levando a mão ao peito. Depois, reconhecendo a voz de Aurélius, sorriu e voltou-se dizendo:

— Faço isso desde menina, eu adoro.

Ele caminhou devagar ao encontro dela e comentou:

— Sou preguiçoso. Nas casas de banho, existem pátios bem equipados, onde as pessoas se exercitam. Eu exercito apenas os olhos, admirando-as. Como passou a semana, minha querida?

— Hum...bem, eu creio.

— Por que a relutância, Verônica? Aconteceu alguma coisa que a aborreceu? Por favor, diga-me se não a trataram bem nessa casa...

— Não é nada disso — interrompeu Verônica, pousando a mão sobre o braço de Aurélius. — Tratam-me tão bem que, como vê, zelam, inclusive, pela minha privacidade. Seus criados e escravos são ótimos. Nada me falta aqui. Mas...

— Mas... — incentivou Aurélius, após uma demorada pausa na conversa. — Mas... diga, Verônica, o que está sentindo?

— Não sei ao certo, talvez seja solidão. Não sei. Nada me falta... mas tenho um vazio na mente. É isso. E isso me tira a paz. Exercito-me à exaustão, para evitar contemplá-lo, porém ele me persegue.

— Um vazio na mente? O que é isso? Nunca ouvi outra mulher me falar algo desse gênero — questionou Aurélius, sorrindo, curioso, colocando as mãos na cintura da jovem. — A única ausência que vejo em você é de roupas. E longe de mim reclamar de tal recepção.

Ela riu e, afastando-se dele, procurou uma toalha, enrolou-a em torno do corpo e retornou.

— Pronto! Vamos entrar, preciso de um banho e de boa comida — disse Verônica, determinada.

— Seja feita a sua vontade — concordou Aurélius, fazendo uma mesura e estampando uma expressão irônica e debochada. — Quem sabe o seu "vazio" mental não seja apenas um "vazio" estomacal.

Verônica continuou sorrindo, mas entendeu que Aurélius não a compreendia e debochava de seus sentimentos. Será que as mulheres romanas não gostavam de usar a inteligência? Octávia dizia que a mulher precisava instruir-se, ter conhecimento, e que era tão ou mais capaz que um homem. Mirina, sua mãe, era um exemplo de mulher de alma grega espartana: disciplina, conhecimento e liberdade, eram os pilares da educação que lhe dera.

Porém Verônica era ingênua, inexperiente. Sofrera muito nos últimos anos e recalcara essas experiências bem no fundo do coração. E, como todos nós, trazia marcas de outras vidas: a tendência à preguiça, à insegurança, fruto de um medo exacerbado. Isso dava, por vezes, uma nota de incoerência em sua conduta; tornava-a alguém imprevisível. Parecia haver duas mentes habitando um mesmo corpo.

Mas, em verdade, Verônica estava grávida de si mesma, gerava uma nova mulher que, aos poucos, ia revelando-se, tal qual a presença do feto se manifesta, alterando o corpo materno. A nova personalidade ganhava espaço. E não se vive nenhuma transformação, sem algum tipo de dor, sem que existam perdas e lutos, sem que a ingenuidade ceda espaço à larga visão da experiência e transforme pensamentos, sentimentos e atitudes.

Aurélius, no entanto, ainda estava cego pelo sofrimento causado por injúrias feitas contra ele. Nada percebeu. Vivia o primado de suas certezas sobre tudo e todos. Diga-se de passagem, uma forma muito triste de viver. Imbuído de certezas, o homem nada mais aprende. Além disso, torna-se facilmente um tirano, defendendo e impondo sua maneira de ser.

13
Em Roma

Há duas espécies de afeições: a do corpo e a da alma e, frequentemente, se toma uma pela outra. A afeição da alma quando pura e simpática, é durável; a do corpo é perecível. Eis porque, frequentemente, aqueles que creem se amar, com um amor eterno, se odeiam quando a ilusão termina.

Kardec, Allan. *O Livro dos Espíritos*, questão 939. IDE/SP.

Fazia uma semana que Aurélius estava na casa de campo. Admirava a disciplina com que Verônica treinava. Indolente, por natureza e opção, considerava enfadonha tanta atividade física. Ficava reclinado entre almofadas, deliciando-se com frutas, doces e vinho, apenas olhando a jovem.

— Venha — convidou Verônica, sorrindo para Aurélius. — Você irá gostar. Faz muito bem à alma.

— Humm... e se eu não tiver alma para cuidar? — retrucou ele, inclinando-se sobre a fruteira para escolher o que comeria.

— Não diga bobagens! Todos nós temos uma alma e é preciso cuidá-la, Aurélius.

— Como você cuidava da sua na taberna? Ela também gosta de vinho barato? — questionou Aurélius, friamente.

Verônica envergonhou-se do passado recente que ele lhe lançava no rosto. Não havia como revidar ou insistir, Aurélius a lembrava, sem dó nem piedade, que não possuía um passado digno e, portanto, não tinha moral para adverti-lo da sua indolência e descaso com a saúde. Sentiu-se humilhada. Não era a primeira vez que ele agia dessa maneira. Estava tornando-se usual ele recorrer àquele tipo de resposta agressiva.

O diálogo tornava-se cada vez mais difícil. A fim de evitar desavenças, Verônica calava-se. Entregava-se ao esporte com dedicação integral. O resultado era uma aparência de beleza grega clássica.

A convivência com Aurélius a fazia recalcar ainda mais sentimentos. Esse humor sarcástico e irônico que ele exibia a irritava profundamente. Fazia brotar um sentimento de ira muito superior à agressão verbal e psicológica sofrida. Com esforço, ela dominava a emoção. Recordava a lição de seu treinador de luta, na Vila Lorena, na época feliz de sua infância:

"Preste atenção, Verônica: quando se sentir oprimida ou confusa por causa da maldade das circunstâncias que sejam contrárias ou porque seus inimigos e adversários sejam impiedosos, não fuja, nem procure fora de si a solução. Volte-se para si mesma, concentre-se, mas não perca o contato com a situação que a rodeia. Busque recuperar a harmonia com a sua natureza, assim recuperará suas forças e estará preparada para vencer. Não deixe que as emoções a governem. Viva-as, mas seja senhora de si. É pensando desse jeito que encontramos o caminho da vitória."

Desde que Adriano anunciara seu fatídico retorno à Vila Lorena, ela vinha exercitando aquela lição. Aplicava-a às lutas reais do cotidiano, às batalhas pela sobrevivência. Aquela forma de pensar era responsável por seu relativo equilíbrio diante dos reveses da vida.

O exercício era sua forma de concentração. A um só tempo libertava-a do tédio, extravasava as energias de sua juventude e as forças de emoções profundas e inconscientes. Desenvolvia a disciplina; o domínio e controle do corpo, da mente e anseios.

— Iremos à cidade amanhã — anunciou Aurélius, depois de uma longa pausa. — Pretendo sair cedo.

— Iremos? Quer dizer: eu também? — perguntou Verônica, incrédula.

— Sim, foi o que eu disse. Preciso comprar roupas para você. Irei levá-la a uma casa de banhos...

Verônica interrompera os exercícios e correu até o divã onde Aurélius estava deitado. Esquecida das ofensas de momentos atrás, rodeou o pescoço dele com os braços e beijou-lhe, repetidamente, as faces e os lábios.

— Acalme-se, Verônica — pediu Aurélius, rindo da faceirice da jovem.

— Você me levará a uma escola de gladiadores? — indagou a jovem, ansiosa. — Você prometeu!

— Eu sei o que lhe prometi — respondeu Aurélius, levemente irritado pela cobrança da moça. — Não costumo faltar a minha palavra, ainda que a tenha empenhado com uma mulher de taberna. Descanse, eu a levarei a escola de um amigo meu. Mas não amanhã, tenho outros planos.

— Quando, então, Aurélius? — insistiu Verônica, afastando-se dele e falando com frieza, magoada com a constante humilhação.

— Quando eu julgar que é a hora. Você me deve um favor, lembra-se? Eu direi o momento de receber o pagamento.

— Eu sei, estou lembrada — disse Verônica, no mesmo tom frio e arrogante. — Mas que espécie de favor deverei prestar-lhe, além dos comuns a uma mulher de taberna?

Aurélius riu da forma audaciosa como a mulher o enfrentava. As romanas eram dissimuladas, aparentavam incondicional submissão e tramavam pelas costas de seus homens. Verônica o enfrentava de igual para igual, não havia sombra de medo em seu olhar, naquele momento.

— Não disse gracinhas para alegrá-lo, Aurélius. Apenas falei verdades que, aliás, você não me deixa esquecer. Porém, meu caro, qualquer fato pode ter uma interpretação diferente, eu, por exemplo, vejo essa situação assim: você escolheu viver com uma mulher de taberna. Mulheres de taberna fazem negócios muito claros e objetivos: oferecem um trabalho, que alguns chamam de "favor", em troca, dizem, de imediato, qual é o preço e, de preferência, recebemos adiantado. Portanto, perguntarei de novo: qual é o "favor" além dos que lhe tenho concedido que deva fazer?

Aurélius ergueu-se e, tomando o braço de Verônica, o apertou ferozmente. Não contava que ela enrijecesse o músculo e o encarasse enquanto apertava-lhe o braço com a mão livre, cravando-lhe, sem piedade, as unhas na carne.

— Vagabunda! Gata furiosa! Você não presta — murmurou Aurélius, entre dentes, irado e gemendo de dor.

— Você já devia saber de que laia eu sou: mulher de taberna; esqueceu?— retrucou Verônica, intensificando a pressão das unhas na carne. — Solte-me, ou apertarei partes que doerão muito mais do que o seu braço.

Ele a encarou e assustou-se ao ver o brilho selvagem em seus olhos. Havia um quê de loucura naquela fúria indômita escondida no íntimo daquela mulher, e ele apavorou-se. Sentiu-se um verme, um rato. Não reconheceria, jamais, no entanto, sentiu muito medo ao enfrentá-la. Um leve tremor o percorreu e foi submetido pela ira de Verônica. Ele nem ao menos percebeu ou pensou, agiu dominado pela emoção e afrouxou a pressão sobre o braço dela.

— Solte-me — murmurou ela, com o olhar fixo no dele.

Vencido, Aurélius a largou. Mas ela ainda o segurava, apenas diminuíra a pressão das unhas, quando lhe disse:

— Escolha qual "favor" lhe devo e me avise. Fica claro que apenas lhe prestarei um favor em troca da moradia que me dá. Ou sou sua amante, ou faço outra coisa. Então, diga-me, o mais breve possível, qual será a sua escolha. Fica entendido, também, que se eu não gostar do favor que deseja irei embora, pois até aqui, como mulher de taberna, lhe paguei cada pedaço de pão que comi.

Saiu pisando firme e sem olhar para trás, olhando-o altiva e furiosa:

— Quem é essa criatura louca? — falou Aurélius baixinho, para si mesmo, enquanto, irritadíssimo, a olhava ingressar em seus aposentos. — Quem essa vagabunda pensa que é? Cleópatra? Inferno! Isso está mais para uma rebelde de

Spartacus[5]. Ela ainda não sabe que ele é um herói morto, mas vai descobrir...

Aurélius permaneceu no pátio ruminando a sua raiva contra a atrevida Verônica. Ela, em seu quarto, repensava a cena, dissecava seus sentimentos na tentativa de entendê--los. Reconhecia que sua resposta fora superior a agressão. Incomodava-a ser lembrada do tempo vivido na taberna; talvez, no íntimo, se arrependesse do que fizera lá. Era racional o bastante para reconhecer que Aurélius não dizia nenhuma mentira. Então, ela não deveria irritar-se, muito menos ficar magoada, mas ficava.

Analisou o curto período de convivência com o amante: não estava satisfeita, nem feliz. Tinha comodidades, não lhe faltava comida, nem abrigo, nem roupas, estava em segurança. No entanto, era infeliz. Sentia-se presa, inútil e que sua presença naquela casa equiparava-se a um bibelô de luxo. Entre ela e um dos bustos que ornamentavam o *impluvium*[6] ou as estátuas do jardim, nenhuma diferença substancial havia. Eram tratados da mesma forma tanto por Aurélius quanto pelos criados e escravos. Sua vida na companhia de Aurélius poderia ser resumida como tediosa e asfixiante.

"Aura estava enganada", pensou Verônica, torcendo nervosamente as pontas da toalha que envolvia seu corpo. "Era mais feliz com ela. Continuo tão miserável quanto era lá e perdi minha liberdade."

Do outro lado da janela de seu quarto, uma gata espreguiçava-se ao sol. Verônica contemplou-a e, como lhe acontecia desde menina, ao observar os animais, não pôde deixar de cogitar que nem mesmo eles aceitavam maus-tratos em troca de casa e comida. Apenas seres humanos, sem amor próprio e sem respeito a si mesmo, permitiam que os outros abusassem deles. "Se eu ferir essa gata, sentirei suas unhas em minha carne e ela irá embora, deixará para trás essa casa e as pessoas que a machucaram. A natureza é sábia. A ignorante serei eu, se não a escutar. O recado da natureza está claro em mim:

---

5   Gladiador escravo que se tornou líder de um exército rebelde em Roma.
6   Parte no centro das residências romanas onde ficava o poço de água.

aqui não serei feliz, se insistir, não poderei reclamar de sofrer sem necessidade. Fui, sim, uma mulher de taberna. Mas, acima de tudo, sou uma mulher, um ser humano e, como tal, mereço ser respeitada e amada, por mim mesma, em primeiro lugar. Ele foi lá, me buscou e me propôs viver aqui, não tem o direito de me humilhar e eu não preciso aturar esse tipo de conduta. Já vivi o bastante para saber que sou livre para partir daqui e não levar nem o pó dessa terra comigo."

Olhou o conforto de sua cama e algumas roupas que Aurélius havia lhe dado, dizendo terem pertencido à mãe dele. "Não, em nada disso está a minha felicidade. Viver sendo desrespeitada em troca disso é muito caro, mesmo para uma miserável como eu. Irei embora", decidiu Verônica.

E, como não havia o que dizer ou levar, além de umas poucas moedas adquiridas na taberna, apanhou uma roupa qualquer, calçou as sandálias e foi à cozinha.

— Sirva-me um cantil grande com água fresca, por favor — pediu à escrava que enchia algumas ânforas pequenas com azeite de oliva.

A sua maneira de dirigir-se aos escravos e servidores granjeara-lhe uma disfarçada simpatia, e a jovem apressou-se em atendê-la.

— Obrigada! — agradeceu Verônica, pendurando o cantil sobre o ombro.

A escrava, curiosa, ficou observando a amante de seu amo que saía pela porta da frente e seguia rumo à alameda de acesso à propriedade.

Enfurecido e revoltado, Aurélius nem cogitou de procurar Verônica e desistiu de levá-la à cidade. Aquele não era o momento ideal para desfilar com ela na mais afamada casa de banhos de Roma. Planejara cuidadosamente esse momento. A desavença da manhã não estava prevista, muito menos pretendia atender à exigência de Verônica de contar que favores esperava dela.

"Preciso esfriar a cabeça. Achei que ela era mais dócil e, pelos deuses, deveria ser. Dei-lhe casa, comida, roupas e segurança, o que mais ela quer? Que me empenhe em seduzi-la sempre? Ora, essa vadia abusada não se enxerga mesmo! Ela não é nada, nem escrava, nem plebeia, e ainda se dá ares de deusa. Calma, Aurélius, mantenha a razão! Você ainda precisa dela, então, pense em uma história para encantá-la. O luxo de Roma fará o resto", ordenava-se Aurélius, em pensamento, andando, nervoso, pelo pátio. Por fim, retornou ao divã. Apoiou a cabeça sobre as mãos e ficou pensativo. O olhar distante eventualmente brilhava com lampejos de satisfação, denunciando que se deleitava com os próprios pensamentos.

Ergueu-se, aparentando calmo, e foi à procura de Verônica. Não a encontrou em seus aposentos; voltou à sala central; chamou-a inúmeras vezes, e nada. Impaciente, gritou o nome da escrava doméstica, ordenando-lhe vir a sua presença.

— Sim, meu senhor — disse, obediente a escrava, ao se apresentar diante dele. — Em que posso servi-lo?

— Onde está Verônica? — indagou ele, irritado.

— Não sei, meu senhor. Não a vi toda tarde...

— Como não a viu? Ela estava em casa — retorquiu Aurélius.

— Senhor, a última vez que vi a moça foi quando ela foi à cozinha pedir um cantil com água...

— Quanto tempo faz isso?

— Faz bastante tempo, ainda era de manhã — esclareceu a escrava. — Ela pediu um grande cantil com água e depois eu a vi caminhando pela alameda de entrada. É tudo que sei.

— Maldita! Abusada! Aquela vagabunda fugiu... — e Aurélius listou todos os impropérios que conhecia, tantos que a escrava ficou rubra e agradeceu aos céus quando com um gesto ele a dispensou.

***

Dois dias depois...

Verônica cruzava os portões da capital do império. Impressionou-se com as fortificações em torno da cidade, com os soldados — visíveis a cada passo, eles pareciam cumprir a dupla função de proteger e intimidar — e com os miseráveis, maltrapilhos, que esmolavam pelas ruas. Dois anos vivendo como uma pária e viajando sozinha pelas estradas do império haviam dado a Verônica uma olhar diferenciado, atento ao real. Ela não se deslumbrava com o luxo dos trajes de seda, com a pompa das túnicas dos senadores e dos aristocratas. A realidade deles era tão distante da sua. "Contemplá-los é como gastar as horas do dia desejando ver a lua. Impossível, inacessível, neste momento", pensava Verônica. E é preciso dizer que a ambição pelos bens materiais, pelo luxo ou pelo supérfluo não dominava a jovem.

A estrada e a solidão ensinaram-lhe que a vida é algo ao mesmo tempo incrivelmente forte e frágil. O corpo aguenta muitas privações e dores e não morre com facilidade; a natureza protege a vida e a sustenta. Mas um só ato deliberado da vontade humana é capaz de matar em segundos; e a própria vida torna-se frágil ante essa vontade. As dores e privações impostas pela natureza não são cruéis, mas as dores e privações impostas pelo homem, sob a forma de tortura e abuso, são exemplos de que a crueldade humana desrespeita os limites naturais.

Comera as frutas que encontrou no caminho, bebeu água, banhou-se num riacho próximo da cidade e dormiu em um bosque sobre a relva. Mas estava feliz, sentia-se em paz consigo mesma. Ninguém a agredira nem física nem psicologicamente. Tampouco se sentiu sozinha, tinha o hábito de conversar consigo mesma, às vezes, falando, outras, entretendo-se num diálogo mental. Também conversava muito com os deuses de sua crença e, especialmente, com suas queridas antepassadas — a mãe e dona Octávia. Acreditava que alguém a ouvia, pois durante os últimos anos, com frequência, notara que seus pensamentos, de repente, seguiam um rumo diferente; surgiam ideias e pensamentos que não lhe pareciam próprios. Em geral, nesses momentos, um bem-estar, uma alegria e um sentimento profundo de liberdade e gratidão ao poder criador do universo tomavam-na e a preenchiam. Ficava leve e caminhava faceira, esquecida dos males de sua jovem existência.

Desde o episódio da agressão dos soldados, não experimentava esse estado d'alma. Reencontrá-lo naquela jornada a Roma a deixava feliz e confiante de que, sozinha e com o amparo do Criador, conseguiria construir sua existência, encontraria seu caminho.

Recordara os dias vividos com Aura; não se arrependia deles, por acreditar que esse sentimento nada lhe acrescentaria. Em um momento de crise e fragilidade, vivera algum tempo da prostituição. Era inegável, porém não se sentira feliz nem como uma prostituta pobre nem como a amante de um romano rico. Preferia a sua realidade. Isso era retornar ao centro de si mesma, como lhe ensinara seu mestre de luta. Trazia consigo, agora, a vivência da prostituição e a certeza de que não a desejava como meio de subsistência. Era melhor comer frutas, caçar e pescar, tomar banho nos rios e dormir ao relento, do que perder a dignidade e o autorrespeito, sujeitando-se à vontade de um amante tirano.

Por isso, a Verônica que entrava em Roma apresentava uma força e firmeza que antes não se tinha visto. Era uma mulher centrada em si e consciente de que nada possuía a não ser ela própria, e que seu bem mais valioso era a liberdade.

Sua educação espartana, tão diferente dos valores romanos, mesclada com as lições de filosofia estoica, tão ao gosto de dona Octávia; a infância isolada e protegida, seguida por uma primeira juventude marcada por intensa dor e solidão, pela perda de tudo eram elementos que se somavam, fazendo brotar uma personalidade autêntica e destemida, alguém sem reputação, despido de todas as coisas que podem criar ilusões à visão do espírito. Eis a Verônica, empoeirada e despenteada, que cruzou os portões da capital do império romano. Mas quem a olhasse, com atenção, veria no brilho de seus olhos a força que carregava na alma.

Forças que ela ainda aprendia a dominar.

Decidida, de imediato, pôs-se a perguntar onde ficavam as escolas de gladiadores. E andou muito. A fome começava a atormentá-la, mas a cidade não era tão pródiga em ofertar alimentos como o campo. Água até conseguiu com facilidade. O imperador Augusto César orgulhava-se da quantidade de fontes que mandara construir em Roma e do abastecimento da cidade pelos grandes aquedutos, verdadeira maravilha arquitetônica na época.

A noite descia sobre a cidade. Nas ruas, restavam os miseráveis. Ainda assim, em ruelas e esquinas escuras, improvisavam pequenas fogueiras para se aquecerem, nas quais, cozinhavam sobras de alimentos que recolhiam no mercado, ou ganho de alguns comerciantes. Dividiam, também, pães adquiridos com as esmolas.

Verônica entendeu que, por ora, era um deles. Não imaginara como aquelas pessoas viviam, mas não temeu aproximar-se delas. "São seres humanos", pensou. "Eu tenho uma longa e triste história, carrego dores e todas as perdas que poderia sofrer. Eles também têm uma história que os deixou aqui. Se estamos do mesmo jeito, algo temos em comum."

No entanto, ao acercar-se de um grupo com seis ou sete pessoas, a maioria homens, notou — apenas uma mulher e um menino — e foi tomada por súbita timidez. Acabou parando a poucos metros e ficou observando-os em silêncio. Com o estômago roncando de fome, acreditou que qualquer coisa que eles cozinhavam em uma panela velha, era delicioso.

O menino foi o primeiro a notar sua presença. Olhou-a com curiosidade, depois, com a espontaneidade das crianças, que nem mesmo a mais negra miséria é capaz de tirar, andou até ela e disse, com ares de alguém muito entendido:

— Você é nova — examinou-a minuciosamente e declarou: — Suas roupas estão boas. O que faz aqui?

Verônica sorriu da avaliação do menino, abaixou-se e, encarando-o, respondeu:

— Venho do norte. Perdi tudo, família, casa, trabalho, só me restou a vida. Cheguei hoje pela manhã.

— Tem algum dinheiro? — indagou o menino, nem um pouco surpreso com a confissão da moça. Ouviu a informação como se ela fosse apenas mais uma. Algo repetido e muito conhecido.

Foi Verônica quem se surpreendeu com a atitude do menino e com a pergunta direta e objetiva.

— Nenhum — mentiu a jovem.

O garoto coçou a cabeça, analisou-a de cima a baixo e lhe ordenou:

— Venha comigo! Vou falar com Vigílio, talvez sobre uma caneca de cozido para você. Hoje sobrou bastante comida no mercado, tá tudo na panela.

Verônica logo descobriu que Vigílio era um homem idoso e aparentava ser o líder daquele grupo. Tinha o rosto enrugado e magro, as mãos sujas, as unhas grandes e encardidas. Envergava uma capa de lã marrom, rota, que cobria todo o corpo.

Mas ao fitar Vigílio, Verônica rendeu-se à expressão doce e bondosa de seu olhar, e sorriu ao ouvir as sumárias apresentações do menino.

Vigílio, por sua vez, estudou a moça com atenção. Por fim, correspondeu ao sorriso e indagou:

— Está com fome?

— Bastante — declarou Verônica honestamente. — Há alguns dias me alimento de frutas silvestres e água.

Ele apanhou uma caneca de barro, sem alça, e, com as bordas bicadas, mergulhou-a na panela, enchendo-a com o cozido e a estendeu a Verônica.

— Coma. Conversaremos depois. Vejo que suas roupas ainda estão boas. Sua história deve ser recente, então ainda há esperança...

Agradecida, ela apanhou a caneca. Sem pensar no que ingeria, levou o alimento à boca e saciou um pouco da fome. Desejou pedir outra porção, mas notou que o restante do grupo aproximava-se e olhavam apreensivos para a panela.

— Quer mais? — perguntou Vigílio.

Antes que Verônica pudesse responder, sentiu o menino que ajudava a puxar o vestido dela. Nos olhos da criança, a mensagem era clara, ainda assim ele balançou a cabeça em negativa.

Ela sorriu, depois acariciou a cabeça do menino e respondeu:

— Não, obrigada. Os outros também têm fome. Foi muito bondoso dividindo seu alimento comigo.

Em um passe de mágica, a ligeira tensão que ela sentira no grupo dissolveu-se e pôde ver apenas curiosidade na forma como a olhavam.

Vigílio serviu uma porção igual para cada um do bando. A sobra do cozido foi a que tomou para si.

Espontaneamente, eles se sentaram em um círculo apertado, próximos da fogueira. E quando chegou a madrugada, Verônica entendeu que aquela era a forma de se manterem aquecidos. A cidade de pedra e mármore era fria à noite.

14
Estranho mestre

Quando a virtude mora em lugar humilde, vê-se amiúde que ela deixa o lugar enobrecido. Mas onde falta, embora haja apelido da mais alta nobreza, a honra é vazia.

Shakespeare, William. *Bem está o que bem acaba* (1602-1603), Ato II, Cena III: Rei.

Amanhecia, e o movimento, lentamente, tomava as ruas da cidade. Desperta, Verônica observava a atividade de escravos e serviçais. Enxergou fumaça saindo das chaminés, ao longe.

Tinha a mente vazia e o olhar de uma estranha sobre a capital. Deu-se conta de que apesar de tudo que ouvira, desde a infância, sobre Roma, nunca, em sua imaginação, formara uma imagem concreta. Mas o certo era que pouco ouvira falar da miséria que contemplava.

Com o olhar percorreu um a um os membros do grupo; todos dormiam, menos Vigílio. Da fogueira, restavam as cinzas que a brisa espalhava.

O velho ergueu-se com cuidado para não despertar os companheiros e fez um sinal para Verônica acompanhá-lo.

Caminharam em silêncio até chegarem às escadarias

de um magnífico templo. Verônica admirava a construção. A beleza e a grandiosidade lhe tiravam a fala. Sentia-se minúscula diante daquelas altas colunas de mármore.

Vigílio sentou-se no último degrau, convidando-a a fazer o mesmo. O som das fontes quebrava o silêncio do amanhecer.

— Olhe a cidade — ordenou Vigílio. — É linda assim, dominada em parte pelas trevas da noite, em parte pela luz do sol.

A visão era bela e sugestiva: a obra do homem era marcada pela natureza, por um jogo de luz e sombra.

— Sempre venho aqui ao amanhecer — prosseguiu Vigílio.

— É maravilhoso! Não sei o que é mais bonito: a cidade ou o templo — comentou Verônica, em voz baixa.

— Olhe um pouco para cada um. Eu não deixo de admirar a beleza e a procuro em todas as coisas, em todas as pessoas. Creio que exista força na beleza, senão por que o mundo seria tão bonito, não é mesmo?

— É, é bem possível que você tenha razão — concordou a moça.

— Conte-me a sua história, Verônica — pediu Vigílio, contemplando a cidade. — Por que veio para cá?

Ela relatou objetivamente os principais fatos de sua vida e concluiu narrando-lhe o sonho de oferecer-se para trabalhar nas arenas, como gladiadora.

Observou um sorriso triste no rosto de seu ouvinte e surpreendeu-se com a rudeza de suas palavras.

— As gladiadoras são prostitutas disfarçadas. Tem mesmo certeza de que é isso o que quer?

— Como assim? Não é igual a condição dos homens? — questionou a ingênua Verônica.

— Você sonha com o que nunca viu e com o que não conhece. Teceu fantasias e ilusões. A realidade é diferente. A maioria das gladiadoras são mulheres bárbaras escravizadas. São trazidas e vendidas pelos exércitos. Tornaram-se quase lendas as histórias de como vivem e lutam as mulheres das tribos bárbaras. Dizem que são elas que empurram os seus homens para a luta e que, quando eles são vencidos, elas atacam e lutam furiosamente. Por causa dessas histórias, algumas arenas apresentam lutas com mulheres gladiadoras. São as menos conceituadas, e eles usam as lutas para promover a luxúria dos assistentes.

— Humm... — murmurou a jovem, pensativa. — Parece que há poucos caminhos para mim ou que ando em círculos. Será que todas as gladiadoras são obrigadas a se prostituírem ou apenas se exibem para exaltar e excitar a plateia?

— Bem, o que lhe disse vem da observação que faço de fora do negócio. Quando se está envolvido diretamente, a coisa pode se mostrar diferente. Eu não saberia lhe responder — comentou Vigílio.

Verônica ficou pensativa, analisou suas possibilidades e considerou que, se não tentasse realizar seu sonho, aquela ideia ficaria para sempre vagando em seu mundo interior como um fantasma. Para sempre, haveria o pensamento: se eu tivesse tentado... Preferia arrepender-se conscientemente de algo do que ficar imersa na dúvida quanto a um resultado.

— Então descobrirei, Vigílio. Prometo que contarei como é o negócio por dentro. Agora, como você sabe tanto sobre arenas e gladiadores?

— O povo adora as lutas, e eu sou do povo. Mas falo com muita gente e não sei por que muitas pessoas me contam suas histórias, até alguns gladiadores — respondeu Vigílio, serenamente.

— Você pode me dizer como chegar às arenas? — pediu Verônica.

— O melhor caminho é conhecer alguns gladiadores. Se você bater nas portas, dos donos dessas escolas nem se darão ao trabalho de ouvi-la. Você não passará o umbral dos portões. Como disse, eles compram mulheres escravizadas pelo exército. Talvez, se algum gladiador a apresentar, seja mais fácil.

— Você tem como me levar até um deles, Vigílio? Se tiver, por piedade, me ajude.

Vigílio voltou a analisá-la e falou:

— Posso levá-la a uma casa de banho, sei que alguns gladiadores vão lá. Você pode se fazer passar por escrava e a deixarão entrar e usufruir das piscinas. Escravos, libertos, serviçais, a plebe — todos podem frequentar as casas de banho, menos os miseráveis. Somente numa dessas casas nos deixam entrar, ainda assim, muito tarde da noite e apenas uma vez ao mês. Portanto, aproveite que ninguém a conhece e não sabem que está na rua.

— Quando iremos? Seguirei seu plano, é bom e lógico — disse Verônica.

— Logo, mas primeiro, antes de entrar, vamos observar a entrada das pessoas, escondidos. Se tivermos sorte, os gladiadores que conheço aparecerão; eles vão lá quase todos os dias. Você saberá quem atrair — esclareceu Vigílio.

Assim foi feito. Horas depois, Verônica, encantada, deliciava-se nas piscinas de água quente.

Estudava, discreta e, avidamente, as pessoas e o local. Vigílio lhe dissera a verdade — nas casas de banho encontravam-se elementos de todas as classes sociais. Ele a instruíra sobre como deveria portar-se. Fizera Rômulo, o pequeno amigo de Verônica, conseguir, no mercado, o traje usado pelas mulheres, que era sumário — uma faixa peitoral que cobria os seios e um subligar (parecido com uma calcinha). O pequeno Rômulo trouxe-lhe um conjunto escuro, que ficou ligeiramente apertado. Ela sorriu do olhar apreciativo de Vigílio, no beco onde viviam.

— Você é uma mulher bonita, Verônica. Use essa beleza, mulher — aconselhou o velho —, e arrume um marido ou um bom amante. Será melhor do que procurar trabalho nas arenas ou circos.

— Obrigada, Vigílio, pelo elogio. Agradeço-lhe o conselho, mas o dispenso. Dona Octávia sofreu muito por causa do primeiro casamento. Foi feliz no segundo, mas a desgraça tem muita força. O malfadado casamento trouxe-lhe consequências e até a morte. Além do mais, não tenho muito a oferecer a um homem, só a mim mesma. Isso reduz os interessados — ironizou Verônica, sorrindo. — E quanto a um bom amante... bem, acredito que você não saiba do que está falando. Mas eu sei o que estou recusando. Mas, então, acha que está bom, será que conseguirei chamar a atenção de algum dos homens com quem devo falar?

— Por Júpiter, menina! Aposto que sim. Se algum for cego, fale com ele e bastante. Sua voz é bonita e é boa de conversa — respondera o velho, rindo e admirando a forma decidida como a moça enfrentava a adversidade. — Isso é bom, menina, não perca essa capacidade de enxergar as coisas como são e de procurar algo bom e capaz de fazê-la rir.

Verônica comovera-se com a forma gentil e a sincera aprovação que recebia de Vigílio. Poderia não valer nada a aprovação de um mendigo miserável, mas, para ela, era a primeira pessoa, desde que deixara Vila Lorena, a dar-lhe estímulo, a demonstrar-lhe apreço, sem outras intenções. Por isso, abraçou-o e beijou-o na testa, como expressão de sua estima e consideração.

— Não faça assim — pediu o velho, com a voz embargada e os olhos marejados de lágrimas. — Faz muito tempo...

Ela apertou o abraço e murmurou em seu ouvido:

— Para mim também fazia muito tempo que uma pessoa não me dava estímulo e aprovação espontâneos e desinteressados. Farei preces por você.

Ele respirou profundamente, dominando a emoção. Afastou-se dos braços de Verônica e passou a dar-lhe instruções de como os romanos viviam tardes de ócio nas casas de banho. Ela cumprira todas as recomendações. Procurou exercitar-se antes do banho, exibindo-se para um grupo de gladiadores de uma arena nova, que começava a chamar atenção do público, sempre ávido por espetáculos. Era o auge da política do pão e circo, em Roma. As grandes atividades populares eram a distribuição de cereais ao povo e as lutas nas arenas que consumiam vidas de homens e animais, aos milhares. A ética passava muito longe das diversões. A população aplaudia e buscava jogos cruéis. Nas corridas de biga, que lotavam arenas, a única regra era vencer, não importando o quão cruel fosse a conquista. Aliás, isso acrescentava fama aos vencedores.

Verônica, deliciando-se com a água morna, rememorava a conversa com Vigílio e as orientações. Notara que os gladiadores olhavam-na e conversavam entre si. Assim, permaneceu sozinha, recostada à borda da piscina, brincando com água, movendo os braços graciosamente, de um lado a outro. Evitava encará-los com insistência; lançava-lhes sorrisos e olhares esporádicos, como a dizer: podem chegar perto de mim.

Apenas em uma coisa Vigílio falhara: não a informara de que havia biblioteca na casa de banho. E, enquanto se divertia seduzindo os gladiadores, pensava em como seria bom voltar em outro horário e poder examinar os livros, gastando algumas horas lendo.

"Voltarei quando estiver com muita fome", pensou Verônica. "A leitura distrairá meu pensamento."

Concentrada que estava em seus propósitos, não percebeu que também era alvo da conversa e da atenção de um grupo de homens patrícios. Um, mais do que todos, a observava interessado, mas disfarçava com maestria. Seus jovens acompanhantes, excitados em comentar a beleza da estranha e a forma altiva como se portava, sozinha, naquele ambiente, em um horário não usual para as mulheres, cogitavam quem seria ela e por que não estava com as outras prostitutas, que frequentavam a casa àquela hora e, em geral, andavam em pequenos bandos. Mas Caio Petrônio não tinha tanta certeza do que fazia aquela mulher, apenas ardia de curiosidade por aproximar-se dela. "Precisava livrar-se daqueles jovens estouvados" — pensou, dando as costas à sereia morena que o encantava.

— Meus amigos, é famoso o vinho que servem nessa casa, que tal bebermos dele? Por minha conta, é claro.

O resultado foi o esperado por Caio. Os jovens prontamente deixaram a piscina, acompanhando-o ao outro ambiente. Entreteve-os algum tempo mais e retornou. Para sua frustração, ela não estava mais lá. Perambulou pela casa, procurando-a, mas em vão.

Verônica deixara a casa de banhos, na companhia de Clodovico, um gladiador de origem germânica, conhecido do velho Vigílio.

15
Reações

As predisposições instintivas são as do Espírito antes da sua encarnação. Conforme for ele mais ou menos avançado, elas podem solicitá-lo para atos repreensíveis, e ele será secundado nisso pelos Espíritos que simpatizam com essas disposições, mas não há arrebatamento irresistível, quando se tem a vontade de resistir. Lembrai-vos de que querer é poder.

Kardec, Allan. *O Livro dos Espíritos*, questão 845, IDE, Araras/SP.

Verônica mal acreditou na própria sorte; fora muito simples e rápido conseguir um meio de acesso à escola de gladiadores.

Clodovico, ao seu lado, caminhava rapidamente, falava pouco, tinha uma expressão fechada, severa, mas o olhar era gentil e compreensivo. Não o vira sorrir. O físico forte, alto, com os músculos bem desenvolvidos e em forma, diziam que ele era um lutador, um guerreiro. O que o identificava imediatamente como gladiador era a origem germânica; isso o fazia escravo em Roma, e o exército não aceitava escravos. Cabelos ruivos, pele clara avermelhada pelo sol, olhos muito azuis, nariz proeminente e a boca com lábios finos não lhe davam um rosto belo. Estava longe do ideal de beleza clássica apreciado pelos latinos, mas Clodovico chamava a atenção, e a aura de masculinidade dos gladiadores atraía a atenção das mulheres.

Os dois formavam um casal que despertava interesse andando pelas ruas.

— Os homens gostam de você, Verônica — comentou Clodovico, com um ar de riso, alegrando suas feições, por notar que a moça era objeto de olhares de muitos homens e que um acabara tropeçando, evitando, por pouco, a queda na via pública, enquanto a admirava.

— É, eu sei — foi a resposta lacônica e séria de Verônica.

Estranhou a reação da jovem, pois esperava que ela ficasse envaidecida ou fingisse modéstia. Surpreendeu-se tanto com as palavras dela e com o tom com que as pronunciou: resignado, tolerante.

— Você não gosta de homens? — inquiriu Clodovico, direto, encarando-a e sem esconder um leve pesar na expressão facial.

Verônica fitou-o e retrucou:

— Aprendi que não são todos os homens que merecem ser apreciados. Digamos que já tive a minha cota de... "apreciar" a qualquer um, apenas por ser homem.

Clodovico ergueu as sobrancelhas, espantado com a resposta. Primeiro, considerou-a muito altiva para uma mulher que desejava trabalhar nas arenas romanas; depois, a julgou ingênua e demasiado sonhadora por acreditar que teria direito de escolha. No entanto, silenciou.

O pequeno Rômulo o procurara nas primeiras horas da tarde e levara o pedido de Vigílio, solicitando ajuda para a moça. Em consideração aos amigos, a levaria até a arena e a apresentaria ao proprietário. O resto era com ela. Mas, inegavelmente, a moça o atraíra e despertara seu interesse.

— Estranho o seu pensamento. Não é muito comum, Verônica. Em Roma, as mulheres têm bem menos direitos do que entre o meu povo, ou entre os gauleses, ou bretões. Se as romanas são objetos para alianças e servem para dar filhos, não me diga que você sonha com amor e paixão.

— Não, eu não sonho, Clodovico. Minha mãe era espartana. Educou-me conforme seu povo cria as mulheres. Se há algo de que não se pode acusar as espartanas é de serem sonhadoras. Nunca amei nenhum homem, apenas reconheço a paixão que desperto. Acredite: homens são bons mestres em ensinar essa lição; costumam ser muito claros, objetivos, e a linguagem é de ação, não de discurso.

— E você não gosta dessa ação — insistiu o germânico.

— A afirmação é sua — retrucou Verônica, dando de ombros, e mudando o rumo do assunto, indagou: — Você vive na escola?

— Sim, estou aqui há seis anos. Ainda não consegui dinheiro suficiente para comprar minha liberdade e nem sei se, algum dia, a comprarei. Talvez não seja muito útil, senão para sair de Roma.

Uma sombra de dor e sofrimento endureceu a fisionomia de Clodovico, apagando o brilho em seus olhos. Verônica compreendeu que a escravidão era penosa e silenciou sua curiosidade, limitando-se a acompanhá-lo e falando banalidades.

Depois de uma boa caminhada, chegaram à escola. Verônica admirou o prédio alto, de construção mista, com pedras e madeira. Via os contornos ovais dos muros e arquibancadas da arena e, anexo, um prédio de porte médio, retangular, com janelas altas que não permitiam ver o interior. Eram aberturas quadradas e pequenas.

— Servem apenas para entrada de ar e um pouco de luz — informou Clodovico, notando que ela estudava a construção. — São os alojamentos da escola, mas também há celas nos porões. É onde vivemos.

— Você não gosta da escola, Clodovico?

"Pelos deuses! Ainda existe ingenuidade...", pensou o gladiador, sem saber ao certo se ficava feliz ou triste com a constatação. Decidido a não analisar a questão, fitou Verônica, impassível, e questionou:

— Você já perguntou aos bois que lavram ou aos cavalos que carregam os homens se eles são felizes?

Um sorriso insinuou-se no rosto da jovem, porém logo a razão a advertiu da profundidade da colocação do novo amigo, e Verônica ficou séria. Obviamente, a felicidade nos alcança com mais intensidade quando vivemos em conformidade com a nossa natureza.

— Somos diferentes, Verônica. Você chega a esta porta

pelos próprios pés; eu cheguei aqui em uma jaula, com outras pessoas, todas amarradas como feras; fomos conduzidos em um desfile triunfal nas ruas da cidade, apresentados como "espólio de guerra", novo patrimônio do império. Fui vendido e trazido para cá. O que pagaram por mim enriqueceu um general e o império. Dizem que não sou dono de mim. Agora, cada vez que entro na arena, sei que, se eu não matar, minha vida dependerá de um sinal de mãos da multidão: polegares para baixo decidem a minha morte.

Verônica sentiu arrepios correrem por sua coluna. Piscou várias vezes e, muito compenetrada, voltou-se e olhou o prédio à sua frente, pensativa. O gladiador notou a atitude da moça; suas emoções transpareciam na face.

"Se ela cruzar essa porta, sua primeira lição deverá ser: não deixe tão a mostra seus sentimentos, o adversário pode lê-los e, se perceber o medo, já estará vencida", ponderava Clodovico intimamente, enquanto ela considerava o passo a seguir.

— Agradeço seu alerta, Clodovico. Você leu minha alma em pouquíssimo tempo. Desde que... fiquei sozinha no mundo, esse foi o único caminho que considerei seguir. E, depois de dois anos, talvez um pouco mais, estou próxima à minha meta. É verdade que não conheço a vida que me espera nesse lugar; é provável que eu tenha fantasiado, e a realidade seja muito diferente do que os meus sonhos. Mas, de uma coisa tenho certeza, se eu não entrar e viver o que desejo, qualquer outro caminho que eu venha a tomar será sempre incompleta e permanecerá na minha mente a inquietação do "teria sido se..." Então, vamos em frente.

O homem não pôde evitar um sorriso. Nos olhos, um brilho de prazer e admiração mesclados com tristeza.

— Verônica, você tem outra mulher escondida dentro de si. Às vezes, é ingênua e sonhadora, em outras, uma guerreira decidida.

Ela retribuiu o sorriso e tomou o comentário como um elogio. Nesse estado de espírito, foi apresentada a Ênio, o proprietário da arena, um homem de meia-idade, com aparência tipicamente latina. Seus cabelos grisalhos lhe conferiam um ar de seriedade.

128

Ele ouviu a história de Verônica, gostou da aparência da jovem, mas não costumava precipitar-se para comprar escravos ou contratar pessoas livres para lutar na arena. Tinha por hábito conhecer a personalidade deles e testar-lhes a determinação e a vontade, antes de admiti-los no grupo. Sabia que muitos eram atraídos pela esperança de grandes ganhos e prestígio. Mas mulheres, ainda eram poucas, muito raras, especialmente por livre escolha. Todas as que viviam na escola eram escravas, capturadas em tribos bárbaras.

— Você me deixou curioso — disse Ênio. — É a primeira vez que uma mulher chega aqui desse jeito. Todas são escravas...

— Mas eu sei que o senhor tem gladiadores que são homens livres, são contratados, pode fazer o mesmo comigo — argumentou Verônica.

— Não é tão simples, você é uma mulher. E não tenho nada além da palavra de Clodovico para garantir que me diz a verdade. Quem poderá me garantir que amanhã não aparecerá um marido ou um proprietário furioso a sua procura? — retrucou o empresário.

Clodovico optou por não interferir na entrevista, também queria ver Verônica lutar por si mesma. Era estimulante. Havia um fogo que brilhava nos olhos da jovem, dando-lhe uma beleza diferente, que ele não sabia definir, algo forte, incomum, inesperado.

— Mas o senhor não perderá nada — rebateu Verônica, prontamente, sem perder a calma. — Não está pagando por mim. Não tenho marido, nem tampouco um senhor, ninguém virá a minha procura. Mas, admitamos seu argumento, se vier, bastará que me entregue.

— Não é tão simples, menina — insistiu Ênio, apreciando a conversa. — Há custos em mantê-la e treiná-la. Quem irá ressarcir essas despesas? Digamos que eu invista em você e que antes de estar pronta venha a perdê-la, como fica?

Ela pensou um minuto e indagou:

— O que fazem as suas escravas, senhor Ênio?

— Trabalham, e muito. Por quê?

— Coloque-me para trabalhar com elas. Um turno do dia, a sua escolha, trabalharei como sua escrava, no que for determinado; o outro turno, será para o meu treinamento. Pago-lhe com o meu trabalho o que investir, deixando-me ficar em sua escola — propôs Verônica.

Ênio abriu um amplo sorriso, franco e apreciativo. Clodovico, mais uma vez, surpreso com a oscilação notada na personalidade da moça, desejou que aquela face determinada se fixasse. Por isso, interveio:

— É uma boa proposta, Ênio. Diria que irrecusável. Avalie o quanto valerá anunciar uma atração inusitada: uma mulher greco-romana na arena. Será garantia de casa cheia.

Ênio já havia decidido antes da intervenção do gladiador, que gozava de ótimo conceito com ele. Mas, ainda assim, valorizou a disputa.

— Um mês somente como escrava, trabalhando como tratadora dos animais. Depois, então, voltaremos a discutir os termos da sua proposta.

Clodovico balançou a cabeça, levemente contrariado.

— Aceito — respondeu Verônica. — Em um mês a contar de hoje, voltaremos a conversar. Começo agora?

— Sim, é claro — concordou Ênio. — Clodovico, leve-a, apresente-a para Kay e diga-lhe que mandei alojar Verônica e ensinar-lhe o trabalho a ser feito.

Em silêncio, Clodovico e Verônica deixaram a sala de Ênio. Atravessaram um corredor e desceram por uma escada iluminada por tochas, enquanto o gladiador ia dando-lhe informações sobre a rotina da escola. Nos porões, chamou por Kay que, para surpresa de Verônica, tratava-se de uma mulher jovem; loira; olhos verdes; rosto com traços harmoniosos, salpicado por sardas; de estatura baixa e corpo magro. Era uma figura pequena e delicada, habitando a semiescuridão do lugar.

— Kay, esta é Verônica. Ela quer lutar nas arenas, mas Ênio exigiu que ela trabalhe um mês aqui, nos porões, com você — informou Clodovico. — Arranje acomodações para ela. Deixo-a com você.

Voltou-se para Verônica e pousou a mão grande e pesada sobre seu ombro e, encarando-a, desejou-lhe boa sorte e partiu.

— Venha, vou mostrar-lhe o serviço — chamou Kay.

O local era cheio de corredores escuros que partiam de um corredor central, com altos arcos e tijolos expostos. Em grandes intervalos, havia uma tocha queimando, lançando uma luz bruxuleante e fumaça no ambiente, onde elas se encontravam.

Aquele lugar, longe do sol, não era exatamente a ideia que Verônica fazia de uma arena de gladiadores. Lutou contra a decepção e impôs à mente considerar que era um mês de provação. Superada essa fase, tudo seria diferente.

Kay, sem mais explicações, apontou um dos corredores e a advertiu com firmeza:

— Nunca entre nesse corredor. Olhe bem para não se enganar, entrar aí é morte quase certa.

Assustada, Verônica olhou o corredor escuro, que era como os demais, mas parecia vazio. Então ouviu movimentos nervosos e pesados. Leves rugidos de animais quebraram o silêncio, como se fossem reclamações de criaturas enfurecidas que murmuravam entre si. Verônica sobressaltou-se e exclamou apavorada, com os olhos arregalados pelo medo:

— São feras!

— Africanas — esclareceu Kay, pacientemente. — Rinocerontes e leões. Ao final do corredor, ficam as celas dos touros, mas hoje estão vazias.

— Céus! Nunca vi um leão, nem um rinoceronte. O que fazem com esses animais? — perguntou Verônica.

— Você verá, espere — respondeu Kay, lembrando-se do horror que sentiu quando presenciou pela primeira vez o espetáculo com as feras. — Os romanos têm uma forma de se divertir muito estranha, ainda não me acostumei e creio que jamais me acostumarei a esses hábitos. Por ora, lembre-se de não entrar aí. Essas feras são mantidas no escuro, sem comida e com pouca água por três dias...

— Qualquer animal ficaria furioso — interrompeu Verônica, sem esconder a surpresa e o desgosto na voz. — Por que enfurecê-los, não entendo?

— Para que o espetáculo seja melhor — respondeu Kay com igual desgosto. — Você verá, aguarde. Por mais que eu lhe explicasse, não seria a mesma coisa e faltam dois dias para o espetáculo. Venha, vou lhe mostrar os outros animais. Verônica, você começará cuidando dos coelhos.

— Coelhos?!

— É, coelhos. Conhece? Aqueles bichinhos pequenos de orelhas grandes e olhos redondos.

— Sim, eu sei. Mas nunca imaginei coelhos em arenas de gladiadores — respondeu Verônica.

— Controle a sua imaginação — aconselhou Kay. Avançando pelo corredor até uma área mais bem iluminada, ingressou em um recinto amplo com aberturas gradeadas, que permitiam a entrada de ar e luz. Estava cheio de pequenas jaulas com coelhos de todos os tamanhos e cores.

— Tão bonitinhos! — comentou Verônica, admirando com ternura uma jaula cheia de pequenos filhotes cinzentos. — Para que servem?

— São ótimos para comer — respondeu Kay. — São assados deliciosos. Mas também usam para ridicularizar os anões.

— O quê?!

— Você verá, espere. Agora, trabalhe. Precisamos limpar as jaulas e alimentar os coelhos. Tome cuidado, eles mordem. Principalmente, as fêmeas com cria.

Verônica calou-se. Por dentro fervia de curiosidade. Tinha a mente povoada de mil indagações, mas, recordando a importância da disciplina, concentrou-se no trabalho, prestando atenção às orientações de Kay. Trabalharam em silêncio por horas. As costas de Verônica doíam de tanto repetir os movimentos; sofrera algumas mordidas nas mãos, mas eram ferimentos leves. Suava muito, pois o local era quente. Terminada a tarefa, Kay anunciou:

— Ainda faltam as cocheiras e o galinheiro. Vamos.

— Não tem água, Kay? Estou com sede e gostaria de lavar as mãos e o rosto.

— Lá fora. A água que tem aqui é dos animais. Nas cocheiras a água é mais fresca, prefiro usar a de lá. Mas se quiser... — disse Kay apontando grandes tinas de água em um canto. — Porém, se sujar a água, terá de carregar água limpa e encher as tinas.

Verônica olhou a água com desespero, analisou as mãos imundas e se conteve.

— Eu espero — respondeu.

— Escolha inteligente — comentou Kay, sorrindo pela primeira vez. — Vamos.

As cocheiras foram nova provação. Embora houvesse outros trabalhadores, elas eram grandes e com muitos animais.

— Por favor, não me diga que comem cavalos — perguntou Verônica, admirando os animais. — Amo cavalos. Creio que prefiro morrer de fome a comer a carne deles.

— Quanta sensibilidade! — debochou Kay. — Talvez você ainda não tenha passado fome de verdade. Já ficou presa alguma vez?

— Não, não consigo me imaginar presa.

— Então, Verônica, você nunca passou fome. Eu estive presa e, acredite, você come e bebe o que lhe derem e não pergunta o que é. É isso ou uma morte lenta e agonizante. Você come satisfeita a cabeça do cavalo, se for o que lhe servirem. Mas, que eu saiba, não comemos cavalos. Há javalis, galinhas, coelhos, vacas e cabras, para comer. Sabe cuidar de cavalos?

— Sei lavar, escovar, alimentar. Aprendi na infância.

— Muito bem, então ali está o material — disse Kay, apontando baldes e escovas enfileiradas sobre uma mesa de madeira rústica.

— E a água?

— Ali. — e Kay apontou, com satisfação, as instalações com água corrente. — Podemos nos lavar e beber à vontade.

Havia vários escravos trabalhando, na maioria homens. Poucas mulheres trabalhavam na escola, a maior parte ficava na cozinha e lavanderia. Soube que tinha outras que participavam dos espetáculos.

À noite, exausta, Verônica analisava que jamais pensara que seu primeiro dia, em uma arena de gladiadores, seria igual àquele. Vencida pelo cansaço, acomodou-se no leito de palha coberto com um cobertor de lã e dormiu.

Ao lado do leito, Talita e Dara aguardavam a liberação parcial, pelo sono, do espírito de Verônica.

— Ela está cansada — comentou Dara, com um sorriso

terno iluminando a face tranquila. — Espero que isso também lhe dê o repouso à mente.

— O trabalho opera maravilhas pelo equilíbrio e desenvolvimento do ser humano, espero que nossa amiga o reconheça — disse Talita, observando afetuosamente a jovem adormecida.

— Sem dúvida, Dara. Mas Verônica, apesar dos tropeços, tem avançado. Ela precisa aprender a fazer as próprias escolhas. Suas vivências anteriores trazem a grande marca da omissão, de deixar que as "coisas" simplesmente acontecessem ou de escolher sempre o mais fácil. Isso é preguiça, medo de viver e irresponsabilidade, como nos ensina Dora. Ela tem lutado para superar essas características, em sua personalidade, desde os tempos em que viveu como Dalilah, no Oriente. Você recorda, não é mesmo?[7]

— É claro. O crescimento dela é notável, ela tem lutado bastante para reverter as tendências destrutivas. Ela também está desenvolvendo as características do feminino na alma, são aprendizados que exigem muito, e é natural que sejam realizados neste mundo de provas. Confesso que temi por ela.

— O escorregão na prostituição? Sim, havia perigo. Mas felizmente a voz das experiências passadas se fez ouvir na mente de Verônica. A sabedoria da vida me encanta, Dara. Quantas vezes olhamos existências de criaturas humanas e nos perguntamos o que estão fazendo com a vida. Parece impossível que algo bom possa ser extraído de uma experiência de crimes, brutalidades, vícios e desvios de toda ordem. Mas a grande verdade é que pode. Só que somos muito imediatistas, queremos, em um curto espaço de tempo, ver maravilhas. Isso é impossível. A natureza opera lenta e, inexoravelmente, tudo transformando, sem que nada se perca. É assim que experiências ruins se transformam em vozes de alerta no nosso íntimo, que serão ouvidas no decorrer de séculos e séculos.

— E ainda há quem pense que a vida humana se limita do nascimento à morte! Que o homem é apenas um corpo, ou

---

7   Referência a personagens e experiências narradas no romance *Em busca de uma nova vida*, uma das existências anteriores do espírito Verônica, publicado pela Editora Vida e Consciência.

que sua mente desaparecerá no todo. Depois que compreendemos a existência da alma, e que a vida material é um reflexo da vida espiritual, em que entramos e saímos, como se fosse de uma casa, passamos a ver tudo de forma diferente, Talita. Todos nós, acredito, já fomos cegos, em algum momento, a essa percepção. Eu fui e recordo que sofri muito. A tristeza e a insegurança me assombravam. O dia a dia era tão sem graça, tedioso, perguntava-me: viver para quê? Trabalhar, trabalhar, ter alguns momentos de eufórica alegria, outros de sentir-me rasgada, intimamente vergastada por um sofrimento horrível — que na maioria das vezes vinha do descontrole dos meus pensamentos—, e para quê? Tudo acabava em um suspiro. E eu não entendia por que, para mim, havia tantas dificuldades, por que eu não conseguia dominar algo simples, e com outras pessoas tudo parecia correr com a força da correnteza de um rio caudaloso. Não encontravam nenhum obstáculo ou, se encontravam, logo em seguida, era superado; e, se sofriam, parecia ser ameno, pois não caíam no desespero e prosseguiam a luta. Sabe que eu me irritava porque às vezes eu notava que elas conseguiam sorrir, e isso me incomodava? Matava-me de inveja, para ser honesta. Somente quando entendi que a diferença era a forma de entender a vida, foi que consegui enxergar a grande justiça da lei das reencarnações. Para as situações materiais, havia mil explicações, mas como entender a diferença natural dos seres humanos? Como explicar que irmãos com a mesma educação e as mesmas possibilidades, e até nascidos com o mesmo sexo, podiam ser diametralmente opostos? Foi perguntando-me isso que pude, enfim, entender a reencarnação. São as experiências do passado que moldam nossas personalidades, desenvolvem nossas aptidões e a própria inteligência.

Dara observou a amiga com ar pensativo. Depois, voltou a atenção para Verônica que, lentamente, afastava-se do corpo. Tinha a expressão confusa, embotada pelo sono.

— É, as verdades da espiritualidade humana são simples e não estão escondidas, como pensam muitos. Ao contrário, estão tão expostas que passamos por elas sem ver. Condicionados a acreditar que se encontram em um pote de ouro, atrás do arco-íris, continuamos a perseguir ilusões de uma espiritualidade distante da matéria, como se, nesse estágio de evolução em que vivemos, tal coisa fosse possível. A experiência do desenvolvimento humano é atemporal, Talita, acredite. Muitas pessoas ainda sofrem pelas mesmas razões que nós sofremos tempos atrás, e muitas outras ainda sofrerão no futuro. Cada coisa no seu tempo, cada um de nós tem um momento de amadurecer, pensar, questionar, buscar conhecer--se e assumir uma postura ativa diante da própria evolução.

Dara silenciou e ficou olhando Verônica, como uma mãe que acompanha os passos vacilantes do filho, pronta a ampará--lo. Talita compreendeu que era hora de trabalho.

Verônica afastou-se do corpo, sem notar a presença das duas entidades a seu lado. Dara gesticulou, informando à companheira que iria seguir a jovem. Ganhando as ruas, Verônica perambulou até encontrar o grupo de Vigílio, adormecido em volta de um pequeno braseiro em extinção.

Talita sorriu, satisfeita, com a atitude de Verônica — demonstrava gratidão e amizade. Mas como não os encontrasse, a jovem limitou-se a beijar a enrugada face do velho mendigo e a acariciar, com ternura, os cabelos sujos do pequeno Rômulo.

— Eu voltarei — murmurou Verônica à guisa de despedida.

E voltou a andar a esmo, refletindo o desgoverno da própria mente. Voltou ao criadouro dos coelhos, examinando os animais, rememorando o trabalho do dia; depois foi às cocheiras. Por fim, olhando as estrelas, recordou a mãe e, com a velocidade do pensamento, se viu nas dependências da Vila Lorena.

Andou pelas salas, notou as mudanças; estavam mais luxuosas. A casa estava mergulhada no sono, parecia deserta. Verônica sentia-se alegre por estar lá, mas, também com medo, apreciava o momento como se fosse uma ladra e a qualquer momento pudesse ser pega.

Envolta nesse sentimento, não teve coragem de aproximar--se dos quartos. A simples visão da porta dos aposentos a fez tremer e, dominada pela força das emoções, correu para as plantações de oliveiras, jogando-se ao chão. Chorou muito; o pranto lavou o rosto com abundância.

Testemunhas pacientes, Dara e Talita acompanhavam-na silenciosas, sem serem percebidas.

— A mente de nossa amiga ainda precisa de ordenação, pois, seu mundo íntimo é povoado por medo e raiva. A experiência do passado recente arde como brasa coberta por cinza — observou Talita.

— Emoções não se apagam com rapidez, ainda mais quando são fortes como o medo e a ira. Há pouco comentávamos o passado reencarnatório de Verônica. Talita, precisamos ser justas e admitir que ela carrega esses sentimentos em desalinho há muito, muito, tempo. A eles, se somaram os do presente, aliás, as situações da vida se repetirão e externalizarão, em nós, as forças emocionais, a fim de que sejam educadas e aprendamos a controlá-las com a razão. Isso provocará nosso equilíbrio. As situações se repetem até que aprendamos a nos libertar e a adotar atitudes, interiores e exteriores, para vivenciarmos a experiência de forma saudável e construtiva. São as necessidades ditando caminhos.

O choro de Verônica dava a conhecer um sofrimento profundo e intenso. Dara voltou o olhar tomada de compaixão e se sentou, no chão, tomando-a em seus braços. Em meio à crise emocional, Verônica não quis saber quem a abraçava. Agarrou-se à Dara, como uma náufraga que agarra uma tábua de salvação. Sentindo-se amparada, chorou ainda algum tempo, e a crise, naturalmente, cedeu. Esvaziada das forças em combustão no seu íntimo, Verônica sentiu-se fraca, esgotada. Aconchegou-se ao peito de Dara e se deixou embalar, enquanto sua ignorada protetora emitia sons baixinhos e confortadores, como se acalmasse um bebê.

16
Ilusão, sonhos e realidades

O mérito consiste em suportar sem lamentação as consequências dos males que não se pode evitar, em perseverar na luta, em não se desesperar se não for bem-sucedido, mas não num desleixo que seria preguiça mais que virtude.

Kardec, Allan. *O Evangelho Segundo o Espiritismo*, cap. V, item 26. IDE, Araras/SP.

Dara correu uma das mãos suavemente, pelos cabelos de Verônica, e lhe pediu calma, bem baixinho, sussurrando no seu ouvido. Assim que foi atendida, continuou falando no mesmo tom:

— Não tenha vergonha de sentir dor, Verônica. Isso é humano. Chore suas mágoas e dores, mas levante-se. Não devemos, nem podemos viver a vida caídos e chorando, não é para isso que fomos criados. Estamos na Terra para aprender e crescer, e só podemos cumprir esse destino vivendo cada dia que o Criador nos oferece. Sei que você chora pelo passado, que é a causa do presente, mas lembre-se: ele já não existe mais, restaram somente as consequências, que é com o que precisa lidar agora. Concentre-se nos acontecimentos do momento presente de sua vida.

— Minha mãe, dona Octávia...

Verônica soluçou ainda angustiada e lutou para manter a

calma, ao recordar os familiares mortos. Por seu pensamento, passou a sombra da lembrança de Adriano. Recusava-se, sequer, pronunciar o nome dele, mas um tremor denunciou a emoção gerada.

— Calma. Controle-se — pediu Dara. — Elas estão bem. Cumpriram seu tempo nesta vida e aquilo que haviam se proposto fazer. Mirina é sua grande amiga e a ligação de vocês é longínqua. Aceitou recebê-la como filha e dar-lhe a educação que sonha para as mulheres na Terra, e que ela mesma lutou tanto para conquistar. Honre a memória dela, vivendo o que ela lhe ensinou. Por ora, não pode encontrá-la, mas a separação entre os espíritos e os homens é uma tênue cortina, minha amiga. Logo que sua mente estiver melhor, facilmente enxergará através dela e verá que uma humanidade espiritual caminha ao seu lado, e que depende inteiramente de você escolher seus acompanhantes. Mirina virá vê-la, espere. E não esqueça: o pensamento não encontra barreiras. Onde estiver, Mirina sentirá e saberá quando pensa nela, e o mesmo se dá com você, o pensamento de Mirina a alcança. Faça suas preces por suas antepassadas, isso a ajudará, e a elas também, a suportar a distância.

A esperança de rever Mirina trouxe um sorriso aos lábios de Verônica e um brilho ao seu olhar. Dara considerou satisfatória a reação e lhe pediu:

— Conte-me como foi o seu dia.

A jovem pensou, analisou as inúmeras experiências que vivera até chegar à escola de gladiadores e respondeu:

— Diferente dos meus sonhos, mas foi o que escolhi. Sinto-me livre, útil.

— Útil? — indagou Dara, fingidamente pensativa.

— É, útil. Quando vivi nesta Vila eu era criança e hoje, depois de tudo, vejo que tive uma infância privilegiada. Fui amada, protegida e educada como se não fosse filha de uma escrava. Foi um tempo de receber, deram-me tudo. Acabou antes que eu pudesse fazer qualquer coisa para retribuir. Com os camponeses, minha experiência foi diferente, precisei aprender a executar trabalhos rudes e vivi, por meses, escondida.

Bem, daí... aconteceu tudo aquilo e eu fugi, desesperada. Agora sou somente eu e o Criador. Nada tenho, vaguei muito, fiz coisas das quais não me julgava capaz, descobri que não sou tão forte quanto minha mãe gostaria que eu fosse. Ela teve uma vida difícil e nunca desanimou ou buscou caminhos fáceis, eu tentei. Mas... dei-me conta de que não seria feliz. Sonhava que meu primeiro dia em uma arena seria de prazer, de admiração, como era no tempo que aprendi essa arte. Foi tudo diferente. Limpei jaulas, alimentei e lavei animais. Foi isso que fiz. Não posso dizer que fiquei feliz, mas, sabe, cuidei de uma égua prenha. Dei-lhe banho, água e comida. O animal estava inquieto, incomodado. Notei que conforme eu cuidava dela, a pobrezinha ficava mais calma, seu olhar parecia meigo e grato. Quando a deixei, serenamente, bebendo água, estava contente comigo mesma. Percebi que havia aliviado o sofrimento dela, fui útil. Isso me fez bem, salvou meu dia.

— Excelente, Verônica. Continue pensando assim e não lhe faltará força para viver. Procure sempre ser útil. Trabalhar faz enorme bem à alma. Também gostei que tenha consciência de que estamos sempre na presença e companhia do nosso Criador. Tudo na natureza caminha sob o olhar benévolo da divindade e, absolutamente, nada está fora de lugar. Cada ser, cada coisa e situação cumpre uma função e está conforme as leis da vida. Assim, nunca estamos sós ou desamparados; a não ser quando permitimos o próprio descontrole e o desgoverno. Aí sofremos muito, pois cedemos as rédeas a forças que não foram criadas para dirigir, mas, tão somente, para auxiliar e orientar. A razão é a força dirigente, os sentimentos são as forças auxiliares e orientadoras. São instrumentos que servem para apontar os rumos; na nossa natureza imaterial eles também cumprem cada um a sua função. Precisamos conhecê-los para escolher e escolhemos usando a razão.

— Você fala igual a minha mãe — comentou Verônica, sorrindo. — Obrigada, estou melhor.

— Considere-me uma amiga de Mirina, por isso, talvez, tenhamos uma forma semelhante de pensar e enxergar a vida. Se já está melhor, que tal voltarmos? Em breve deve amanhecer.

***

Clodovico exercitava-se, concentrado, no pátio da casa de banho que costumava frequentar.

— Clodovico — saudou Caio Petrônio, sorrindo e erguendo a mão.

— Caio — respondeu o outro sem interromper a atividade.

— Como está a arena? Muitos jogos previstos? — inquiriu Caio, enquanto apanhava alguns instrumentos de exercício.

— Os de sempre. Ênio mantém uma rotina, creio que este seja o segredo do sucesso da arena.

— Tem razão. As pessoas gostam de saber o que encontrar, de ter suas expectativas atendidas. Novidades nem sempre são fáceis de serem colocadas para o povo ou de obterem aceitação. Você é um caso raro, Clodovico, desde que chegou o povo o amou.

Clodovico riu. Interrompendo o exercício, sentou-se sobre a plataforma, na qual antes imitava os movimentos de um remo, segurando peso nas mãos.

— Que ideia! Bem, se vê que você é um patrício, dos melhores que conheço, é verdade, mas ainda assim um patrício. Não conhece as dificuldades da escravidão, Caio. Amor! Você deve estar brincando.

— O povo lota as arenas para assisti-lo, gritam seu nome com paixão. E não se faça de bobo, sei que sua cama é bem frequentada pelas damas de Roma. Ah, e as lutas dão muito dinheiro. Em breve será um homem livre, Clodovico.

— Sim, e para que servirá tudo isso? — questionou o gladiador, encarando Caio, com ar maroto, provocativo.

— Bem, para muitos isso é o máximo. O sonho de realização.

— Não é o meu caso. Encaro tudo isso como o presente que a vida me deu — respondeu Clodovico, com ironia e sem esconder certa amargura no tom de voz.

Caio costumava desfilar uma faceta social agradável. Era tido por excêntrico por alguns membros de sua classe social por não fazer distinção entre as pessoas. Se simpatizava ou gostava de alguém, não lhe interessava se era pobre ou rico, romano ou bárbaro, homem ou mulher; se concordavam ou divergiam em assuntos de política ou religião, bastava que simpatizasse e se sentisse bem com a pessoa para tornar-se amigo. Era dono de um caráter afável e diplomático, escondia um ser humano sensível e dono de si mesmo, consciente de seus valores,crenças e profundamente livre.

Ao ter notado que a conversa poderia ser, de algum modo, desagradável ao gladiador, mudou o tema, questionando sobre novidades na arena.

— Nenhuma, Caio. Não entendo qual o fascínio que as lutas de gladiadores exercem sobre o seu povo.

— Somos sanguinários e passionais, ainda não descobriu isso? — respondeu Caio. — Há muito os homens de estado descobriram que, havendo comida e diversão, o povo fica dócil e satisfeito. É lamentavelmente simples, meu caro germano.

— Uma fórmula infalível e inteligente. Eles enchem as arenas, gritam a plenos pulmões, extravasam sentimentos que não devem ser os melhores a se cultivar, considerando que assistem enlouquecidos a homens se matando ou sendo estraçalhados por feras. Muitas vezes, ao final de uma luta, eu olho aquelas arquibancadas em delírio e me sinto um animal. Eles me devoram e devoram a minha vida, e há apenas um extravasamento de emoções deles. O que ganham me vendo matar alguém? Julgam que me sinto poderoso, vitorioso e se identificam comigo. Como se enganam! Odeio a força bruta.

— Repito: a fórmula é lamentavelmente simples e infalível. Você não espera que alguém compareça aos jogos disposto a pensar, não é mesmo? Eles querem sentir. São viciados em emoções fortes, mas temem o descontrole, por isso usam os gladiadores, os corredores de biga e os domadores de animais. Buscam vivê-las pelas ações de seus ídolos nas arenas, ali há um "teórico" controle. São multidões dominadas pela paixão e sem reflexão. Ocupam seus dias e suas mentes com esses esportes, então o restante é apenas dever do instinto: comida e sexo. E Roma é feliz, é próspera, satisfeita com coisas tão pequenas.

Caio falava despreocupado, levemente irônico e debo-chado. Gesticulava como se discursasse no fórum, para uma plateia de oradores, aos quais devesse impressionar pela eloquência e não pela conversa com um escravo bárbaro, seminu, em um pátio de exercícios.

— Você é um filósofo, Caio, ou um sátiro? Juro que não o entendo — comentou Clodovico, rindo.

Caio fez uma careta de comediante, arregalando os olhos, fingindo surpresa e preocupação.

— Pelos deuses, quem serei eu? Filósofo ou sátiro? Também dizem que sou louco.

Ao olhar através das janelas para as piscinas de águas mornas, avistou Aurélius I entrando no local. Acenou-lhe e comentou com Clodovico:

— Ora, ora, eis que ressuscita alguém dentre os mortos.

— O que disse, Caio? — indagou Clodovico, que logo compreendeu, ao seguir o olhar de Caio e deparar-se com Aurélius, a caminho do pátio.

— Aurélius I — saudou Caio, à chegada do parente.

— Clodovico, Caio. Não acham que está uma tarde muito quente para exercícios físicos?

— Necessidade — respondeu Clodovico, sucinto. Retomando os exercícios, não apreciava a companhia do recém-chegado.

— Falta de algo melhor para fazer, confesso — declarou Caio, igualmente retomando o exercício.

Mas Aurélius, com seu peculiar senso de oportunidade, sentou-se em um banco e pôs-se a falar trivialidades, sem notar a pouca atenção que lhe dispensavam os outros.

Incomodado com a permanência de Aurélius, Caio decidiu que era tempo de ele sentir-se desconfortável e procurar outros homens para conversar. Então, agindo ao contrário do que fizera com Clodovico, começou a falar, entusiasticamente, a respeito de como Cássia estava bela na festa a que comparecera na noite anterior. E não dava muita oportunidade a que o outro fizesse algum comentário ou tentasse mudar a rota do assunto. Clodovico, notando a intenção do companheiro, controlou o riso, e, fingidamente, veio em defesa de Aurélius.

— Mas Caio, não foi você quem me contou que nosso amigo tem consigo uma beleza maior que Cássia? Ouvi falar de sua Cleópatra, Aurélius. Se não for pedir muito, nos conte essa história e diga quando estes infelizes mortais terão o prazer de contemplar essa beleza estrangeira.

— Realmente, Clodovico, muito bem lembrado. Perdoe-me, Aurélius. Havia esquecido. Como é mesmo que se chama a moça? Lembro-me que era um nome romano, mas você disse que ela era também grega — falou Caio, e depois, sorrindo, como se recordasse algo muito importante, disse triunfante: — Verônica.

— Viajou — respondeu Aurélius, contrariado.

— Mas deve voltar logo — insistiu Caio. — Não poderia abandoná-lo tão rápido...

— Não sei quando ela voltará. Peço desculpas, mas acabo de ver um amigo na piscina. Como o dia está muito quente e não tenho a mesma tenacidade de vocês, irei cumprimentá-lo.

Caio e Clodovico assentiram com gestos de cabeça e vendo Aurélius afastar-se, trocaram sorrisos vitoriosos e continuaram a atividade e o diálogo. Horas depois, na piscina, Clodovico voltou ao assunto da amante de Aurélius.

— Nunca vi a tal mulher, apenas ouvi os elogios e descrições que ele fez dela em uma festa em minha casa — contou Caio, escorado à borda da piscina. — Foi a noite das Verônicas.

— Por quê?

— Outro convidado também estava tomado de amores por uma Verônica. Então, eram duas. Meus amigos acabaram até fazendo votos de que eu encontrasse uma.

— É mesmo?! — Clodovico ergueu as sobrancelhas, enquanto massageava os músculos cansados dos braços. — Conheci uma mulher interessante há alguns dias, coincidentemente, adivinhe o nome dela?

— Ah, não! Até você... — e como o amigo risse, Caio olhou para o alto. — Os deuses devem ter algo contra mim. Mas, já que não temos nada melhor, fale de sua Verônica — pediu Caio, com expressão maliciosa.

— Uma mulher interessante, mas não é minha Verônica.

— O que você define como: mulher interessante, Clodovico?

— Não é uma dama — alertou Clodovico. — Está trabalhando na arena. Quer ser gladiadora.

A expressão de espanto foi real na face de Caio, e as informações despertaram-lhe interesse, sem que conseguisse justificar a razão, assim, ouviu atento a narrativa de Clodovico. Sinceramente admirado da façanha da jovem, o diálogo enveredou pela análise dos caminhos possíveis às mulheres, na condição da jovem aspirante à gladiadora, e se esqueceram dela até que Clodovico a descreveu fisicamente, informando que a tinha conhecido naquele local, duas semanas atrás.

Para surpresa de Clodovico, o amigo calou-se. Ficou pensativo como se fizesse cálculos mentais e, depois, mudou totalmente o tema da conversa, mas não se dissipou de seu olhar a expressão distante. Sabia que seu pensamento não estava mais no momento em que viviam juntos. Como a noite aproximava-se, o gladiador despediu-se.

Caio ficou na piscina. Seu olhar voltava ao local em que vira a sereia morena que lhe chamara atenção. Seria a mesma mulher de que lhe falara Clodovico? Considerava essa possibilidade remota; a altivez lhe sugerira uma mulher refinada. Percebera que ela examinava, com o olhar, a biblioteca próxima, e que nem ao menos o havia enxergado. Fato incomum, sabia que era um homem atraente. E, na hora imprópria em que ela entrara na casa de banhos, esperava-se que estivesse interessada no sexo oposto e que, sendo ele um homem conhecido e atraente, não seria dispensado de suas atenções.

Mas ela nem ao menos o olhara. Acabou concluindo que era apenas uma coincidência de nomes e lugar. Mulheres de cabelos escuros havia às centenas. Não podia ser a mesma pessoa que vira, a criatura que lavava os cavalos de Ênio.

***

O movimento da vida é incessante. Em geral, participamos conscientemente de uma ínfima parte e acreditamos que temos o mundo em nossas mãos. Mas a realidade é outra; há uma trama que todos tecemos e que funciona autônoma. Verônica adquiria a capacidade de dominar a ínfima parte: suas decisões, suas crenças e suas atitudes. Ignorava os que, à sua volta, teciam seus caminhos, cujos fios se enredavam aos dela. A lei de afinidade une infalivelmente. É o que, para breve, se desenhava na trama do destino, porém estava na parte ignorada.

Assim, calmamente, prosseguiu sua jornada. Aprofundava o aprendizado de sentir-se útil; descobrira no convívio com os animais uma fonte de paz. Sabia o que deles esperar e como agir. Conquistara sua confiança, e eles eram dóceis aos seus cuidados. Kay notou que ela tinha um dom para esse trabalho, pois conseguia acalmá-los com o som de sua voz.

— É um dom, Verônica — observara a gaulesa, enquanto tratavam os cavalos. — Vi como você lidou com os cavalos xucros. Na minha aldeia, tinha uma mulher que conseguia a mesma coisa. Ela dizia que os animais a ouviam e que obedeciam a sua vontade, bastava ela lhes falar alguns minutos e tocar neles. Era mágico! Cresci assistindo ao que ela fazia, por isso sei o que vejo em você, é a mesma coisa.

— Imagine! Você está fantasiando, eu com "poderes" sobre os animais?! Essa é boa! — zombou Verônica, mas vendo o olhar sério de Kay, mudou o tom — Não fique triste comigo, mas não creio em nada mágico.

— Eu falei mágico porque era algo incrível, mas não que fosse inexplicável. Era natural. Ela explicava que era um efeito da sua vontade e do amor que tinha pelos animais. Não gostava de vê-los sofrer, serem açoitados até obedecerem à vontade dos domadores. Então falava com eles e lhes mostrava o que os homens queriam que eles fizessem e a maneira de viver sem sofrer — esclareceu Kay. — Embora ela vivesse muito mais com os animais do que com os homens, era uma mulher sábia. Engraçado, ela era também a curandeira da aldeia. Cuidava dos doentes muito bem, conhecia ervas, cascas, raízes, flores e alimentos para uma enorme quantidade de doença. Suas preces e toques eram um remédio por si mesmos. Uma vez, me disse que tudo o que fazia era uma coisa só: efeito da sua vontade de fazer o bem, o amor que tinha aos outros e o conhecimento de como a natureza de cada um operava. Aprendi com ela que ninguém vive bem distante da sua própria natureza, que tudo que os homens fazem é próprio de sua natureza, e ela é imensa. Tudo que os animais ou as plantas fazem é próprio da natureza deles, é para isso que servem. Mas entre todas as naturezas, a mais complexa e bonita é a humana; também é a mais difícil de ser conhecida. A curandeira observava as doenças porque elas tinham uma natureza mais constante, por isso ela dizia que vivia com os animais e os doentes; neles conseguia observar naturezas mais simples de serem aprendidas e trabalhadas.

— Bonito isso que aprendeu com a curandeira — respondeu Verônica, com sinceridade.

Sem dar-se conta, elas haviam parado o trabalho e conversavam no estábulo. Verônica repetiu o pensamento:

— Tudo que os homens fazem é comum à natureza humana. É consolador pensar assim.

— É — concordou Kay, perdida em suas lembranças da vida na aldeia, o que não fazia com frequência.

A sobrevivência em condições tão adversas impunha a aceitação da existência da tragédia; a resignação desenvolvia-se como força ativa, como capacidade de aceitar o que ainda não podia mudar e aí encontrar forças para vencer a cada dia. Lembranças, o passado, tudo era lançado no rio do esquecimento, e a mente precisava educar-se a viver apenas o presente. Os espíritos que vivenciaram lutas pungentes inscreveram-se nessa escola de aprendizado: viva o presente. A paz e a força de caráter são construídas a cada instante, vivendo-se apenas o presente, sem acrescentar a ele as dores do passado ou os desejos do futuro.

— Também é constatar que essa natureza é imensa, comporta coisas horríveis e coisas encantadoras, maravilhosas, e, tanto uma quanto outra são simplesmente humanas — completou Kay e, percebendo a aproximação de um dos instrutores da escola, recomendou sem esconder a irritação:

— Volte ao trabalho, Verônica. Também é humano esquecer-se de onde se veio, ainda que se fique no mesmo lugar.

Verônica acompanhou a direção do olhar da amiga e identificou o homem a quem ela se referia. Tratava-se de Orson, um ex-gladiador convertido em treinador. Entendeu a referência de Kay, ele era um homem livre, tinha dinheiro, mas conhecia a condição de escravo e todas as lutas e dores que experimentavam. Esquecera-se da Bretanha e do que vivera no passado recente em Roma; aparentemente esquecera-se, também, das virtudes da simplicidade e da compaixão.

Ao fitar Kay, não pôde deixar de notar o brilho no olhar, o rubor das faces e que os gestos da amiga perdiam a fluidez usual, tornando-se duros. Verônica sorriu, e não resistiu a provocá-la:

— Sabe, acho que essa animosidade entre vocês esconde outro sentimento.

— É, deve ser desejo de matar. Odeio esse homem...

— Tem certeza? — indagou Verônica, maliciosamente.
— É um homem bonito.

— Para quem gosta de ursos... — e Kay desenrolou uma série de elogios pouco educados a respeito do treinador, todos em voz baixa.

Verônica sorria dos impropérios e da irritação imediata de Kay à simples visão de Orson. Simpatizava com o "urso grande", apesar dos modos pouco gentis dele. Não lhe passou despercebido que ele era mais arrogante, intransigente e implicante com Kay do que com os demais habitantes da escola.

— São animais bonitos — insistiu Verônica. Sendo fulminada por um olhar de Kay, riu alto e pediu: — Calma, amiga. É a minha opinião.

— Pois então use seus dons: dome-o com doces palavras sobre viver sem sofrer e o toque com amor, "amiga" — retrucou Kay, irônica e azeda.

— Não — recusou Verônica, tentando esconder o riso, mas não a malícia — a natureza deles é mais bonita indomada.

Kay não resistiu e, enchendo um balde com água, lançou-o sobre Verônica que gritou assustada e divertida. Sem poder conter-se, entregou-se ao riso da cena ridícula.

O treinador que se aproximava, sem saber o que elas conversavam, viu Verônica rindo da atitude agressiva de Kay e ralhou com a gaulesa, advertindo-a de seu comportamento inadequado e rebelde.

Os olhos verdes de Kay lançavam chamas de raiva e frustração. Verônica compadeceu-se e tocou o braço de Orson. Ainda com riso na voz e na face, pediu-lhe:

— Não se irrite com Kay. Você não sabe o que viu. Digamos que enquanto cuidávamos dos animais, estávamos tendo uma conversa de mulheres... Não se incomode, está tudo bem.

Orson suspirou, mas rendeu-se e, tocando a mão de Verônica, deu-lhe tapinhas afetuosos e retribuiu o sorriso.

— Não entendo as mulheres — declarou Orson. — Mas se você diz que está tudo bem, vou relevar a atitude de Kay e nada direi do que vi a Ênio.

— Obrigada, não aconteceu nada aqui, além de um breve momento de... descontração — justificou Verônica. — Você quer alguma coisa?

— Sim, um dos cavalos novos, o garanhão preto. Pode trazê-lo?

— Claro, é um animal lindo — respondeu Verônica.

Ao passar por Kay, notou que ela limpava furiosamente o chão. Por isso, sussurrou provocante:

— Calma, menina!

Recebeu apenas um olhar irritado como resposta e um esgar de sorriso.

Contente como há muito não se sentia, Verônica trouxe o animal que a acompanhava com obediência e docilidade, mas reagiu ao ter as rédeas transferidas para as mãos de Orson e empacou, relinchando.

— Cavalo inteligente — Verônica ouviu Kay murmurar próxima.

— Orson — chamou Verônica — quer ajuda?

O bretão fez uma expressão de incredulidade e recusou com um gesto de cabeça. Insistiu em puxar o animal, que não o obedeceu e reagiu de maneira contrária. Ao cabo de alguns minutos, lembrando-se de que havia um comprador interessado no garanhão, dirigiu-se a Verônica que olhava a cena à pequena distância:

— Você acha que consegue?

— É claro, ele é meu amigo. Veja, Orson — disse Verônica, colocando-se ao seu lado e tomando-lhe as rédeas.

150

Kay parou o trabalho e observou a ação da amiga. Verônica aproximou-se do cavalo, devagar, com o olhar cravado nos olhos dele, estendeu a mão e o acariciou desde a cabeça até o final do pescoço, lenta e suavemente, várias vezes, enquanto murmurava palavras em grego.

Logo o animal ficou calmo e dócil, e Verônica, não resistindo a provocar o treinador, o montou e perguntou:

— Onde devo levá-lo?

Tão encantado quanto o cavalo, Orson respondeu:

— À arena. Alguns legionários desejam comprar cavalos, estão lá.

Verônica aquiesceu e, apertando de leve os calcanhares nos flancos do garanhão, dirigiu-o ao local.

Os homens conversavam ruidosamente atrás das telas protetoras da arena, mas bastou que um se calasse para que logo o olhar dos demais fosse atraído para a mulher molhada, que montava o garanhão negro, com as coxas expostas e uma expressão travessa e risonha no rosto.

Paulus não acreditava no que via. À sua frente, a materialização da imagem que infernizava seus sonhos e tirava dele o sossego. Por isso, emudecera de espanto, mas também fora atingido por outras sensações da mais pura sensualidade despertadas pela figura da moça.

17
Paixão

*E quem não se considera incom-
pleto e insuficiente, não deseja aquilo
cuja falta não pode notar.*

Platão. *Apologia de Sócrates — O Banquete*, pág.
145, Ed. Martin Claret, São Paulo/SP.

A franca admiração de Paulus para a inusitada amazona fez Orson, Caetano e os demais legionários que o acompanhavam, rirem prazerosamente. Porém, ele ficou surdo à zombaria dos amigos.

O impacto que sentiu ao rever Verônica o isolou, por alguns minutos, do mundo. Pareceu-lhe que existia apenas ele e aquela mulher misteriosa, cuja lembrança o perseguia, sem descanso, desde que a vira pela primeira vez.

Verônica teve sensações distintas. Sentiu-se presa, como um inseto à teia de uma aranha. Fios invisíveis e fortes a aprisionavam àquele encontro. Sem entender o que experimentava, encarou os olhos brilhantes de indiscutível paixão do romano e tremeu. Aquele olhar pareceu-lhe estranhamente familiar. Somado à confusão das sensações, identificou aquela cena da própria vida como se já a houvesse vivido, um fenômeno que com frequência lhe acontecia, e ela não sabia a razão. Mas sustentou a avaliação apreciativa dos desavergonhados olhos castanhos do legionário, que percorriam lentamente todo seu corpo. A despeito da confusão, gostou de ser admirada pelo romano; despertou-lhe a sensualidade adormecida.

Emergia do tumulto das emoções, desviando o olhar. Fitou Orson e sorriu, ao dizer, com falsa inocência e docilidade, disfarçando o deboche para não humilhar o treinador, em frente aos compradores, ficando entre eles a brincadeira e o reconhecimento da vitória dela.

— Eis o garanhão, Orson, conforme lhe prometi.

Orson que observava a reação de Paulus, balançou a cabeça em resposta e lançou a Verônica um olhar iluminado pela malícia e pela alegria.

— O legionário Paulus, um assíduo frequentador da nossa arena, está interessado em comprá-lo — informou-lhe Orson.

Ao dirigir-se a Paulus, o treinador indagou:

— Verônica é nossa tratadora de animais. Tem grande habilidade com eles, especialmente com cavalos. Você gostaria que ela fizesse as demonstrações com o garanhão?

Sob o domínio das emoções despertadas pelo encontro com a jovem, o legionário limitou-se a gesticular concordando.

Orson deu ordens à Verônica, para as demonstrações que deveria fazer, e se regozijou ao observar que a moça ficou incomodada com o pedido. Jocosamente aproximou-se dela, para que os outros não ouvissem e segredou:

— Você não sabia que sempre há um momento após o triunfo, Verônica, e que é perigoso? É hora de aprender. Está com medo? Vejo confusão em seus olhos.

— É, confusão sim, medo... — e lançou-lhe um olhar de desafio antes de prosseguir — a vida exige que eu risque esse sentimento. Faz tanto tempo, que todos os dias preciso mantê-lo controlado, até já esqueci que ele existe. Terá a sua apresentação, Orson. Entenda-se com Ênio depois; estou deixando meu trabalho por sua causa.

— Não se preocupe, ele entenderá — garantiu Orson.

Verônica debruçou-se sobre o pescoço do cavalo, aproximando o rosto das orelhas do garanhão e falou ao animal em

154

grego, para espanto de Orson. Depois, o garanhão afastou-se a passos lentos até a entrada da arena. O treinador a observava e murmurou para si mesmo:

— Diga o que quiser, mas eu vi medo em seus olhos. Se não era do cavalo... bem, então, não sei do que seria.

Alguns passos atrás, Caetano bateu nos ombros de Paulus e comentou:

— Vi as mãos da fiandeira por aqui. Essa é a Verônica que você procurava, não é mesmo?

Paulus, com os olhos fixos na amazona, respondeu de forma quase inaudível:

— Sim.

— Hei, amigo. Que é isso? Perdeu a fala? Até parece que nunca viu uma mulher na vida...

— Caetano, lembra-se como a vimos a primeira vez? Inquiriu Paulus, aparentemente recobrando o controle.

— Claro, ela estava enfrentando um briga cerrada com dois soldados. E ganhando...

— E a segunda vez?

Caetano piscou, e respondeu rindo, entendendo o pensamento de Paulus:

— Agora, ensopada e malvestida, montada num garanhão como se fosse algo divertido.

— Hummm. Quantas mulheres você viu agindo assim?

Caetano fez o usual gesto que determinava a morte do perdedor em uma arena e falou:

— Raras. As bárbaras, talvez. Mas não têm essa expressão e altivez. Ela nos encarou, não baixou os olhos. Rendo-me: a sua Verônica fascina.

— É — concordou Paulus, apreciando as demonstrações que a jovem começava a fazer na arena.

O cavalo e ela se moviam como se fossem um único ser. Orson olhava encantado, pensando que Ênio devia estar louco por não usar aquela bela mulher como atração nos espetáculos.

Paulus exigiu o máximo que pôde de demonstrações, valorizando o tempo para reter Verônica. Enquanto ela repetia as apresentações solicitadas, o legionário interrogava o

155

treinador, com sutileza, a respeito da amazona. A manhã chegava ao fim, quando o negócio foi fechado.

Paulus, a pretexto de considerar o cavalo arredio, exigiu que Orson permanecesse com ele e prosseguisse o treinamento.

— Sei. Compreendo. Você quer vir assistir aos exercícios? É bom o garanhão acostumar-se com você — convidou Orson, sorrindo com cumplicidade para o legionário.

Paulus aceitou o convite, fingindo surpresa. Verônica, no decorrer da manhã, cansara-se da situação. A admiração inicial converteu-se em irritação contra a atitude do romano. Rendeu graças ao céu, quando Orson fez sinais, dispensando-a, orientando-a a levar o animal de volta à estrebaria.

Ela acabava de dar água ao cavalo, quando Orson surgiu ao seu lado.

— Bela apresentação, Verônica. Ênio sabe desses seus talentos? Você se saiu melhor do que as que ele usa para entreter o público antes das lutas.

— Não, ele não sabe. Nem me interessa que venha a saber. Não tenho desejo de ser uma domadora, Orson. Estou aqui porque quero lutar, quero ser uma gladiadora.

— É, ele me disse. Mas a mudança seria boa. É melhor do que tratar os animais, Verônica. E se você encantar as pessoas da mesma forma como fez com o legionário... Ele pagou caro, muito caro pelo garanhão e pelo serviço de treinamento... Tenho certeza que Ênio ficaria satisfeito. Não sei se você notou, mas a venda desses animais é muito lucrativa. É um trabalho que traria dinheiro a você e rápido. Pense, Verônica.

Orson demonstrava admiração e sincero interesse. Verônica percebeu, por isso sorriu e concordou em considerar a sugestão.

Feliz, o treinador informou-a:

— Amanhã mandarei chamá-la. O romano quer acompanhar o treinamento do garanhão e exigiu que fosse você.

Ante o olhar de surpresa da moça, ele concluiu:

— Aqui existem outros negócios além dos espetáculos, Verônica. Você logo irá descobrir. Paulus é amigo de Ênio e frequenta a arena e tudo que é oferecido aqui; é um bom cliente. Você entendeu?

Verônica engoliu em seco, lutando contra a revolta que irrompia em seu íntimo. Com o intuito de não se comprometer, nada respondeu. Dando as costas ao treinador, retomou o trabalho, esforçando-se para esquecer os episódios da manhã.

Dali em diante, todas as manhãs passou a trabalhar com Orson na doma dos cavalos. Paulus chegava cedo e saía ao término da atividade. Aproximou-se de Verônica e constatou que ela não reconhecia nele o legionário que a salvara. Não se importou; não desejava a gratidão da jovem; queria-a desesperadamente e a força daquele sentimento o desgovernava. Estranhava-se, até então fora um rapaz comedido, concentrado em seu trabalho. Divertia-se, tivera alguns casos amorosos, mas nada que lhe deixasse marcas, sequer lembranças sérias.

Com Verônica esquecia-se de tudo. Ela se tornara o centro de seu mundo, de seu pensamento. Longe da arena, cumpria as obrigações profissionais e ansiava pelo amanhecer do novo dia.

Caetano o convidara para uma festa; arrependera-se de ter ido. Não prestava atenção nas conversas, queria ficar sozinho, entregar-se aos próprios pensamentos, dominados pela imagem de Verônica.

Ela o tratava com gentileza, não era arredia à sua presença. E notara que ela se sentia envaidecida pela atenção que, sem disfarce algum, lhe dispensava. Não via motivo para esconder a paixão que sentia. Por outro lado, não a visitara nem pedira a Ênio os favores sexuais da tratadora de animais. Isso não era usual. Os gladiadores e as mulheres que se apresentavam na arena — livres ou escravos — recebiam visitas íntimas de homens e mulheres em suas celas. Eles despertavam paixões, mexiam com as fantasias do público, e isso lhes rendia dividendos políticos e financeiros.

Mas não havia como justificar a paixão por uma tratadora de animais que passava o dia a limpar e alimentar as bestas. Se fizesse isso, cairia no ridículo, pois, com esses membros da sociedade a violência era aceita.

Paulus é que não aceitava esse procedimento com Verônica; não era o que desejava. Estava tão confuso que não sabia responder por que essa opção estava descartada.

A semana chegou ao final, era a terceira; e Verônica, por interferência de Clodovico e Orson, pôde assistir aos jogos.

Nas arquibancadas de madeira, ela e Kay aguardavam o início dos espetáculos. A arena estava lotada. Verônica admirava a variedade de pessoas, todas as classes sociais se reuniam ali. Localizavam-se conforme seu poder aquisitivo, mas, no conjunto, via-se romanos bem trajados, escravos libertos, e o povo pobre da cidade — lavradores, pequenos comerciantes, artesãos de todos os gêneros. Em todos, a expectativa era visível na expressão dos rostos e no vozerio alto que enchia, com burburinho, o local. Estavam excitados e ansiosos. Verônica não era exceção, mas Kay era — a gaulesa estava imune à agitação. Olhava a cena como se dela não fosse participante; sua mente vagava a léguas de distância. Imaginava um mundo onde aqueles espetáculos não tivessem mais lugar, onde a crueldade não fosse prazerosa diversão e as pessoas tivessem amor ao pensar, e fossem menos dependentes das fortes paixões que, sabia, eram atiçadas naqueles jogos.

— Você não gosta dos jogos — constatou Verônica, vislumbrando a expressão de desagrado de Kay.

— Não, eu não gosto — confirmou a gaulesa.

— Mas é tão bonito, tão movimentado — contestou Verônica, incrédula.

— Bonito? Espere mais um pouco, talvez ao final de tudo você mude de opinião, ainda nem começaram os espetáculos.

Músicos vestidos com as cores da arena, a *russata* (o vermelho), seguidos pelo cortejo de gladiadores, malabaristas e domadores ingressaram pela porta central e desfilaram acenando para a assistência. Logo depois, ingressou o outro grupo, a *prasina* (o verde), cumprindo o mesmo trajeto e regressando cada qual para um setor da arena.

— Começarão as preliminares — anunciou Kay em tom de enfado, sentando-se.

Verônica estava tão ansiosa que não queria sentar-se, mas a amiga puxou-lhe a barra da túnica rústica e, ao obter seu olhar, fez um sinal lembrando-a que havia pessoas na fila detrás que não poderiam assistir, caso permanecesse de pé. Sem graça, ela se sentou, mas apertava as mãos, nervosa.

Para sua decepção, viu alguns anões vestidos como domadores surgirem na arena e, logo depois, soltarem dezenas de coelhos, que saltitavam alegremente. Percebeu que era uma paródia; os anões precisavam caçar os coelhos e encerrá-los em jaulas. A música acompanhava os movimentos, dando um toque de dramaticidade que tornava hilário. Acompanhando a multidão, Verônica ria da cena ridícula e se divertia, sem pensar no que sentiam os seres humanos submetidos a tal exposição. Não viu que alguns tinham a expressão irada e feroz, que levava os romanos ao delírio do riso, porque acreditavam provocada pelos coelhos — um grande erro!

Kay conhecia os anões e o quanto eram humanos, coisa que muitos duvidavam, tratando-os como uma aberração da natureza, e cuidava dos animais há anos, por isso não via graça alguma. Sabia que teria muitos coelhos feridos para tratar, que vários morreriam ou precisaria sacrificá-los. Odiava matar os coelhos, mas era pior vê-los sofrer sem esperança. Demorara meses até entender a diferença que pode transmudar um mesmo ato de crueldade em misericórdia. Mas agora sabia, e embora ainda sofresse ao sacrificá-los, sua consciência lhe dava paz; não sentia culpa em fazer o que era necessário.

Terminada a apresentação entre risos, aplausos e gritos, vieram os domadores. Era uma demonstração de habilidade. Kay até a apreciava; havia um risco calculado. Os domadores eram profissionais e se expunham ao perigo de forma moderada e consciente. Não gostava de vê-los açoitar os animais para fazê-los obedecer. Mas era suportável.

Verônica, esquecida de todas as dores e mazelas de sua vida, continuava eufórica, tomada pela paixão despertada na arena. Perturbou-se no espetáculo seguinte: lançaram as feras africanas na arena, junto com alguns homens, em uma caçada mortal. O suspense tomou sua alma de assalto e acompanhou cada movimento com o coração pulsando na garganta e a respiração curta. Gritos lhe escapavam, e viu, com horror, alguns homens seriamente feridos. Notou os esforços de um caçador para salvar um homem ferido e não se conteve, berrou advertências, pois uma fera rondava o ferido, transformado em presa fácil.

Kay sentia o estômago embrulhado e evitava olhar o que se passava no centro da arena.

Quando a fera lançou-se contra o homem, Verônica tapou o rosto com as mãos e sentou-se, exaurida pelas emoções.

— Ele foi ferido? — perguntou a Kay, sem coragem de ver.

— Acredito que não, o povo está muito quieto.

— Como? Há muito barulho — retrucou Verônica.

— Nada, se comparado ao que berram quando há uma morte — informou Kay e, olhando a arena, viu que o ferido havia se levantado e cambaleava para fora da arena com o braço erguido, pedindo clemência. — Ele conseguiu salvá-lo, está subindo as redes. A fera não conseguirá pegá-lo e o ferido já saiu.

— Céus! — suspirou Verônica, retirando as mãos do rosto. — Como o ferido conseguiu sair? Achei que tinha visto as tripas dele para fora...

— É, pode ter visto mesmo. Acontece. Os médicos costuram.

Por contemplar a extensão das consequências daquele divertimento, o espetáculo perdeu um pouco do encanto inicial. Não conseguiu deixar de pensar que estava assistindo a homens serem estraçalhados por feras, e que aquelas mortes eram para prazer e deleite do povo. Comentou o pensamento com Kay, que a encarou com tristeza e disse:

— Sim, é verdade. Mas a coisa não é mais bonita se vista de dentro da arena. São escravos, muitos sem escolha. Mas há os que ficam nessa vida pelo ouro que ganham e porque são adulados pelos ricos, têm amantes romanas, esposas de senadores, filhas de famílias ilustres... deitam-se com eles como se fossem vadias do mercado. Isso faz bem à vaidade e à ganância; eles não são santos nem mártires.

A música anunciou o início das lutas dos gladiadores. O sol já havia se posto; uma brisa suave refrescava a noite e muitas tochas iluminavam a arena. A iluminação emprestava mistério e perigo aos duelos.

Verônica reteve a respiração; seus olhos não perdiam nenhum detalhe. Reconheceu Clodovico com os trajes de retiário. O braço esquerdo coberto até o ombro com uma espécie de manga tecida de lâminas metálicas, na mão, carregava uma vigorosa rede. Presa na cintura, em uma faixa de couro, portava uma pequena e afiadíssima faca. O restante do corpo era nu, salvo os órgãos sexuais protegidos por uma veste exígua, mas em geral de couro. No braço direito, ostentava o tridente erguido, à guisa de saudação à plateia.

— Ele está lindo! — exclamou Verônica, unindo sua voz ao coro de mulheres que gritavam extasiadas o nome de Clodovico.

— Não reparou nas declarações de amor que as admiradoras dele escrevem nas paredes? Olhe, ficam enlouquecidas. Parecem animais no cio — censurou Kay.

— Você é muito amarga, Kay. Isso não adianta nada — retrucou Verônica.

— Pode ser, mas não posso participar, aproveitar, me divertir com um espetáculo que minha consciência condena. Compareço porque sou obrigada. Mas odeio tudo isso, Verônica.

Verônica resolveu ignorar a amiga. Voltou sua atenção aos oponentes dos retiários: os secutores. Também tinham um braço protegido por uma manga metálica, mas sem lâminas. Na outra mão carregavam escudos. Sua arma era uma espada curta. A cabeça estava protegida com um capacete metálico, sem pontas, evitando ser alvo fácil para a rede dos retiários.

Eram atletas com corpos primorosamente esculpidos nos exercícios diários e nas lutas. Fortes, altos, imponentes, despertavam paixões e Verônica, ao contrário de Kay, considerava que devia ser muito bom ser objeto de tanta atenção e desejo. Não se importava de se exibir em público, e a despeito da severa e sóbria educação materna, não negava que tinha grande prazer em ser admirada, gostava de expor-se.

Sonhou de olhos abertos. Imaginava-se entrando na arena e despertando paixões. Ouvia o clamor da multidão chamando seu nome e uma volúpia a invadia. "Um dia será realidade", pensou, voltando ao momento presente e concreto. Kay chamava-lhe a atenção para alguns homens estrategicamente posicionados de maneira muito discreta.

— Que traje sem graça! O que fazem na arena? — perguntou Verônica.

— Estão vestidos de Carontes,— informou Kay, inexpressiva — já ouviu falar?

— Claro, o barqueiro que conduz as almas ao inferno — respondeu Verônica.

Observou os carontes, circunspectos e concentrados, como convinha a quem representasse um barqueiro que conduzia as almas em sua passagem ao outro mundo. Eles não combinavam com o clima de euforia e delírio instalado na arena.

— São agourentos — falou Verônica.

— Cumprem um papel de grande importância, acalme-se. Julgamentos não são bons, mas precipitados... são receita certa para um desastre. Mente fria, vigilante, com domínio sobre o corpo e as circunstâncias a sua volta. O serviço dos carontes é rápido, indolor, confiável, e muito necessário. Logo verá!

As lutas tiveram início. Os gladiadores se enfrentavam: retiários contra secutores. Uma luta violenta e cheia de profissionalismo. Eles representavam a elite dos gladiadores; as melhores categorias a se combaterem.

Novamente esquecida do dever de analisar com atenção fatos, circunstâncias e pessoas, Verônica entregava-se ao fascínio da arena. Hipnotizada pelos duelos, vivia as emoções desencadeadas pelos gladiadores. Clodovico tornara-se um amigo; devia-lhe a abertura do caminho à escola. Por isso, tal qual uma torcedora atual, ela compartilhava com seu ídolo o que julgava serem as emoções que ele experimentava naquele momento, mas não passavam de projeções das suas paixões e contaminação das vividas pelos demais espectadores.

Gritou, exultou e enfrentou extremos de ansiedade à exaustão. Os espetáculos violentos e cruéis têm essa capacidade de promover o esgotamento emocional. Mexem com as emoções em ondas sucessivas e crescentes; a apoteose é a exaustão completa. Eles viciam pela quantidade de substâncias que são secretadas pelo organismo ao sabor dessas emoções. A assistência é passional e não racional, daí também as tragédias ou as cenas comovedoras que se podem produzir sobre essa massa humana.

Kay abandonara a passionalidade; entendera quanto de

sofrimento esse comportamento carrega consigo. Expondo a oscilações que vão da euforia à depressão, sem produzir equilíbrio. A racionalidade, conduzindo uma dose de frieza na observação das coisas, desenvolve o equilíbrio, a ponderação, atitudes moderadas, refletidas e conscientes. Verônica ainda era bastante impulsiva, o que a levava a ceder a velhos pendores e a obrigava a rever caminhos, com frequência.

Os longos anos de convivência com Clodovico na escola e como companheiro de infortúnio na escravidão davam-lhe a noção de que os gladiadores lutavam por razões diversas daquelas que os expectadores fantasiavam, logo, seus sentimentos estavam longe de ser os projetados pela torcida. Era a busca da sobrevivência, o emprego da técnica profissional para entreter e iludir, e, acima de tudo, quando obrigados a morrer ou a matar, havia um código de honra que impedia a crueldade ou a tortura. Obrigados a matar, a execução devia ser rápida e tão indolor quanto possível. Obrigados a morrer, nenhum gesto de vitimismo ou choradeira; aceitavam o fim com bravura, esperando pelo golpe fatal. Os carontes retiravam com presteza os corpos.

Poucos sabiam que os gladiadores rezavam pela alma dos companheiros que deixavam a vida na arena. A consciência de que jogavam com a existência, brincando com a sorte, ao sabor das paixões alheias, impedia-os de serem tomados pelas paixões da plateia. Porém, eles não ficavam isentos de outras.

Enquanto as moças, embora tendo sob os olhos o mesmo espetáculo, viam e reagiam de formas tão diferentes, a luta prosseguia. Clodovico, física e tecnicamente, apresentava-se superior a seu adversário; dominava a disputa, até que um passo em falso o fez cair e o secutor aproveitou-se do deslize. O silêncio tomou conta da arena. O secutor tinha a espada no pescoço de Clodovico.

— Pelos deuses! — exclamou Verônica, pálida.

A cena causava-lhe horror. Nunca sentira algo semelhante. Medo de morrer, raiva, impotência, revolta, injustiça, esses sentimentos irromperam com fúria. Verônica ficou gelada, suava frio, tontura, batimentos cardíacos irregulares. A cabeça parecia ferver. O ar lhe faltava. O peito doía, oprimido. Escureceram-lhe as vistas, os músculos perderam a força e ela caiu sem sentidos.

Kay assustou-se. Gritou chamando alguns escravos que estavam próximos, enquanto ouvia a plateia gritar em coro: *mitte, mitte, mitte*, o que significava, salve-o. O povo amava Clodovico ou a imagem que faziam dele na arena; não queriam sua morte e perdoavam o deslize.

Preocupada com a amiga, Kay, assistida por dois homens fortes, a socorreu, orientando-os a levarem-na à enfermaria.

A emoção violenta experimentada por Verônica tinha raízes em tempos longínquos, quando vivenciou a morte por degolamento, em público, e após decisão sumária e passional dos assistentes. Aos que não compreendem que o esqueci-mento do passado é apenas referente aos fatos, e que nunca a essência do ser espiritual — composta por seus sentimentos e inteligência — é apagada, a reencarnação é difícil de ser entendida. Objetam que se lembrassem do que foram e do que fizeram seria mais fácil evoluir. Bem, não são outras as causas de tantos traumas, tendências e complexos que carregamos: reminiscências do passado de reencarnações; a parte não esquecida, aquela que precisamos conhecer e superar.

De que interessam os fatos? Eles se repetem idênticos, sob roupagens aparentemente muito diferentes. Uma arena de gladiadores na antiguidade, um ringue de luta livre hoje; corridas de biga antes, corridas de automóveis agora; enfim: fatos idênticos, apenas aparências modificadas. Os sentimentos e tendências em jogo são os mesmos.

Vivemos a essência interior de que muitas vezes fugimos ou sufocamos em mil atividades e fatos; talvez numa fuga inconsciente para não enfrentá-los. Mas o certo é que, em chegando a hora, via reencarnação, precisaremos confrontá--la, vivendo a essência de nós mesmos. Aliás, um caminho seguro para nossa evolução e o grande propósito da lei das vidas sucessivas: vivermos nossa essência e transformá-la, sempre e gradativamente, em algo melhor, como uma pedra preciosa que precisa ser lapidada, com paciência, para mos-trar seu brilho.

Nesse confronto, teremos dor ou prazer e isso só depende de nós, pois é a colheita direta e obrigatória dos frutos de nossas atitudes.

18
Provas inadiáveis

Aliás, quantos não há que creem amar perdidamente, porque não julgam senão sobre as aparências, e quando são obrigados a viver com as pessoas não tardam a reconhecer que isso não é senão uma admiração material. Não basta estar enamorado de uma pessoa que vos agrada e a quem creiais de belas qualidades; é vivendo com ela que podereis apreciá-la.

Kardec, Allan. *O Livro do Espíritos*, questão 939, editora IDE, Araras/SP.

A enfermaria da arena estava em fervorosa atividade. Os feridos das apresentações jaziam sobre mesas alinhadas no grande compartimento. Kay assustou-se ao ver a gravidade dos ferimentos de alguns gladiadores. Mas bravos, fiéis ao código moral da classe, não havia choradeira, nem ais, nem urros, apenas a aceitação da dor física e a confiança em Jânio e Maximus, os médicos que os atendiam assessorados por algumas escravas.

Estenderam Verônica sobre a última mesa vaga, e uma das escravas aproximou-se, obtendo as informações com Kay, do que havia acontecido.

— Não parece ser nada grave. Ela não está esperando criança? — questionou a mulher.

— Ela é nova na escola. Nunca a vi com nenhum homem, e ela nunca me falou de sua vida particular, acho que não se trata disso, mas não posso afirmar — respondeu Kay.

Maximus se aproximou e a escrava relatou-lhe o que se passava.

— Deve ser um mal-estar passageiro — declarou.

Apanhou um pote contendo ervas amassadas de forte odor e fez com que Verônica aspirasse. Em segundos, ela voltou a si, espirrando e coçando o nariz. Auxiliada por Maximus, sentou-se sobre a mesa.

— Como se sente, Verônica? — perguntou Kay, tomando-lhe as mãos, ainda frias.

Verônica olhou em volta. Não gostou de ver os feridos, o odor de sangue a nauseava, por isso apressou-se em responder:

— Estou bem, Kay. Um pouco tonta, mas tenho certeza de que o ar frio da noite será suficiente para minha recuperação.

— Ela não tem nenhum ferimento. Não há por que ficar aqui. Pode levá-la — disse Maximus, dispensando-as e retomando o cuidado dos homens feridos pelas feras.

A Verônica, causava horror aquele ambiente com pessoas, cujos corpos estavam dilacerados. Apressou-se em descer da mesa e avançar em direção ao pátio interno. Lá chegando, encostou-se à parede e se deixou escorregar até sentar no chão.

— Verônica, você está bem mesmo? — perguntou Kay, preocupada.

— Estou, Kay. Ainda tenho náuseas, e minhas pernas estão fracas; me sinto um pouco tonta, mas não vou desmaiar de novo. Aliás, nunca havia desmaiado.

— Pensaram que você estivesse esperando um filho — comentou Kay, sorrindo e aguardando esclarecimentos.

Verônica riu com gosto da insinuação.

— Não, que os deuses me livrem dessa sina. Não quero pôr alguém no mundo para ser um pária. Já basta eu!

— Concordo, também não tenho nenhuma vontade de ter filhos para se tornarem escravos. Prefiro viver só, sem a companhia dos homens. É mais seguro — disse Kay.

E, sentando-se no chão, ao lado de Verônica, indagou:

— Você desmaiou ao ver a espada no pescoço de Clodovico, você gosta dele? Por isso teve tanto medo?

— Senti algo mais forte do que a minha vontade, um medo irracional e enorme de morrer daquela forma. Não desmaiei por medo de que algo acontecesse a Clodovico, mas que fosse comigo, entende? Senti como se fosse eu a ter e sentir a lâmina cortando meu pescoço.

Ao pronunciar essas palavras, Verônica levou as mãos ao pescoço, acariciando-o como se desejasse protegê-lo, assegurando-se de que não havia ferimentos.

Pode parecer exagero, mas senti o sangue me afogando, enchendo meus pulmões e perdi os sentidos. Foi horrível!

Ao recordar-se das sensações, Verônica caiu em pranto e murmurava entre soluços:

— Tive tanto medo, achei tudo tão injusto, cruel, absurdo.

Kay abraçou-a e deixou que ela extravasasse os sentimentos pelas lágrimas. O silêncio pode ser muito eloquente. Naquele caso, dizia: já passou, chore, depois se acalme.

— Não pensei que era Clodovico que estava sob o fio da espada, que era a vida dele que corria perigo. Que coisa feia! — censurou-se Verônica, tentando recompor-se. — Clodovico tem me ajudado tanto! Como pude ser tão egoísta? E como pode um pensamento ter tanta força?

— Eu diria que foi o sentimento que a derrubou, não o pensamento. Do que me contou, ouvi apenas relatos de sentimentos e sensações. Creio que a razão e os pensamentos passaram longe.

— Mirina costumava me repreender com frequência e, dizia ela, sempre pelo mesmo motivo, o que variavam eram os fatos — recordou Verônica. — Mamãe dizia que eu era excessivamente passional, e isso equivalia a ser dirigida pela natureza dos instintos, nem sempre a melhor. Brigava muito comigo porque eu era medrosa e preguiçosa.

Verônica sorriu, encarando a amiga, e brincou:

— Eu sempre escolhia o mais fácil, em qualquer situação. Mamãe falava que eu era assim desde menina e que ela lutava para corrigir o meu problema.

— Por quê? — indagou Kay, e notando o ar incrédulo no rosto de Verônica, apressou-se em explicar:

— Quero dizer, qual o motivo de procurar o caminho mais fácil e prazeroso e isso ser um problema? Não entendo.

— É, não é simples — concordou Verônica, fitando a amiga.

Depois, voltou o olhar ao horizonte. A expressão refletia seu pensamento perdido nas lições da infância e primeira juventude, feliz e distante. E foi assim, alheia a tudo, que prosseguiu:

— Parecia tão natural procurar o "fácil", tanto que tenho a certeza de que ainda resvalo nessa tendência, de vez em quando. Mamãe me fazia ver que minhas escolhas eram movidas pela precipitação e feitas sem nenhuma reflexão. O único critério, de rápida decisão, era a quantidade de sofrimento implicada na história. E, por sofrimento, entenda-se: quanto das coisas que me davam maior prazer necessitariam ser sacrificadas. Esse sacrifício do prazer pessoal imediato é o que há de doloroso. Evitá-lo é escolher o caminho "fácil". O problema é que raramente o fácil é duradouro ou valorizado. Então, esse caminho acaba de forma muito semelhante à queima de folhas secas: rápido e devastador. Deixa as marcas do arrependimento, da culpa, da vergonha, e o cruel é que elas podem ser isoladas ou se misturarem todas, gerando um complexo emaranhado emocional.

— Sua mãe era uma sábia, Verônica — enalteceu Paulus, que se aproximara das jovens, sem que Verônica tivesse notado.

Surpresa, Verônica encarou-o, sem esconder o desagrado pela intromissão na conversa com Kay. Não gostava de partilhar suas lembranças com qualquer pessoa. Mirina ocupava um lugar muito especial em seu coração, e ela não se incomodava de ser egoísta até com as lições e lembranças maternas.

Ao notar a reação da moça, o legionário, de pronto, justificou-se:

— Eu observava suas reações ao que acontecia na arena, por isso vi quando passou mal. Corri até a enfermaria para saber notícias e prontificar-me a ajudar, mas a casa está lotada e demorei até chegar a Maximus. Vocês já tinham deixado a enfermaria, e uma das escravas me informou que as tinha visto andando nessa direção.

Abaixou-se, tomou a mão de Verônica entre as suas e, fitando-a com intensidade, indagou:

— Você está bem? Maximus disse que não havia sido nada grave, mas me afligi quando a vi desmaiada. Perdoe-me se estou sendo inconveniente, agi num impulso.

Kay emudecera, não esperava presenciar um soldado romano comportar-se com tanta gentileza e cortesia com uma mulher, ainda mais pária estrangeira.

Verônica, acostumada às atenções do legionário, nada via de estranho na conduta de Paulus. Era um homem apaixonado por sua aparência, e, no íntimo, apreciava ser objeto dessa adoração. Deleitava-se em sua vaidade feminina. Rapidamente, esqueceu o desagrado e sorriu para o legionário, tranquilizando-o sobre sua saúde.

Aceito, Paulus acomodou-se, o mais confortável possível, ao lado das moças, e pôs-se a conversar.

Embora uma presença forçada, Paulus conquistou, após aquele dia, maior intimidade com Verônica, e, determinado, foi vencendo as resistências da moça.

Na última semana do prazo combinado com Ênio para o ingresso de Verônica como aprendiz, Caetano acompanhava o encontro de Paulus e Verônica, ainda sob a desculpa de adestramento do cavalo adquirido pelo legionário. Ele ria sozinho, observando o amigo rendido à atração que sentia pela domadora.

"É bonita, a grega. Mas Paulus é exagerado por natureza. Nele, em tudo a paixão domina. Isso é ruim, gera descontrole e burrice", pensava Caetano.

Lembrou-se das ações dele em batalha e concluiu consigo mesmo que ser alvo da paixão de Paulus era perigoso. "Essa grega poderá ter muitos dias para lamentar tamanha paixão. É quase certo que acabará se queimando nesse incêndio da alma. Pobre infeliz! Talvez viva a glória, mas as pessoas são o que são, não mudam sua essência em razão do outro facilmente. Paulus é possessivo, violento, dominador e lascivo em muitos casos. Esse Paulus paciente, cordato, que vejo é como uma miragem no deserto: real somente para quem está morrendo de fome e sede. Deve ser o caso da grega. Apesar de toda sua beleza, deve ser carente de amizades, carinho, afeto."

Observou Paulus, muito gentil e solícito, auxiliar a experiente e confiante amazona a descer do cavalo. Caetano sorriu, ao notar que Verônica aceitava passivamente e com indisfarçável prazer as atenções do legionário. O mais imbecil dos homens enxergaria que a jovem adotava um comportamento de fragilidade e submissão que não combinavam com a história conhecida de sua vida. Logo, ele concluiu que ela fingia, usando da famosa astúcia feminina de se fazer de frágil, de se colocar em perigo, para despertar o salvador e o herói, no homem que deseja.

— Paulus, é um bobo mesmo — murmurou Caetano, vendo o casal trocar sutis carícias e sorrisos. — Deve estar se achando importantíssimo. Devia conhecer um pouco mais da alma feminina. Essa lição de Afrodite é muito velha, meu amigo, para você ignorar.

Caetano, perdido em seus pensamentos, não viu a aproximação de Ênio. Surpreendeu-se ao ouvi-lo falar ao seu lado:

— Um belo animal — comentou Ênio. Sorrindo malicioso, coçou o queixo e completou: — Mas o valente Paulus me parece vencido, cego pelas coxas de Verônica. Parece-me que ela domou dois garanhões, não concorda, legionário Caetano?

Caetano riu com gosto e respondeu:

— É. A beleza ofusca. Mas, Ênio, admita: são coxas esculturais! Sua... escrava, não... como direi? — com ar irônico e afetado prosseguiu: — aspirante a aprendiz de gladiador é, verdadeiramente, uma escultura grega. Devia exibi-la o quanto antes. Não importa se lutará bem ou mal, ficará deslumbrante nos trajes de gladiadora, com um seio e as coxas expostas. Céus! Mal posso esperar...

Ênio sorriu e, ainda coçando o queixo, demorou alguns instantes para responder. Em seus olhos, a cobiça e a malícia brilhavam, quando disse:

— Será que as deusas admitiriam mais uma concorrente a disputar a posição de mais bela do Olimpo? Se essa situação cria discórdia até entre elas, que não fará entre criaturas humanas. Sim, ela é bela como uma estátua de Fídias[8]. Mas é

---

8   Fídias (490 — 430 a.C.) foi um célebre escultor da Grécia Antiga.

geniosa e temperamental. Encarou-me e debateu comigo, de igual para igual, quando chegou aqui. Foi divertido, porém a considero perigosa. É bela, sim, o que a faz ainda mais perigosa, meu amigo Caetano.

— Paulus impressionou-se com ela, desde que a viu pela primeira vez. E, na ocasião, era impossível ver, com clareza, os seus traços; estava machucada. Mas ela venceu dois soldados de nossa legião, em uma luta desigual e sem regras. É boa lutadora, acredite. Ao menos, ferocidade ela possui, o que compensará a falta de técnica — insistiu Caetano.

— Bem se vê, Caetano, que você não vive do comércio, nem de atrações — devolveu Ênio rindo. — Se a mercadoria é boa, e é o caso, não devo desperdiçá-la. Verônica será uma grande atração, eu sei, por isso, preciso protegê-la e guiar seus passos com zelo, para que renda muito dinheiro para os meus bolsos. De que me adiantaria exibi-la logo, apenas explorando sua beleza, que pode ser destruída facilmente na arena; ganharia uma ou umas poucas vezes. Não, amigo. Cada coisa ao seu tempo, ensina a velha mãe natureza. Paciência não me falta, ainda mais quando vejo os lucros que me trará essa espera.

— Cobra velha! — exclamou Caetano rindo à esperteza do dono da escola. — O exército me ensina estratégias para ganhar batalhas, não dinheiro.

— É, mas ganhar dinheiro exige estratégias e sabedoria — disse Ênio, sério.

Ao olhar as despedidas afetuosas do casal, no portão de entrada dos animais, na arena, comentou em tom confidencial: — Sabia que nosso amigo Paulus tem sido bem recebido na cama da grega?

— Ele fez por merecer, persegue-a há meses — respondeu Caetano e, acompanhando o olhar do amigo, notou os modos gentis de Paulus e balançou a cabeça: — Temo que seja algo sério. Nunca vi Paulus desse jeito por causa de uma mulher, aliás, por nenhum motivo. Quase não acredito que seja o mesmo homem que conheço.

— É...

Ênio ficou pensando em quantas vezes, em sua vida, já

ouvira aquela frase. Foram muitas, e buscando na memória o resultado de alguns casos mais marcantes, constatou que essa mudança brusca não era duradoura, cedo ou tarde, a real natureza — aquela escondida pela paixão — reaparecia em pleno vigor. Presenciara muitas separações e uniões infelizes que tinham se baseado nesse conhecimento à luz da paixão.

19
O AMOR E O PODER

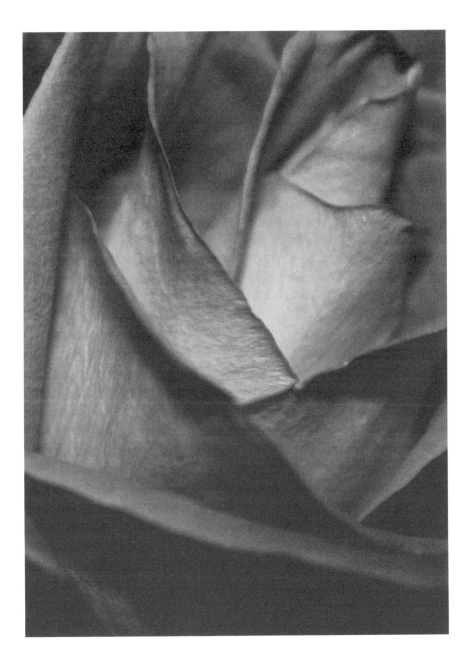

Ninguém mantém por muito tempo um poder violento: o poder moderado é duradouro.

Sêneca. As Troianas, pág. 49. Editora Hucitec, São Paulo/SP, 1997.

—Muito bem, Verônica. Você começará o treinamento amanhã — declarou Ênio.

Era fim da tarde do último dia do prazo estabelecido no acordo entre eles. E estavam reunidos na pequena sala utilizada para administração da escola.

Clodovico e Orson assistiam à conversa. Sabiam que lhes caberia o treinamento da novata. Sorriam satisfeitos; a decisão de Ênio era inteligente. Ela seria um grande atrativo; eram poucas as mulheres gladiadoras e, dentre elas, o tipo físico das bárbaras germânicas predominava. A beleza morena, os traços clássicos reveladores de uma descendência greco--romana chamariam atenção.

— Por quanto tempo? — perguntou Verônica com a expressão compenetrada.

Não aparentava euforia pela vitória, nem cansaço pela luta; seu rosto era pura determinação. Clodovico a observava e considerou estranha a reação, notava um quê de mistério, algo como um fogo lento e frio (se tal existisse) a arder em segredo, em seu íntimo. "Será que a alegre e decidida Verônica escondia coisas de seus amigos?" — pensava o gladiador.

— Não tenha pressa, Verônica — aconselhou Ênio e, eloquente, asseverou: — A espera tornará sua estreia mais glamourosa, criará o mito. E lucraremos o dobro.

— Eu não tenho mais o que fazer da vida, Ênio — recordou Verônica, com frieza cortante. — Nada nem ninguém me espera, esqueceu? Sou uma pária, não tenho pressa, apenas curiosidade.

— Como você é exagerada — advertiu Ênio. — Você tem amigos, nós somos seus amigos. E há o legionário...

— Paulus? Deixe-o fora disso, mesmo uma pária tem direito a diversão e prazeres. A natureza é mais benévola que os homens, distribui suas benesses em igualdade de condições. Não discrimina classes sociais — respondeu Verônica, séria. — E então, quanto tempo julga que precisará para criar o meu mito? E encher suas bolsas de ouro... e as minhas também, é claro.

Ênio compreendeu que Verônica não brincava com o seu futuro e tampouco esquecia passado e presente. Não tirava os pés do chão ou o olhar atento e inquiridor dos fatos imediatos. E, conciso, respondeu:

— Dois meses. Já observei você treinando; há poucas coisas a aperfeiçoar na técnica. Precisa de experiência, por isso Orson e Clodovico se encarregarão de fazer de você a maior gladiadora de Roma.

Um brilho fugaz iluminou os olhos de Verônica, mas rápida, ela os velou, baixando a vista. A atitude atiçou as suspeitas de Clodovico, entretanto ele ficou calado.

Decisões tomadas, planos traçados, Ênio dispensou todos, informando que eventualmente acompanharia os treinos. Na saída, Clodovico e Orson abraçavam a aprendiz e festejavam. Mas ela mantinha a mesma expressão firme e decidida, com um quê de mistério a mostrar-se nas profundezas do olhar.

A vida na escola sofreu as mudanças óbvias: o trabalho era treinamento físico constante e pesado. À noite, Verônica usufruía a companhia de Kay; continuavam dividindo celas vizinhas. Algumas vezes saía para visitar o grupo de Vigílio e recolhia, com o velho andarilho, lições de vida simples e sábias. Apreciava seu novo grupo social. Os amigos eram a sua família.

Durante a infância e na primeira juventude, crescera cercada pela mãe, por dona Octávia e por dedicados escravos e servidores da Vila Lorena. Isso a fizera muito confiante. O amor e a segurança de um lar harmonioso, nas primeiras fases da vida, operam maravilhas na personalidade humana. Verônica beneficiara-se disso. A orientação firme e amorosa de Mirina e Octávia incutiram-lhe virtudes como a disciplina, o senso de observação, a religiosidade sadia, o amor ao estudo e ao saber; barraram, em parte, a sensualidade exarcebada, ainda resquício de passado longínquo, estimulando o esporte aparentemente mais agressivo das lutas, não incentivando os comportamentos vaidosos e exibicionistas, notados desde cedo, e deixando o talento natural para a dança relegado a segundo plano. A educação espartana transmitida por Mirina fazia desabrochar os valores do intelecto e da racionalidade. Verônica tivera uma mãe que não tolerava os achaques emocionais e a conduzira ao equilíbrio, tornando-a uma mulher forte e apta a questionar suas paixões e comportamentos irrefletidos.

Paixão sensual, ainda sobrava no espírito de Verônica, mas estava dormente, controlada e vigiada por uma mente lúcida e forte, ciente de que poderia ser senhora de si mesma. Mas poucos fatos concretos e espiritualmente relevantes haviam testado essa mudança.

Suportara bem a morte de pessoas amadas, as perdas materiais, a solidão, as privações, mas tropeçara no trabalho, no confronto com emoções antigas e traumatizantes e respondia com força, sob os cuidados de Paulus, à velha sensualidade adormecida.

A paixão física incendiava o legionário e lhe tirava a razão. Verônica, sentindo-se poderosa, entregava-se à embriaguez dos sentidos e ao prazer de dominar um homem. Não se questionava quanto aos sentimentos que moviam suas ações. Acreditava-se apaixonada por Paulus, mas ele era apenas o lago no qual ela via refletida a própria imagem. Apaixonava-se por si mesma; florescia a narcisa.

***

A noite em Roma, para os aristocratas, era sempre movimentada. Não faltavam banquetes, festas, comemorações de toda ordem e, sem outro motivo, além do convívio social.

Caio, desde jovem, era destacada figura naquele meio. Mas, alma generosa, comparecia a muitos eventos, era, de fato, adorado como excelente companhia: educado, gentil, inteligente, culto, galante e imbuído de seguras noções de respeito e justiça no trato com seus semelhantes. Por vezes, era irônico, sagaz até a mordacidade e alguns interpretavam seu distanciamento do que o desagradava, como desdém ou arrogância. As virtudes suplantavam os defeitos, e ele era bem-vindo nos melhores lares do império.

Caminhava de roda em roda, naquele banquete, à procura de uma conversa interessante. Mas estava particularmente difícil, e o tédio, em seu íntimo, cada vez mais transparecia em sua face. Foi assim que encontrou Caetano, em um canto do grande pátio interno, contemplando, através de uma janela, solitário, o jardim em torno e as estrelas.

— Salve, Caetano — cumprimentou Caio. — Foram os deuses que me inspiraram a buscar esse lugar. Hoje está muito difícil o ambiente.

Caetano riu, a mesma razão o levara a preferir a solidão — a conversa interminável e fútil — reinante no banquete.

— Caio saudou o legionário, meneando a cabeça. — Acho que somos muito exigentes. Eu vivo em acampamentos e campanhas militares, é compreensível minha insociabilidade. O exército faz de mim um bárbaro, incivilizado. Mas, você! É surpreendente.

— Não seja debochado, amigo — pediu Caio, sorrindo e pousando a mão sobre o ombro de Caetano. — A tolerância não é uma de minhas virtudes. Ela me é pesada; preciso esforçar-me muito para tolerar horas de diálogo improdutivo. Você acredita que nem mesmo a boa e velha maledicência sobre fatos da vida alheia ilumina essas mentes? Sim, ao menos com isso eles exercitariam o poder de observação, a capacidade de argumentação...

— Entendo — atalhou Caetano. — É absolutamente desinteressante e tedioso. Meu amigo, a exceção de nós, os demais convidados primam pela chatice. Estou apenas aguardando mais um tempo, para não ofender os anfitriões, e, logo, irei embora.

— Sei, pretendo fazer o mesmo — respondeu Caio. — Vi poucos legionários esta noite. Procurei Paulus, mas não o encontrei. Será que também recusou o convite de Angelina?

Caetano sorriu malicioso, antegozando o prazer do assunto e respondeu:

— Não só o da nobre Angelina, meu caro. Paulus nos últimos meses só vai à arena de Ênio.

— É mesmo? — indagou Caio, curioso e interessado. — E o que há lá que o atrai com tamanha força? Não me diga que ele vai abandonar o exército e se tornar sócio de Ênio. Não, isso não pode ser. Ênio não divide a fortuna com ninguém.

— Ah, é verdade. Dele ninguém tira uma moeda sequer. Creio que nem morto abandone seus negócios. Vai fugir dos deuses, pode apostar — concordou Caetano, rindo.

— Bem, então, o que fez com que nosso amigo Paulus desaparecesse do convívio social? Conte-me, Caetano.

— A tal Verônica, lembra-se daquela conversa na sua casa, Caio?

Caio ficou pensativo. O olhar brilhava iluminado pela alegria, até recordar o episódio e comentá-lo com o legionário.

— Pois a encontrou, acredita? Ela é aprendiz de gladiadora. Ênio pretende fazer a estreia dela em breve. E, tenho que admitir, é uma mulher que mexe com os sentidos de qualquer homem que se interesse pelo sexo oposto — comentou Caetano. — Paulus virou um gatinho manhoso nas mãos dela, só vejo afagos e gentilezas.

— Ora, ora, mas a vida é mesmo cheia de surpresas, não é mesmo, Caetano? Se fosse outro a me contar esse fato, juro que eu não acreditaria. Mas vocês são como irmãos, e irmãos que se dão bem, fique registrado.

— Pois o tenho visto muito pouco — declarou Caetano.

— A bela Verônica o ocupa, meu caro. E, creio no que você me diz, logo, deduzo que ele divida seu tempo entre Verônica e o descanso necessário, Caetano.

O legionário riu com gosto da pilhéria de Caio e meneou a cabeça, concordando.

— Sim, sim, Caio, sem dúvida. E Aurélius, você o tem visto? Sabe dele? Também andava às voltas com uma Verônica, não é?

— Hum hum, esse está mais desaparecido que o outro. Cássia e Aurélius III se casaram há algumas semanas, você soube? — Caio, recebendo o gesto de confirmação de Caetano, prosseguiu: — Ele não apareceu. Circula um boato de que foi para a Grécia se tratar em um templo. Ouvi falar que estava mal de saúde.

— O ódio destrói o fígado, dizia meu pai. E como ele teve muitos dissabores na vida e morreu sofrendo de males do fígado, eu acredito. Aurélius I será uma confirmação. Mas, convenhamos, ele é um desmiolado por se apaixonar por Cássia. Quem não sabe que aquela mulher é uma víbora, interesseira?

— Aurélius I e Aurélius III — citou Caio, com fingida inocência.

— A Verônica de Aurélius era grega, certo? — indagou Caetano.

— Era, mas não acredito que ele tenha ido à Grécia atrás dela. Um homem despeitado é mil vezes pior que um homem apaixonado. Enquanto Aurélius não se curar da mágoa causada por Cássia, não se envolverá com outra mulher a ponto de segui-la pelo império — respondeu Caio.

— Concordo, mas estava pensando se é uma coincidência duas Verônicas gregas em Roma, numa mesma época, ou se em vez de duas, seja apenas uma mulher — conjecturou Caetano, apanhando uma taça de vinho oferecida por um escravo que servia aos convidados.

— Não prestei muita atenção ao que Aurélius falou naquela noite. Você é quem pode descobrir se Paulus roubou a amante de Aurélius ou não. Afinal, ainda o vê — incentivou Caio e, lançando um olhar à festa, concluiu que nada mudara.

Depositou a taça de vinho com que circulara pelo salão, ainda pela metade, e tocando o ombro de Caetano, pediu:

— Conte-me suas descobertas, amigo. Mas, agora, está na hora de me despedir, chega, por hoje, da aristocracia romana. Estou cansado.

— Vá! Eu também irei embora logo.

No regresso ao lar, Caio trazia um sorriso maroto no rosto, despreocupado, livre de tensões. Divertia-se analisando a conversa com Caetano. No íntimo, desprezava homens que se deixavam cegar pela paixão; tivera inúmeros relacionamentos, afinal a vida sexual dos romanos sempre fora intensa. Até os deuses amavam loucamente; tinham casos extraconjugais, e todas as paixões humanas; não havia culpa, nem privação.

No entanto, Caio era comedido em seus sentimentos. Não experimentara aqueles arrebatamentos, quase insanos, que, de vez em quando, lhe chegavam aos ouvidos. Nas saunas, o tema era usual. Quando surgia, Caio colocava-se como um observador atento e silencioso. Duvidava de alguns depoimentos e os creditava mais à vaidade e ao exibicionismo do que a tão decantada paixão. A esses, nenhuma importância atribuía, além do entendimento da vaidade, na conduta masculina e sua íntima ligação com o poder sexual do macho.

Mas o interessava demais o estudo desse sentimento em sua essência, queria compreendê-lo, quiçá, algum dia, experimentá-lo. Sabia que, sobre o reino das sensações e dos sentimentos, não detemos poder de escolha; esse estado precisaria ser despertado por algo ou alguém.

"Será que todos nós sentimos essa paixão? Seremos igualmente passionais?" — cogitava. E, a si mesmo, respondia que não, as pessoas eram diferentes em tudo, não conseguia ver duas iguais, por que sentiriam da mesma forma? "A boa lógica", argumentava com seus botões, "dizia que não era possível e recomendava analisar a diversidade dos sentimentos e sensações. Sim, não somos todos passionais, da mesma forma. Somos capazes de nos apaixonar por algo ou alguém, mas em diferentes graus de intensidade; apenas a dor física é única e igual, todo restante é pura diversidade", concluía.

"E a paixão será boa ou má?", era uma dúvida que o assombrava e, de vez em quando, insinuava-se em sua mente.

Vira homens, por paixão ao poder, erguerem impérios, aliás vivia em um deles. Conhecia a paixão que movia os conquistadores; era a mesma que incendiava os oradores do

Senado. A mesma paixão que perpetuava a vida e o bem-estar, por meio do sexo, muitas vezes causava a morte física ou moral dos indivíduos. Inclinava-se a considerar que a paixão, em essência, não era nem boa nem má, mas uma poderosa força neutra que dependia do uso que dela o homem fizesse. Sim, a paixão era uma força que incendiava os sentimentos e potencializava necessidades.

"Ainda temos resquícios da célebre paixão de Júlio César por Cleópatra, e depois um de seus sucessores, Marco Antônio, pela mesma mulher" — confabulava consigo, Caio. — "Ambos tinham todo poder que um romano podia desejar: fortuna e influência; comandavam legiões do exército, poderiam ter por esposa ou amante a mulher que desejassem... e arriscavam tudo por amor a ela. Não sei se o amor é isso. Que loucura! Confesso a mim que desconheço esses arrebatamentos da paixão e, por honestidade, devo confessar que não amei apaixonadamente a nenhuma mulher até hoje. Usufruo e aprecio a companhia de muitas, no leito e fora dele, mas paixão cega, amor desmedido... não conheço".

E o pensamento de Caio navegava livre e especulativo. De repente, recordou trechos fragmentados de "O Banquete", de Platão, e as várias visões sobre Eros ou o amor, comentadas na obra. Exaltava-o a capacidade de dar ao homem sob seu domínio, força, coragem e virtude, até o sacrifício supremo da própria vida pela felicidade do ser amado, mas garantia também felicidade àquele que ama tanto na vida física como além da matéria.

Lembrava-se do discurso de Fedro: "*o que ama é, de certa maneira, mais divino que o objeto amado, pois possui, em si, divindade...*"; de Pausânias, analisando a questão moral de Eros e sua complexidade, sob as formas do amor vulgar e do amor celeste, seu discurso enaltecendo as virtudes do amor masculino: "*o amor não é simples, e como já vos disse, no início as coisas em si mesmas, não são boas nem más, mas boas se tornam quando feitas de bom modo, e más, no caso contrário. O que é feio é conceder favores a um mau e por maus motivos; e bom, a um bom, com bons motivos. Mau, com efeito, é o amante vulgar que prefere o corpo ao espírito, pois o seu amor não é duradouro por não se dirigir a um objeto que perdure. A flor do corpo que ama vem um dia a murchar — e então ele 'se retira ligeiro como as asas', esquecendo-se das declarações e muitas juras que fez. O contrário, porém, acontece àquele que ama uma bela alma e permanece a vida toda fiel a um objeto duradouro."*

— Ambos tinham razão: o Eros é mesmo tudo isso e muito mais, como completaram os outros. Pausânias ainda falava que o amor conduzia a criatura a uma escravidão voluntária à virtude. Erixímaco defendia, em contraponto, que Eros é o equilíbrio de tudo e de todos os seres vivos, é a harmonia e o ritmo da vida ao mesmo tempo, e, portanto, existe em nós os dois Eros: o vulgar e o celeste, e ambos merecem respeito. Conciliar esses dois Eros, na visão do filósofo, é a arte do adivinho — falava Caio sozinho e em tom de voz baixo.

Seguiu, andando lentamente, ignorando as casas com o interior iluminado, mal fixando a atenção na imensa lua cheia que clareava a noite.

"A que Eros meu amigo Paulus estará atendendo?", indagava-se. Conhecia-o há alguns anos, nunca o vira envolvido por mais do que uma noite com nenhuma mulher. Sua dedicação era exclusiva à carreira; o exército era sua vida, seu lar, sua família, seu amor. E eis que não mais do que de repente surge uma rival a esse devotado afeto. Aparentemente, Verônica provocara profundas mudanças na rotina e no comportamento do legionário. "Deve ser o Eros vulgar, a sensualidade, a atração física. É um sentimento poderoso, tão forte, que tira a racionalidade, especialmente de quem pouco a exercita" — concluiu Caio. Riu ao lembrar-se das referências a Atê, deusa da sedução amorosa. Balançou a cabeça, e, sem perceber, murmurou a citação: "Delicados são os seus pés, pois não os apoia ao solo, mas anda sobre a cabeça dos homens".[9]

Não percebera que a pequena distância entre sua residência e o local do banquete fora vencida. Estava em sua casa.

---

9   Citações de *O Banquete* foram extraídas de Apologia de *Sócrates/Banquete*, Platão, texto integral, tradução de Jean Melville, Editora Martin Claret.

Ao cruzar o umbral da porta, os cheiros e sons familiares invadiram seus sentidos. Sentiu-se alegre e livre. Encaminhou-se para sua biblioteca particular e se entregou a escrever suas reflexões sobre o amor.

20
O encontro

[...] Dois seres se aproximam, um do outro, por circunstâncias aparentemente fortuitas, mas que são o fato da atração de dois Espíritos que se procuram na multidão.

Kardec, Allan. *O Livro dos Espíritos*, questão 386. IDE, Araras/SP.

Da conversa com Caetano, vários dias se passaram até que Caio resolvesse tornar ao convívio da sociedade. Entregara-se ao trabalho e à sua diversão predileta: escrever seus pensamentos, ora em forma de discursos ora poesias, ou simplesmente seu monólogo interior vertido em frases e grafado no papel.

Mas o calor da tarde tirara-lhe a concentração, obrigando-o a procurar alívio em sua casa de banho favorita. Estava longe de ser a mais luxuosa de Roma, mas ele apreciava o ambiente e a diversidade cultural, pois, era frequentada por todas as camadas sociais, embora membros da elite, como Caio, fossem minoria.

Acalorado, ingressou na piscina, pensando no bem-estar de mergulhar o corpo na água tépida e se entregar à gostosa indolência que o calor impunha. Deliciava-se nesse estado há bom tempo, quando seu olhar foi atraído por uma cabeleira negra, semipresa, em um penteado frouxo, pouco usual nas romanas. Aliás, aquele não era o horário das patrícias frequentarem a casa de banho.

Interessado, pôs-se a observar a mulher, que estava de costas para ele. Seria alguma cortesã? A silhueta era vagamente familiar. Mulheres bonitas sempre o atraíam e procurava conhecê-las.

Encantado, viu-a mover-se pela água com a graça de uma Vênus. Ao alcançar a escada e sair da piscina, ela expôs toda beleza de um corpo feminino saudável; chamou-lhe a atenção, o físico esculpido pela ginástica. Aquela beleza não era apenas obra da natureza, havia grande cota de trabalho pessoal.

"Não deve ser romana", pensou Caio. "Elas são preguiçosas, cultuam a beleza com outros cuidados. E preferem ocupar as horas e o cérebro em intrigas de poder e dinheiro. E as mulheres do povo, essas, têm tanto trabalho, que não lhes sobra tempo para cuidar do corpo."

A mulher, desconhecendo a atenção de que era alvo, deixou a sala das piscinas andando altiva, ignorando os olhares que recebia, bem como algumas insinuações masculinas. A atitude atraiu ainda mais a Caio. Era desafiadora.

Acompanhou os seus movimentos; lamentou vê-la cobrir-se com um roupão. Porém sabia que ela precisaria retornar por um corredor que ficava em frente àquela piscina, a última da casa. Decidiu aguardá-la.

Minutos depois, surpreendeu-se ao reconhecer que era a mesma mulher que, meses antes, o atraíra e de quem ainda lembrava esporadicamente: a sereia morena. Decidido a abordá-la, saiu da piscina, apanhou apressado o roupão e caminhou atrás dela.

Estacou ao perceber que ela entrava na biblioteca, conversava amistosamente com os servidores e se acomodava em uma mesa, aguardando que lhe trouxessem a obra de sua escolha.

"Bem, ela não vai fugir, e eu não posso entrar ali com esses trajes. Serei rápido", decidiu Caio, retornando ao vestiário alegre e excitado.

Verônica lia absorta os versos de Homero, narrando a

história da guerra de Troia. Amava a cultura grega; sentia-se próxima de Mirina. A sabedoria antiga lhe trazia paz, algo que buscava com desespero.

Sua vida, apenas em parte, estava em suas mãos, sob controle, e, por isso, ela estava realizada. Estava no caminho que se propusera; tinha novos amigos, sentia-se digna, mas... no íntimo, havia medo e uma raiva recalcada, que, em silêncio, roía a sua alma e era causa do seu desassossego.

Lutava, desde o primeiro dia que vira os espetáculos na arena, com uma grande ansiedade. Tinha medo de morrer sufocada ou engasgada, tal era a opressão que sentia na garganta. Parecia-lhe que o próprio sangue a afogava, tirando-lhe a respiração.

Não sabia de onde tirava inspiração e força para, dia após dia, enfrentar esse sentimento. Estava exausta, embora reconhecesse que esse exercício de superação começava a dar resultados: a intensidade da emoção cedia. Mas o domínio da razão tinha que ser mantido com uma disciplina férrea e exercício do poder da vontade.

Na arena, apenas Kay sabia de seu estado emocional e do que passava ao presenciar as lutas. Tivera outros desmaios, mas ciente da causa, pedira à amiga que não comunicasse a ninguém, pois poderiam crer que ela tivesse crises e fosse amaldiçoada.[10]

Aproximava-se a primeira luta. Ênio esmerava-se na divulgação e criava, em torno dela, um clima de expectativa que tornava mais difícil conter a ansiedade.

Cansada, resolvera relaxar e esquecer tudo. E não conhecia melhor forma do que longos banhos para acalmar o corpo e uma boa leitura para alterar seu estado mental. Queria viajar para muito longe, nos braços daquela rica história; queria absorver a força que emanava de sua sabedoria.

Portanto, agradeceu ao servidor com um sorriso e o dispensou, mergulhando na leitura.

Foi desse modo que Caio a encontrou. Notando a concentração com que lia, ele, calmamente, sentou-se numa mesa

---

10 A personagem não desejava ser confundida com portadores de epilepsia que, na época, eram malvistos, tidos como amaldiçoados ou endemoniados.

próxima, quase em frente, e ficou a observá-la, aguardando uma oportunidade de aproximar-se.

Verônica, de repente, perdeu a concentração; parecia-lhe que estava sendo vigiada, analisada. A sensação era incômoda e forçou-a a erguer os olhos do texto. Identificou a causa, no sorriso matreiro de um homem loiro, de cabelos crespos e olhos claros que a encarava. Ele se levantou e veio sentar-se a sua frente, sem deixar de fitá-la e sorrir.

— Perdoe-me por atrapalhar sua leitura, mas não resisti à vontade de conhecê-la. Meu nome é Caio Petrônio. Posso ter a esperança de seu perdão?

Verônica o olhou. Analisou, com tranquilidade, a aparência gentil e simpática. Notou que se tratava de um homem refinado pelas vestes e pelos modos. Um patrício romano típico, à exceção daquela expressão arrogante. Julgou e sorriu, pousando as mãos e os cotovelos sobre a mesa, erguendo os braços e apoiando o rosto sobre as mãos.

— Você é muito, muito bonita — elogiou Caio. — Com certeza, sabe disso. Gostaria de esculpir a sua face nessa exata posição, com a luz iluminando um lado da sua face. Estava encantadora lendo, absorta, aliás, o que estava lendo?

— Homero — respondeu Verônica, divertida com a atitude de Caio. — Você é escultor?

— Apenas por amor à arte. Tenho vários pendores artísticos, mas pouco talento. Procuro compensar essa falta com dedicação e, como amo as coisas que faço, acredito que esse sentimento dê alguma beleza aos meus trabalhos. Você tem uma pele perfeita, músculos e ossos bem definidos, traços clássicos. Enfim, o sonho de um artista como eu.

Verônica sorriu do interesse do romano, mas rendeu-se ao charme do sorriso. A transparência de emoções que percebia no olhar de Caio, infundiu-lhe simpatia e confiança imediatas.

— Quanto exagero! Diga-me: aborda todas as mulheres desse jeito, Caio Petrônio?

A pergunta o desarmou, mas achou graça na forma como a mulher reagia e respondeu sinceramente:

— Não, é claro que não. O exagero é porque estava desesperado para falar com você.

— Ainda está — corrigiu Verônica, sorridente. — Nunca encontrei alguém desesperado por falar comigo. O que deseja?

— Conhecê-la, ouvir sua voz, saber o que faz aqui, o que está lendo... qualquer coisa, tudo o que quiser me contar. Poderia começar por saber o seu nome?

— Verônica — e ante a sobrancelha erguida de Caio que lhe sugeria a curiosidade de saber a que família ela pertencia, esclareceu: — e, apenas Verônica.

— Você não tem família? Marido, pai, ninguém...

— Não — atalhou Verônica, interrompendo a frase de Caio.

— Você não é de Roma, nunca nos encontramos antes — declarou Caio.

— Você conhece toda Roma? Como pode ter tanta certeza de que não sou daqui — questionou Verônica.

— Verônica... Verônica — e repetiu mais algumas vezes o nome, fitando-a. — É um nome romano, mas seus traços e tom de pele e cabelo não são típicos...

— Vivo exposta ao sol, ao ar livre — explicou Verônica. — Eis a razão da minha cor.

Ele não se fez de rogado e lhe tomou a mão, sem pedir licença, examinando-a até o antebraço. Tocou-a com a ponta dos dedos, muito sutilmente.

— Não são somente o sol e o ar que dão esse tom moreno.

Encostou seu braço contra o dela e comentou:

— Veja a diferença! Eu sou romano e também vivo ao ar livre, o máximo que posso, mas minha pele é muito mais clara.

— Certo, você tem razão. Sou descendente de gregos, espartanos para ser exata.

— Ah! Eis o segredo dessa beleza clássica: sangue grego.

Quando ela dissera o nome, Caio não pôde deixar de lembrar a conversa sobre as "poderosas Verônicas". Balançou a cabeça e estampou um sorriso bobo; afinal, dois de seus amigos diziam-se apaixonados por Verônicas. Ambas eram gregas, mas Aurélius dissera que sua amante retornara à Grécia e, segundo Caetano, a Verônica de Paulus era uma lutadora, estava em busca da fama e da fortuna em Roma. Bem, a sua era uma leitora de Homero.

— E o segredo da graça, qual é? — indagou Verônica, séria.

— Desculpe-me, não era de você que eu ria. Foi uma situação que vivi há algum tempo e de que me lembrei agora. Rogaram-me uma praga, foi isso — explicou Caio.

— E você ri das pragas que lhe rogaram? Não tem medo dos deuses?

— Não, não temo os deuses nem as pragas, Verônica. E você? É o conhecimento dos deuses que procura em Homero?

— Em Homero, busco conhecer os homens e a mim mesma. Mas eu temo os deuses e respeito as pragas — respondeu Verônica.

— Sábia resposta. Digna de alguém com cultura grega. Homero estuda os homens. Faço o mesmo tipo de leitura e me agrada analisar as pessoas sob esse enfoque. Qual parte estava lendo?

— Estou bem no início — explicou a jovem. — Na cena da discórdia.

— A discórdia tem sempre a vaidade como causa, você concorda com a ideia?

— É o comum. Se as pessoas não se julgassem tão acima do que são, e, se não se melindrassem acreditando que qualquer palavra, sugestão ou disputa, como foi o caso das deusas, devem, obrigatoriamente, referir-se a elas e que não existe honra senão em ser a primeira... Então, sim, eu diria que o pensamento dele estava superado. Mas, ainda vejo essas condutas e eu esbarro em muitas delas. Logo, concordo e penso que a vaidade é a maior causadora de discórdia, senhor Caio.

— Vejo que não é a primeira vez que lê o poema — comentou Caio, admirado.

— Não costumo contar quantas vezes leio um texto de que gosto e que seja tão rico quanto esse.

— Sem dúvida, uma grega. Admiro muito sua cultura. Aliás, Roma deve muito aos gregos.

— É verdade, senhor. Ainda bem que são sábios o bastante para preservarem e valorizarem o que é bom em cada povo vencido.

Verônica olhou através da grande janela que iluminava a

área. Estava escurecendo; ela fechou o volume e fez um sinal de agradecimento ao jovem que a atendera.

Caio acompanhava seus movimentos e lamentou:

— Vai embora tão cedo. Fique algum tempo mais.

— Não posso, senhor.

Despediu-se com um aceno de cabeça. Caio ficou observando-a; apreciou o andar feminino e altivo, uma mistura exata de força e leveza nos movimentos.

O atendente aproximou-se e, apontando o volume sobre a mesa, indagou:

— O senhor pretende seguir a leitura?

— Não, obrigado. Diga-me: a moça que estava aqui vem com frequência à biblioteca?

O jovem sorriu e, abraçando o pesado volume, respondeu:

— Já a vi outras vezes. Vem aqui somente quando está sozinha.

— Hum, e você conhece quem a acompanha?

— Senhor! Clodovico é tão conhecido em Roma quanto César. Ela vem com os gladiadores e também a tenho visto com um legionário.

Caio sentiu um gosto amargo na boca e um peso no estômago, como se tivesse sido atingido fisicamente.

"Então essa é a Verônica de Paulus", deduziu decepcionado.

— Posso servi-lo em algo mais, senhor Caio? — perguntou solícito o atendente.

Caio fez um gesto negativo com a cabeça e, com um aceno de mão, dispensou o rapaz. Ficou sentado sem conseguir decidir se aquela era uma brincadeira da fiandeira do destino ou não. A única certeza que tinha era da ironia da vida. Há muitos anos não se sentia tão atraído por uma mulher, e justamente a presença dela o cercara e rira do quanto afetara conhecidos seus; chegara a zombar da praga que lhe dirigira um deles.

Não se considerava incendiado de amor por Verônica, era racional demais para deixar-se governar por instintos, mas seria mentiroso se negasse a força da atração que sentia e que bastaria render-se a ela para ser incendiado pela paixão. O amor, sob seu ponto de vista, nascia do conhecimento e da apreciação da beleza da alma. O amor era atraído pela alma; a paixão, pelo corpo. A beleza física de Verônica o afetara, mas precisaria conhecê-la mais para que a flecha de Eros atravessasse as barreiras superficiais e atingisse seu íntimo.

"Muito bem, Caio, despeça-se do sonho", determinou para si mesmo. "Você está sozinho há tempo bastante para saber que não se constrói um relacionamento feliz sobre a desgraça de outro homem. O amor dá felicidade, mas exige virtude. Ela pertence a outro homem, esqueça-a."

21
Distância

*Quando o pensamento está em
qualquer parte, a alma está também,
pois é a alma quem pensa [...].*

Kardec, Allan. *O Livro dos Espíritos,*
questão 89. IDE, Araras/SP.

Verônica deixou a casa de banhos apressada. Estava na hora de encontrar Vigílio e seu grupo; era um compromisso do coração e, portanto, prazeroso. Afeiçoara-se ao velho mendigo e apreciava suas ideias. Lembrava-a de dona Octávia. Embora fossem criaturas tão diferentes, em classes sociais tão distantes, com vivências aparentemente sem qualquer semelhança, ambos exprimiam uma experiência emocional próxima: a incompreensão do meio em que viviam, os preconceitos, e, ao seu modo, cada um isolou-se e chocou para conquistar um espaço, a fim de sobreviver moralmente e ser respeitado.

Também se divertia com Vigílio. O velho tinha um senso de humor agudo e afinado. Pensando nele, esqueceu-se do homem e da agradável conversa.

Relegou Caio à condição de uma lembrança feliz. Simpatizara com ele, achara-o atraente, percebera a óbvia atenção e o interesse de que fora alvo. Aliás, ele fizera questão de demonstrar que se sentia atraído por ela. No entanto, um segundo antes de jogá-lo no fundo da memória, foi justa o suficiente para reconhecer que houvera um pouco mais do que mera atração física. A conversa tinha evoluído com desenvoltura e se aprofundado, demonstrando uma afinidade de interesses. Admitiu ter gostado da companhia e que apreciaria conhecê-lo; experimentara familiaridade ao lado dele.

Desde o afastamento da Vila Lorena, e, mais precisamente, da companhia de Mirina e Octávia, não dialogava com alguém sobre arte, literatura, filosofia, temas que elas amavam tanto e a ensinaram a apreciar.

"Não é o momento, Verônica", ordenou a si mesma. E o diálogo mental que travou a partir dali foi para reafirmar suas metas e propósitos. Intensificou as recordações de Paulus e sorriu. Ele era tão submisso aos seus desejos, tão gentil. Amava-a, tinha certeza. Isso lhe dava prazer e segurança. Ele insistia para que ela abandonasse a arena, fosse viver com ele, ser sua esposa. Mas ela relutava. Parecia loucura, no entanto, era como se houvesse uma barreira invisível, algo que a atraía e a repelia, ao mesmo tempo. Queria ouvir a opinião de Vigílio, por isso andava célere, altiva, cabeça erguida, olhar no horizonte, expressão concentrada, alheia ao que se passava ao redor.

Vigílio estava sentado na calçada, encostado a um arco das ruínas do que fora um mercado. Ao vê-la aproximar-se, sorriu, mas não moveu nenhum músculo além dos da face.

Verônica estranhou a atitude e o observou. Parecia bem, ao menos não enxergava nenhum ferimento.

— Venha, Verônica, rainha das arenas romanas. Sente-se aqui — e bateu com a mão no piso da calçada. — Conte-me como vai sua vida.

Verônica sentou-se ao lado do amigo e enganchou o braço dele no seu. Sorriu descontraída, embora ainda estranhando a prostração de Vigílio.

— Eu estou bem, rei das ruas de Roma — brincou Verônica. — E você? Nem se mexeu ao me ver chegar, está sentindo alguma coisa?

— Cansaço, nada mais — esclareceu Vigílio. — Andei muito, não sou mais um menino.

— E aonde foi?

— Ao campo de sepultamento. Fabian morreu esta madrugada.

A imagem do jovem que fazia parte do grupo de Vigílio formou-se na mente de Verônica, ao mesmo tempo que a surpresa da notícia estampava-se em seu rosto.

— O quê? Como? Vigílio, eu nem sabia que ele estava doente — protestou a jovem. — Nunca o vi reclamar de nada. Não era lunático[11], era?

— Não, não era. Fabian era triste, calado, vivia mais com seus pensamentos do que com as pessoas, no entanto, era um ser humano inofensivo. Tinha uma história triste, trágica, não conseguia viver com a família. Disse-me, uma vez, que fugiu porque batiam muito nele, o faziam trabalhar até não aguentar ficar de pé, moendo trigo. E davam-lhe pouca comida e nenhum conforto. Tinha o mesmo na rua, com a vantagem de não ser agredido a toda hora.

— Conquistou um lar ao seu lado — completou Verônica, imaginando que o amigo precisava de conforto. — Isso é muito mais do que paredes. Mas... então, o que aconteceu? Ele simplesmente morreu, como uma tocha que se apaga?

— Quem dera, Verônica. Surraram-no até a morte, não sei quem foi. Encontrei-o se esvaindo em sangue longe daqui. Apenas entendi que ele não sabia quem o tinha agredido nem por quê. Ele tentou voltar até aqui, mas era impossível, foram violentos demais.

Vigílio estava abatido. Verônica emudecera.

— É... mais um exemplo de que não é fácil fugir ao próprio destino — falou Vigílio, acariciando a mão de Verônica para confortá-la. Percebera a dor causada pela notícia.

Quando se vivia situações trágicas como a dele, de Verônica e de Fabian, o sofrimento e a morte de um afeto somavam-se aos anteriores; as causas de dor eram potencializadas. Reviviam as dores passadas.

---

11 Epiléticos também eram denominados lunáticos, pois consideravam ser a doença um mal da lua.

— Por que temos de sofrer tanto? Por que morremos? Existem dias nos quais sinto uma revolta tão grande, a vida parece não ter sentido... — desabafou Verônica, esquecida do assunto que a levara àquele encontro.

— Verônica, a vida é cheia de mistérios. Embora existam muitas explicações nos templos, a verdade verdadeira eu ignoro. O fato é que vivemos, e uma força nos impulsiona a continuar vivos um dia após o outro e, mais ainda: faz-nos amar essa experiência, apesar de nem sempre compreendermos seu sentido ou significado. A esperança de um dia encontrá--los nos leva a suportar e a superar muitas dores. E, sabe de uma coisa, Verônica, com o tempo aprendemos a ler o que a vida deseja nos ensinar, gaguejamos, é verdade, mas lemos. E entendemos fatos que antes nos desesperavam. Esse é o prêmio por ter insistido em viver: experiência.

— E o que a sua experiência tem lhe ensinado, Vigílio? Sua vida é tão sofrida, tão solitária.

Um sorriso triste curvou os lábios do mendigo. Deu alguns tapinhas na mão da moça que repousava em seu braço, antes de responder.

— Meu maior aprendizado, aquele que me faz todos os dias acordar e me mantém firme, foi entender que tudo passa. Há um fluxo na vida, como se fosse um rio, e nele nos movemos e ocorrem os fatos da nossa existência. É preciso deixar-se levar apenas observando e evitando entravar a marcha dessa força. Eu a chamo de confiança na vida. Sei pouco sobre os deuses, muito menos sobre o que falam, pensam ou escrevem os oradores e sacerdotes de Roma. Mas tenho todas as horas do dia para analisar as pessoas, o que e como fazem alguma coisa. É muito interessante. Descobri, Verônica, que criamos os fatos nos quais vivemos. Por isso, não somos vítimas de nenhum deus e de nenhum humano, senão de nós mesmos. Mas é tão curioso esse fato: poucas pessoas reconhecem essa verdade. E é tão bom, mais simples, menos desesperador reconhecer isso, do que acreditar-se um objeto de disputa entre o bem e o mal. Mas, não. Elas preferem encontrar culpados. Ah, que coisa triste! Essa procura as faz azedas, irritadas, ran-corosas, enchem-se de ódio e do que ele produz. Tornam-se acusadoras e vingativas, ficam presas em momentos que deveriam ter passado e neles ter aprendido para, depois, seguir o fluxo em paz e confiantes. Mas não, apodrecem nas margens lamacentas, em busca do culpado externo, babando de raiva e revolta com a vida e com as outras pessoas. E o que aprendi, observando, é a buscar o responsável interno pelo que me acontece. Você pode pensar que sou louco, insano, que talvez os piolhos tenham feito um furo na minha cabeça e comido parte do cérebro, mas eu não troco de lugar com nenhum rico romano que viva esse dilaceramento interior. Mesmo que muitos não creiam: eu sou feliz e não troco o que possuo nem por um navio carregado de áureas[12] e o retorno das honrarias perdidas. Sentir-se uma vítima injustiçada, digna da piedade alheia é horrível. Esse lugar, na sociedade, eu me nego a ocupar. Sou um miserável no maior império da Terra, mas sou livre e reconheço o meu poder. Eles podem ter muitos bens, mas todos eles não enchem o vazio interior, nem fazem cessar o estrago da raiva, que mal dirigida destrói por dentro, ou o desamor que estraçalha as forças íntimas. Eu deixo passar toda e qualquer coisa, Verônica. Eu sei que ela irá passar, então por que sofrer tentando retê-la? Vivo o bom e o não tão bom, assim na certeza de que passarão, isso preserva meu equilíbrio. Sei que sou eu quem posso e devo fazer tudo que desejo para viver do jeito que escolhi, então... não reclamo jamais. Se algo me aborrece: paro, penso, tomo uma decisão e passo a agir de acordo.

Verônica ouvia muito séria as lições do aprendizado de Vigílio. Pensava. Os alertas do amigo serviam-lhe com perfeição. Notando que a observava, comentou:

— Algumas ideias confesso que não entendi.

— O que você não entendeu, minha filha? — inquiriu Vigílio, atento.

O hábito de observar as pessoas não se aplicava apenas aos transeuntes das ruas, utilizava-o com todos, em especial, com os mais próximos de convivência e com os novos amigos. Gostava de Verônica, ela despertava-lhe a curiosidade. Como

---

12 Moedas de ouro.

uma pária podia ser dona de uma esmerada educação, digna de uma dama e ter acabado nas ruas; inclusive havendo se prostituído? E, ainda, lutar pelo sonho de ser uma gladiadora? Era uma trajetória incomum, cheia de altos e baixos. Os caminhos de Verônica não se estabilizavam.

— Várias coisas — respondeu a jovem reticente, cautelosa.

— Escolha uma — propôs Vigílio. — Posso tentar explicar.

— Como você sabe que alguém carrega uma raiva mal dirigida e ódio no seu interior? E, também não entendi quando disse que a criatura sofre tudo que o ódio produz. Eu penso que raiva é raiva, nunca pensei em direção e não entendo mesmo o que disse. E, para mim, ódio é ódio. Produz ações assim como a raiva. Por Júpiter! Eu já quebrei muitos objetos por raiva, joguei longe, briguei, esbravejei. Falei milhares de palavras sem pensar e...

— E deve ter se sentido muito mal depois, é típico de gente inteligente... — zombou Vigílio.

— Ah, se quer saber, não me arrependo. Na hora, eu não teria conseguido fazer nada diferente. É da natureza — defendeu-se Verônica, irritada com a zombaria do amigo.

— Não falava de arrependimento, Verônica. Referia-me a dores de cabeça, mal-estar do fígado, insônia, coração agitado, peso no estômago. Nunca observou que costumam nos acontecer essas coisas depois de uma crise de raiva?

— Não, Vigílio. Nunca reparei, mas agora que você falou, recordei que tive mesmo muitas dessas sensações. Algumas vezes, até dias depois. Nunca as tinha associado à raiva. Pensava na raiva como fogo, levanta labaredas e se extingue. Acabada a briga, pronto, terminava tudo. Não é assim? Sabe, nunca tinha pensado nisso, apenas sentia e fazia o que a hora determinava.

Vigílio suspirou, como se estivesse cansado de ouvir colocações daquele tipo e precisasse ser tolerante e paciente para continuar a conversa.

— Não, Verônica, definitivamente, não vejo o sentimento da forma como você falou. Sentimentos são forças, e muito poderosas, que carregamos em nossa alma. Estão muito longe de serem meras fogueiras de palha ou gravetos, que queimam

201

rápido, sem deixar muitas marcas. Nossos sentimentos são muito fortes, nos obrigam a tomar decisões e atitudes. E, minha filha, considero a omissão uma atitude e uma decisão, portanto, é um ato livre do ser humano e da sua responsabilidade. Uma pessoa inteligente olha para dentro de si e busca entender o que é e como funciona. Nossos sentimentos, nossas emoções e as decisões da própria vontade nem sempre são fáceis de equilibrar. Muito mais difícil se não pensarmos e tentarmos entendê-las. Digo que os sentimentos são forças porque eles nos obrigam a tomar decisões, fazer escolhas. E sendo, uma força, eu posso e devo dar-lhe direção; é para isso que sou um ser inteligente...

— Desculpe, mas ainda não entendi o que tudo isso tem a ver com dores de cabeça, insônia, e mal-estares — interrompeu Verônica afoita.

— É simples, filha, muito simples. Forças, onde quer que as empreguemos geram reações. Mesmo que você opte por não fazer nada ou creia que a raiva se extinguiu com uma briga, nem sempre isso é verdade. O fato é que o tempo também passa, outros eventos acontecem e não voltamos às coisas que nos ferem e incomodam. E tudo que causa ira incomoda e machuca. Então, novos fatos cobrem aquele acesso de ira, como o sereno abafa a poeira do dia. Mas não a destrói, ela permanece lá, sem ser visitada pela razão, relegada. Mas os sentimentos são como certas substâncias que, mesmo paradas, corroem os frascos que as contêm ou, se não estão bem fechados, evaporam e contaminam o ambiente. A ira relegada, sem ser confrontada pela razão, fica dentro de nós e, como um ácido, destrói silenciosamente. Quando eu vejo pessoas pálidas ou com um tom de pele amarelo esverdeado, olheiras, agitadas, expressão fechada, que se irritam quase instantaneamente, nem preciso de muita experiência para entender que devo agir com cuidado: a criatura é um vulcão. A calma é só aparente, no fundo um enorme fogo devora tudo. Sabe, Verônica, já notei que a maioria não tem consciência desse estado...

— Talvez pensem como eu: que raiva dá na hora e depois passa — interveio a moça.

— É, também por isso. Mas elas acreditam que esse é o seu temperamento. Veja bem, ignorando como opera um sentimento, ignoram a si mesmas. Tenho, para mim, que essas criaturas irritadas, ansiosas ou angustiadas — pensando mais adequadamente — armazenam várias lembranças repletas de vivências emocionais muito fortes. É como se estivessem sob a pele, escondidas. Porém, basta um arranhão para colocar tudo a descoberto. Para mim, é possível ler tudo o que carregam dentro de si. Basta olhar com atenção. O corpo, a fala, os gestos, o modo de andar, até as roupas e joias contam o que somos e sentimos. Daí ser inteligente prestar-se muita atenção. Não para nos comportarmos como os outros esperam, mas sim, para nos tornarmos senhores de nossas vidas. Se não fazemos esse esforço para conhecer a natureza humana e nós mesmos, acabamos dirigidos por forças cegas, agindo e adotando comportamentos livres que pensamos ser nossos, mas que são apenas forças emocionais que nos fazem agir. Nosso amigo Fabian era assim. O medo o dominava. Ele tinha tanto medo que sufocava a ira, e esses dois sentimentos trabalham juntos; um equilibra o outro. Ambos são naturais e necessários, porém não podem nos dominar e, tampouco, agir em nós com nosso desconhecimento.

— Eu, sinceramente, não entendo o que você fala. Como pode um sentimento meu agir em mim sem que eu saiba? — inquiriu Verônica, séria.

Estava sendo sincera em confessar sua luta para entender o que dizia Vigílio.

— Verônica — chamou o velho —, preste atenção. O que você come fica ou não algum tempo dentro de você?

— É claro que fica — a moça apressou-se em responder.
— Às vezes, pode ficar dias, se nos fizer mal e não digerirmos bem o alimento.

— E quando isso acontece, você consegue identificar exatamente qual foi o alimento que lhe fez mal?

— Depende. Já me aconteceu de nem poder olhar para uma fruta que me fez mal quando eu era criança. O cheiro dela me enjoava e até hoje não voltei a comê-la. Mas em outras situações não, o desconforto surgia depois, dias depois, sem que soubesse a causa...

— O mesmo acontece com os sentimentos que deixamos dentro de nós — interrompeu Vigílio. — Eles fazem a mesma coisa. Uma desavença com alguém pode gerar um sentimento tão ruim que nos faz passar mal por dias, e isso não vai acontecer na mesma hora, mas surgirá depois. Pode ser tão forte que nunca mais queiramos ver aquela pessoa e basta lembrar que ela existe para sentirmos pontadas de mal-estar. Isso é raiva, que virou rancor e beira o ódio. Outras vezes, brigas, desgostos, decepções, dão e passam, deixando a lembrança. O problema é que a gente vai se viciando em sentir certas coisas, tanto boas como más. O ser humano, minha querida, se acostuma a tudo. É preciso ter atenção ou acabamos viciando em ingerir porcaria, tanto quanto alimento, como na forma de sentimento, de ideias e de crenças.

— Agora entendi. Você está comparando as atitudes com refeições. Em cada gesto, oferecemos também sentimentos que os outros irão engolir ou não — falou Verônica, pensativa.

Recordava fatos do passado e reconhecia, em si, a verdade das palavras de Vigílio. Gostava da sabedoria prática do velho andarilho. Ele não divagava em teorias imaginárias, mas extraía de si e dos fatos comuns do cotidiano o aprendizado daquilo que dizia.

— Isto, Verônica. Você entendeu. E se somos inteligentes, escolhemos o melhor para nós, não comemos uma fruta podre ainda que sintamos fome. Assim, deveríamos agir com nossos relacionamentos e com as emoções que nos são oferecidas. Infelizmente, a fome de sentimentos é menos inteligente que a fome do estômago. Engolimos muita coisa estragada, e ainda justificamos, desculpamos, e tapamos os próprios olhos, não querendo ver a porcaria engolida. Mas, assim como o estômago rejeita comida estragada, o corpo todo rejeita sentimentos estragados, e eles acabam provocando mal-estar para sair de dentro da gente. Creio que a natureza é feita para o equilíbrio, a harmonia, a beleza, o bem-estar, enfim, para tudo o que é bom e saudável. Observe que todas as coisas tendem para isso, mas nós somos rebeldes, ignoramos a lição e pagamos o preço por infringir a lei da vida. Somos muito ignorantes, Verônica.

— Por isso sofremos tanto? — perguntou a jovem, recordando o quanto padecia para vencer o medo nas arenas, e o que era mais difícil: vencer algo que desconhecia a causa. Não sabia por que uma ferida no pescoço ou a ameaça de ser atingida a perturbava tanto.

— Eu penso que sim. Quanto menos sei, mais sofro; quanto menos sei de mim, mais padeço, não tenho como dominar e vencer um inimigo desconhecido.

— Você diz que Fabian tinha medo, que fugiu e acabou vítima desse medo. Ele deveria ter enfrentado as pessoas que o agrediam? — indagou Verônica.

Vigílio encarou-a, muito sério. O rosto envelhecido expressava firmeza; os olhos brilhavam e refletiam a luz de uma inteligência madura e ativa. Falou calmo, como se falasse mais para si do que para ela.

— Sim, deveria. Mas a pessoa que mais se agredia era ele mesmo. Ele se acreditava vítima dos outros, merecedor de ser maltratado física e moralmente. Deveria ter enfrentado primeiro ele mesmo, mudando essa crença, esse sentimento de desvalor e autopiedade. Acredite-me, Verônica, livrando-se deles, se livraria de todas as pessoas agressivas, arrogantes e abusadas.

— Você não está exagerando, Vigílio? Será que basta uma pessoa mudar por dentro para fazer mudar as outras pessoas? Desculpe-me, mas não consigo acreditar nesse milagre.

— Não é milagre, Verônica. Eu não disse que as outras pessoas se tornariam "boazinhas" do dia para a noite, disse que, enfrentando nossos problemas íntimos, nos livramos dos externos. Isso significa que criamos forças e novas condutas que impedem que outras pessoas abusem, entendeu? Você se respeita, reconhece o poder que a vida lhe deu, vive de acordo com a harmonia e o equilíbrio. Acredite, moça, os outros sentirão isso e saberão que você não permitirá nem engolirá nada físico ou emocional que a prejudique. Veja, eu vivo nas ruas há anos e jamais fui agredido. Por quê?

Verônica o fitou e pensou no que sabia sobre o homem

à sua frente: um miserável, tivera suas terras tomadas, não possuía família, não tinha nada.

"— Não, Verônica. Não se precipite. Pense. Olhe com atenção", sussurrou-lhe uma voz interior conhecida. Dara acompanhava a conversa com interesse e intervinha, pelos caminhos da intuição, naquele momento dirigindo o pensamento de Verônica na melhor direção.

Sem perceber, a jovem fez um gesto com a cabeça, negando seu primeiro pensamento e voltou a encarar o amigo. Lembrou-se de que, sem a ajuda dele, talvez seu caminho em Roma tivesse sido mais difícil. Ele tem bons e fiéis amigos, constatou. Recordou-se do amor inegável que o pequeno Rômulo devotava a Vigílio. Vira-os muitas vezes abraçados e alegres, rindo, brincando, tranquilos. Isso vale muito, refletiu. Havia deixado Aurélius com facilidade, embora ele a tivesse cercado de todo conforto material. Mas Vigílio e Rômulo não se afastariam com a mesma facilidade. Não guardara lembrança alguma daqueles dias; era como se não tivessem existido. Já vira que o velho e o menino passavam bons momentos revivendo experiências comuns, tinham lembranças, tinham uma história significativa.

E foi avaliando essas questões, que concluiu o quanto Vigílio era alguém feliz. Reconheceu que ele se amava e amava a vida, daí amar as pessoas, sem ilusões, aceitando-se e aceitando a experiência diária e as criaturas tais como eram, num passo curto e até simples.

— Respeito. Você impõe respeito por sua conduta, por sua forma de viver e pensar. Você respeita os outros do jeito que eles são, isso os obriga a respeitá-lo como você é. E nunca o vi fazer discurso ou usar a força. Você apenas vive como seus sentimentos determinam.

— Com os sentimentos que escolho viver — corrigiu Vigílio.

— Lembra-se do que falamos no início? É a consequência. Ninguém pode escolher o que sentir, apenas sentimos. Mas todos podemos escolher os sentimentos que permanecerão, os que aceitaremos, e, principalmente o que faremos com eles. Se não me faz bem, não me serve. Esqueço. Não aceito agressão, não agrido, passo longe de qualquer confusão. E quando sinto raiva, primeiro deixo passar um tempo, caminho bastante, depois penso e resolvo o que fazer. Se o diálogo não resolve, briga muito menos. Fabian morreu sem conseguir tornar-se senhor de escolher com quais sentimentos queria viver. Acabou morrendo exatamente da forma que tanto temia, mas que, no fundo, acreditava ser justa e merecida. É assim, Verônica, que criamos nossos destinos. A morte nos torna filósofos — alguns bem medíocres —, mas nos faz pensar; é o que importa. Por isso, estou ainda mais falante do que de costume. Falei e falei tanto que nem lhe dei oportunidade de contar-me as novidades. Diga-me: quando é a grande luta?

Verônica sorriu. Não sentia mais necessidade de falar sobre seus problemas. Apagara da mente os fatos que ocupavam o pensamento, ainda que sem falar deles. Sentia-se mais equilibrada, mais firme intimamente. Meneou a cabeça de lado, sorriu e, tomando a mão de Vigílio entre as suas, acariciou-as e relatou animada os preparativos para a estreia.

22
Novos tempos

Haverá maiores tormentos que aqueles causados pela inveja e pelo ciúme? Para o invejoso e o ciumento não há repouso; estão perpetuamente em febre; o que eles não têm e que os outros possuem lhes causa insônia; os sucessos de seus rivais lhes dão vertigem; sua emulação não se exerce senão para eclipsar seus vizinhos, toda sua alegria está em excitar nos insensatos como eles a cólera do ciúme de que estão possuídos.

Kardec, Allan. *O Evangelho Segundo o Espiritismo*, cap. V, item 23, IDE, Araras/SP.

O tempo não para. Uma sucessão infinita de dias nos aguarda, mas, queiramos ou não, o patrimônio das horas escorre por entre nossos dedos. Não há sovina que o retenha. Resta-nos somente o aprendizado das experiências vividas, o aproveitamento dado aos dias e às horas. Vejamos o que temos em mãos!

Os conflitos, as dores, as mágoas não paralisam o tempo, embora nos deem a sensação de fazê-lo arrastar-se penosamente. Verônica vivia algumas horas de angústia, temendo enfrentar a arena lotada. Suas noites eram povoadas de sonhos, nos quais ora se via reinando soberana e feliz como vencedora entre os gladiadores; ora se via agoniada, deitada no chão e com uma espada sobre seu pescoço.

Era tão vívido o sonho, que sentia a aspereza do solo da arena, os minúsculos grãos de areia atritando-se, arranhando a pele das costas. O cheiro e o gosto de sangue a faziam acordar banhada em abundante suor, com o coração acelerado e as mãos na garganta, como se fosse preciso protegê-la. Amanhecia cansada.

Kay notara o estado da amiga, e apesar das grossas paredes, ouvia os movimentos agitados de Verônica no silêncio da noite. Em uma dessas ocasiões, às vésperas da estreia, Kay compadeceu-se da amiga e, abandonando a própria cela, foi encontrá-la.

Ao entrar na cela vizinha, iluminada fracamente pela luz bruxuleante de uma tocha, Kay enxergou Verônica suada, pálida, sentada sobre o catre, tremendo. Tomada de piedade, encheu uma caneca com água e a ofereceu a ela, sentando--se ao seu lado.

Derrubou metade da água, tal era o tremor de suas mãos. Verônica, com esforço, ingeriu o restante.

— Calma, mulher! — ordenou Kay, firme. — Foi um sonho, já acabou. Respire devagar. Isso, assim — incentivou, observando que Verônica cumpria suas orientações.

— Muito bem! Agora, procure relaxar, Verônica.

E afastou as mãos de Verônica, do pescoço, pousando--as sobre os joelhos. O tremor era tão forte que Kay acariciou lentamente, várias vezes, os braços da amiga, dos ombros até a ponta dos dedos e depois suas costas. Sentindo-a mais calma, Kay apanhou o cobertor e a envolveu, tentando aquecê-la. A crise emocional cedeu, e Verônica, exausta, voltou a respirar de forma regular. Ainda pálida, sorriu ao falar:

— Obrigada, Kay. Não sei o que há comigo, ultimamente não consigo dormir bem...

— Pode ser cansaço ou preocupação demais com a luta — arriscou Kay, que suspeitava haver muitos problemas afetando a moça. — Quer conversar? Falar ajuda a aliviar as aflições, ao menos era o que ensinavam entre meu povo. Nossa curandeira dizia que as palavras também curam. Às vezes, quem está mal precisa falar para recuperar o bem-estar, outras vezes, precisamos ouvir palavras que nos curem os sofrimentos da alma.

Verônica concordou, balançando a cabeça.

— Esta semana fui visitar Vigílio. Ele me falou das observações que faz sobre o comportamento das pessoas. Disse ser fácil reconhecer quando as criaturas "ingerem" sentimentos ruins. Acho que é esse o meu mal. Kay, será que as palavras curam esse mal?

— Acredito que sim. Não conheço nenhuma erva, planta ou raiz que cure esses males da alma. Algumas nos acalmam e dão disposição, mas não resolvem. Pensamento com pensamento se cura, sentimento é a mesma coisa. E para tratar, só tem um remédio: falar, ouvir, conversar. Por isso, ter amigos é importante. Quando vim para cá, céus! Como precisava falar, falar e falar. Reclamei tanto, roguei sobre o imperador todas as pragas que existiam. Eu falava sozinha, na verdade. Bastava enxergar alguém com um par de orelhas, que começava as lamentações.

Verônica sorriu da descontração com a que Kay relatava suas lembranças e comentou:

— Você devia ser muito cansativa e irritante. Alguém a aturava? Não. Devia ser insuportável.

— Humhum, muito! — concordou Kay. — Foi o antigo tratador de animais quem me ajudou. Ele me ouviu, em silêncio, muitas e muitas vezes. Um dia, com certeza, cansado das minhas eternas lamentações e revoltas, me advertiu muito firme. Curou-me das minhas revoltas. Era um curandeiro maravilhoso...

— Como ele fez esse milagre?

— Simples. Lembro-me como se fosse hoje. Estávamos cuidando dos coelhos. Fazia mais de um ano que eu vivia aqui e todos os dias eu reclamava da minha sorte. Ele me ouvia, dizia palavras de conforto, procurava me estimular a ver coisas boas da vida que eu ainda não podia fazer. Mas eu era surda. Não queria saber de explorar as ruas de Roma, de conhecer os discursos dos oradores no fórum, não queria ver nenhuma festa religiosa, nada me interessava ou tinha valor. Somente desejava aquilo que tinha perdido e não aceitava o que a vida me oferecia. Um dia, enquanto eu reclamava, ele não me disse nenhuma palavra. Olhou-me sério, muito severo, quase zangado. Eu estranhei, mas continuei reclamando e esbravejando. Como

211

ele mantivesse silêncio, acabei por lhe perguntar se não iria dizer nada. E ele me curou dizendo assim: "A vida é boa para quem sabe viver, quem não sabe, não vive, simplesmente se arrasta. Você está surda e cega do pensamento, recusa-se a aprender a sabedoria de viver. Fechou-se no que já foi e não há como voltar. Você pode mudar isso e reencontrar o prazer e a felicidade, mas só você pode fazer isso. Eu não. E se não quiser encontrar a sabedoria de viver, dane-se! Morra! Não vai fazer grande diferença, afinal você não vive mesmo." Tomei um susto ao ouvi-lo me dizer aquelas palavras tão seriamente. Calei-me. Por dias não falei além do trivial e do essencial. Descobri que me sentia melhor não remoendo o passado, fui me sentindo mais leve, mais calma. Passei a dormir melhor e recuperei o paladar; meu ânimo voltou e, tempos depois, reconheci que havia beleza em Roma e voltei a rir; fiz novos amigos. Ainda demorou até que eu pudesse falar da minha terra e do meu povo; precisei descobrir que boas lembranças servem para nos dar força. Desde então, todos os dias eu me lembro de viver bem, valorizar o que tenho e não o que me falta ou o que já tive. Importa o agora, o viver cada dia com simplicidade.

— Então a sua doença era falar demais — concluiu Verônica. — Reclamar demais achava que seria mais correto. O silêncio a curou, não lhe parece?

— Não. O que me curou foi ter reclamado tanto. Eu coloquei para fora tudo que sentia, mas estava passando do limite e retornando, ou melhor, eu falava e falava e com isso remoía. Era como algo que eu jogava fora e ia buscar. Lalo, esse era o nome do meu bom amigo, curou-me com sua paciência em me ouvir e, depois, quando cortou rente a raiz de minha insana rebeldia. Fez-me ver que eu não vivia, estava presa em coisas do passado, em ilusões que não me permitiam viver o presente. Eu estava longe de tudo e de todos, especialmente de mim mesma. Falar, reclamar, esbravejar era um direito meu e uma necessidade que ele soube entender, mas que não permitiu abuso e, assim, ajudou-me a recuperar a saúde e a paz. Então, eu posso dizer, por experiência própria, que palavras curam males da alma — tanto falando-as quanto ouvindo-as, isso, quando são sábias. O silêncio foi a minha mudança de atitude, consequência da cura.

Verônica meditava sobre a narrativa de Kay. Em seu pensamento, imiscuíam-se fragmentos da conversa com Vigílio. E, em meio a essas ideias, misturavam-se opiniões pessoais. Muito além da conversa com a amiga, o diálogo mental de Verônica expressava a confusão que sentia; era torturante como suportar a companhia de alguém que fala sem trégua e enlouquece o ouvinte.

Tremores voltaram a sacudir o corpo, e Kay a abraçou, embalando-a e murmurando:

— Não faça assim! Isso somente lhe fará mal. Conte-me o que está sentindo. Prometo que apenas a ouvirei.

Alguns instantes se passaram, até que Verônica conseguiu ordenar os pensamentos e começou a falar do que a afligia. No entanto, depois de iniciado o desabafo, foi como uma nascente que rompe o solo; as palavras carregadas de sentimento e emoção borbulhavam em sua boca. Reconheceu seus medos, incluindo a relação com Paulus. Ainda que não conseguisse definir com exatidão, havia algo nele que a deixava insegura, temerosa, ansiosa.

— Por que você não se afasta dele? — perguntou Kay.

— Eu gosto dele, apesar do que lhe disse. Sinto-me bem, feliz, ele me ama.

— E você o ama, Verônica?

— Não sei, acho que sim. Ele é bom, gentil, atencioso, protetor...

— Essa descrição é a de um chefe de tribo, de um bom pai, não a de um homem com quem uma mulher deseje viver — falou Kay, apertando suavemente o abraço, em torno da amiga. — Pense bem, o amor é mais do que isso.

Verônica sorriu e revidou:

— Você já amou, Kay? O que é o amor? Paixão, satisfação física, bem, nisso nosso relacionamento é muito bom.

Kay riu do comentário da amiga.

— Bem... digamos que melhorou. Mas não a ouvi falar de confiança, de intimidade, de camaradagem, de interesses comuns, é disso que se faz um relacionamento. E, respondendo a sua pergunta: eu não amei nenhum homem, mas vi muitos casais que se amavam. Há um brilho diferente no olhar...

— Você tem muitas fantasias e sonhos na cabeça, Kay. O relacionamento de homens e mulheres não é essa maravilha toda.

— Discordo. O relacionamento das pessoas que se amam é bonito e é real, o que não significa ser isento de sofrimento, de decepções. Nunca amei um homem em especial, mas já amei outras pessoas e o amor, embora tenha muitas maneiras de se expressar, tem algumas características que não mudam. Apaixonar-se é uma delas, você não me parece apaixonada por Paulus.

— Eu gosto dele, me sinto bem — insistiu Verônica. — Não quero ficar sozinha, não agora.

— Hum, então é isso: você tem medo e busca segurança na companhia de Paulus. A verdade começa a surgir. Veja: conversamos muito e tudo se resume ao fato de que você está com medo de várias coisas. Algumas você tem enfrentado com excepcional bravura. Aliás, reconheço que você é uma lutadora, Verônica. Sua trajetória de vida é uma história e tanto. Dura, mas quem disse que a vida é macia? — gracejou Kay e continuou: — Em outras, você vacila e se tortura.

— Reconheço que não possuo, ainda, a força para lutar comigo em todas as frentes. Sou covarde em tudo que envolve sentimento — reconheceu Verônica.

— Mas, Verônica, o que, pelos deuses, nessa vida não envolve sentimento? Juro que não entendo o que pensa. Para mim, viver e sentir são condições naturais, não há escapatória. Eu cuido de animais, sei que eles sentem.

— É, você tem razão, não soube me expressar. Acho que tenho medo de envolvimentos afetivos, ao mesmo tempo, preciso deles. É difícil explicar. Talvez por eu estar sozinha no mundo, viver em meio à violência, não sei. O fato é que preciso daquilo que mais temo.

— Todos estamos sozinhos no mundo — corrigiu Kay. — Nunca estamos sós e sempre estamos sós, assim é a vida, ou, pelo menos, como eu a vejo. Acredito que nunca estamos sós, porque há sempre pessoas boas ao nosso lado e também os espíritos de nossos ancestrais e as divindades benfazejas que nos protegem. Mas estamos sempre sozinhos, nascemos e morremos sozinhos; não é seguro se apoiar em ninguém, tampouco servir de apoio; a qualquer momento pode-se cair; é bobagem seguir as ideias dos outros ou viver de forma a estar de acordo com eles; precisamos viver de acordo com a nossa mente, e só. Nesse aspecto, estamos sempre sós, somos nós e somente nós que devemos fazer nossas escolhas; viver, pensar e sentir conforme a nossa natureza. Não importa os outros. Agradá-los, viver no consenso, fazer parte do rebanho, para não estar só, é uma ilusão de preço alto. O consenso da maioria não existe, ela desfaz o que fez um minuto atrás. É algo irracional. Olhe os pretores nas ruas. O povo os adula e obedece, admira-os porque são pretores, têm autoridade e poder; esquece que foi ele mesmo que os colocou ali e que pode tirá-los. Isso é ilógico. E é assim com tudo que dependa da opinião da maioria. E se você viver dependo de outra pessoa amiga, você não existe, é apenas uma imitação. É bom assumir certas realidades duras e cruas. Eu assumi que a minha felicidade depende apenas de mim; estou sozinha no mundo para construí-la e mantê-la, e que, ou ela existe em mim ou não existe em mais ninguém, em lugar nenhum. Estamos sós. Os medos que você sente não poderão ser vencidos por outra pessoa, nem por estar ou não com alguém. É você, e só você, que os carregará para onde e quando for; que poderá vencê-los ou não. Os outros, por melhores e mais amigos que sejam, poderão apenas apoiar e aplaudir. A luta é sua e a arena é a própria alma. O medo é uma parte de você, resta estabelecer o tamanho dessa parte.

Verônica apoiou a cabeça no ombro da amiga e repousou. Sentia como que se bebesse da força interior de Kay, e isso a acalmava. Ficaram abraçadas em silêncio, cada uma pensando nas experiências que as levaram a formar aquelas opiniões. Verônica, mentalmente, repetia e fortalecia os argumentos de Kay; reconhecia que ela dissera verdades.

As fortes emoções cobraram o preço do cansaço, e

Verônica adormeceu. Um sorriso maternal iluminou as feições graciosas de Kay e, com delicadeza, procurou desvencilhar-lhe do abraço. Mas Verônica reagiu, sonolenta, segurando-lhe o braço. Quando a deitava, pediu:

— Fique, Kay. Não quero ter outro pesadelo. Me abrace, por favor.

A germânica hesitou. Verônica puxou a mão dela, com mais firmeza, e acomodou-se na extremidade do catre. O vestígio das lágrimas e a palidez no rosto de Verônica acabaram por vencer a leve resistência de Kay àquela proximidade.

Apesar da ajuda dos amigos, da amorosa assistência de Talita, Verônica não encontrava em si mesma o ponto de equilíbrio entre o que apontava a razão e a pacificação dos sentimentos. Mas lutava para conquistar a harmonia. Durante o dia, esforçava-se nos treinamentos, entregava-se ao trabalho e, assim, conquistava um nível muito superior ao de seu treinador.

— Uma campeã, sem dúvida, é esse o seu destino — estimulava o treinador, cansado e suado, mas exortando-a a prosseguir na preparação física e técnica.

— Luto pela minha vida — comentou Verônica, lembrando o terror que sentia de ter uma espada em sua garganta. — Não posso cair.

— Pode cair desde que se levante rapidamente e não perca suas armas — corrigiu o treinador. — Lembre-se do que lhe ensinei, seja ágil, use a abençoada elasticidade do seu corpo, a velocidade e leveza com que se movimenta. A mente e o corpo bem treinados são as maiores armas de um gladiador. Você pode perder qualquer arma material na arena, mas se conservar a mente alerta, vigilante e controlar suas emoções, mantendo a frieza, será vencedora, pois terá condições de recuperar o que perdeu e, principalmente, saberá improvisar com o que tem à disposição. O corpo bem treinado é uma arma da mente, e a mente vigilante, alerta e no comando das situações, é imbatível. Verônica, nenhum gladiador ganha ou perde para o adversário, ele luta sempre consigo mesmo. Vence ou perde, em primeiro lugar para si mesmo.

— Meu treinador, na infância, dizia que era preciso

conhecer o adversário — disse Verônica, em meio aos exercícios com a espada.

— Importante, concordo com ele. Isso nos permite antecipar ações. As pessoas têm a tendência à repetição, os lutadores repetem manobras e técnicas — falou olhando o sol, no meio do céu, deduzindo que era hora de parar o treino. — Você está ótima. Ênio ficará muito feliz em ter aceitado sua proposta, renderá uma fortuna. Vamos parar por hoje. Não convém que se canse demais. A luta é amanhã e precisa guardar suas energias. Descanse o resto do dia.

Verônica acompanhou seu olhar e as deduções. Teria as horas da tarde livres. Em vez de ficar feliz, sentiu-se angustiada. Enquanto treinava, estava concentrada nos exercícios e a mente quieta, mas a ociosidade seria torturante, não suportaria o diálogo mental produzido pela ansiedade latente em seu interior.

— Vou à casa de banhos — decidiu Verônica no ato. Lá encontraria muitas ocupações e as horas passariam rapidamente.

— O legionário irá com você? Veja bem: eu recomendei descanso — indagou o treinador malicioso.

— Não, irei sozinha. Paulus está ocupado, o verei apenas amanhã, depois da luta — respondeu Verônica, sem importar-se com os gracejos.

— Então, aproveite. Relaxe. Até amanhã à tarde.

Verônica fez um gesto, concordando. Despediram-se. Cansada, deixou a arena caminhando em direção ao refeitório e pensando em conversar com Kay, mas não a encontrou.

Horas depois, deliciava-se nas piscinas de águas mornas. Como de costume, indiferente aos olhares de admiração e cobiça dos homens. Divertia-se em observá-los. Reconhecia que gostava de ser alvo do desejo deles, mas bastava-lhe o prazer pessoal, íntimo; não queria contato com eles. Conhecia muito bem os meandros da sensualidade desenfreada. A experiência na taberna fora curta, no entanto, aprendera a lição. Não queria aquele caminho.

— Cibele resolveu me proteger hoje — falou um homem de voz grave, agradável e conhecida, ao aproximar-se de Verônica na piscina, forçando-a a prestar atenção nele. — Ou deverei agradecer a Afrodite?

Ao encará-lo, Verônica reconheceu o homem simpático com quem conversara na biblioteca, alguns dias atrás.

— Cuidado. As deusas são temperamentais e competitivas. Resolva-se logo ou Eris jogará seu pomo de ouro a elas — disse Verônica, parodiando a cena de Homero, que lia quando o conheceu.

— Hum, é verdade. Todas as belas mulheres são temperamentais e poderosas, me esqueci disso. Um erro imperdoável pode me custar a vida ou causar uma nova guerra — brincou Caio, sorrindo. — Como tem passado? Não a vi mais por aqui.

— Estive muito ocupada, mas estou bem. E você... — ela fez um esforço para recordar o nome, foi em vão e admitiu — perdão, mas me esqueci de seu nome.

— Caio Petrônio. Eu, como tenho uma memória prodigiosa, não me esqueci de que você se chama Verônica. E a leitura?

A conversa fluiu prazerosa e interessante: não notaram a troca dos frequentadores, muito menos de que eram alvo do interesse dos fofoqueiros, sempre de plantão em qualquer local ou época.

Quando cansaram da piscina, continuaram juntos, dialogando e passeando pelo complexo dos banhos. Compartilharam uma agradável refeição e riram muito, cheios de bom humor. Verônica esqueceu-se de que, no dia seguinte, enfrentaria uma luta verdadeira; seus medos, angústias, ansiedade e tristeza sumiram como que por encanto. Sentia-se leve, radiante, alegre, inundada de um prazer sereno e embriagador, ao mesmo tempo, que a tornava lânguida e preguiçosa, como uma gata.

Caio, mais experiente, estava consciente do que sentia e dos efeitos da atração física entre ambos. Reconhecia que não seria difícil apaixonar-se por Verônica, mas freava seus ímpetos, recordando a existência de Paulus, todavia essa lembrança não era forte o bastante para que ele se privasse do prazer inocente daquela tarde.

O céu tingia-se do alaranjado típico do entardecer, quando Verônica retornou sozinha e tranquila à escola de gladiadores, ignorando que passara horas na companhia de alguém muito conhecido na cidade e, por isso, tornara-se alvo de comentários.

Caio permaneceu na casa de banhos mais algum tempo e, ao ouvir indagações de conhecidos sobre sua acompanhante, apenas sorriu e se retirou em seguida, sem nada comentar.

***

Parada na entrada principal da arena, Verônica olhou, de relance, as arquibancadas e camarotes lotados. O delírio da plateia era contagiante e ensurdecedor, entretanto, sentiu-se alheia a tudo e a todos. Era como se aquele público enorme e agitado estivesse milhares de léguas distante. Não identificava ninguém, ainda que se esforçasse para reconhecer alguma fisionomia naquele mar de rostos e cabeças. Sua concentração era absoluta e a impedia de distinguir fisionomias. Não olhou para o chão. Seu único pensamento era vencer a luta. O temido diálogo interior que se anunciava extenuante por conta da ansiedade, transformara-se em um monólogo, na repetição de uma ideia fixa, centrada na vitória e no controle, baseada em férrea disciplina emocional. Somente ela sabia o alto preço da conquista desse controle. Mas, naquele momento, não se permitiu divagar. O monólogo dominava, e ela tinha todas as suas atenções e percepções dirigidas à luta.

Trajada com o uniforme de gladiadora, ficou belíssima. Os cabelos seguros apenas pela coroa de metal caíam pelas costas em cascatas escuras e onduladas. A pele morena, os músculos bem definidos, o seio generoso e firme, expostos pela sumária vestimenta de couro e metal, davam-lhe a aparência de uma deusa guerreira. As armas brilhantes e ameaçadoras compunham a indumentária.

— Por Zeus! — exclamou o treinador ao encontrá-la pouco antes. — Os deuses virão buscá-la depois da luta. Você está divina, mas não permita que a surpresa e adoração da plateia a distraiam. Seus adversários são anões, mas são gladiadores. Eles têm muita raiva porque são expostos a humilhações nas arenas, onde são colocados como alvo para escárnio e deboche. Poderão ver nessa luta uma revanche, não pense que será fácil nem que será algo com resultado programado.

A luta é para valer, se precisar matar, não hesite. É você ou eles, lembre-se disso.

— Eu sei — murmurou Verônica, já concentrada.

Despertou desse breve devaneio, quando ouviu a música combinada para sua entrada na arena. Ergueu os olhos ao céu e elevou uma prece em forma de pensamento a suas antepassadas, antes de levantar o braço vestido com a manga metálica cortante e ouvir a imediata reação de admiração do público.

O treinador demonstrou ter a mente em sintonia com o gosto popular masculino, pois Verônica não concluíra a volta inicial de apresentação e um coro de vozes masculinas gritava:

— Deusa! Deusa! Deusa!

Paulus sentiu um arrepio de ódio àquela manifestação. Detestou ver o corpo de Verônica exposto ao olhar do público. Ferveu de raiva. Quem olhasse com atenção notaria que a ira vinha pelas mãos do ciúme. Ele estava inquieto, descontente, mal- humorado, e a mudança fora instantânea, bastou vê-la ingressar na arena. Mal acompanhou a luta; não se importava se Verônica venceria ou não; tinha gana de matá-la com as próprias mãos.

Caetano, ao lado do amigo, percebeu seu estado de ânimo e tentou dialogar, lembrá-lo de quem era Verônica e que ele sempre soubera do desejo dela de ser gladiadora. Seus argumentos foram inúteis. Paulus mordia os lábios, enfurecido, e a expressão era uma máscara de pedra.

Caio acompanhava a cena na condição de convidado especial de Ênio. Ocupava um confortável camarote junto com outros membros da elite romana. Sua reação à visão de Verônica fora muito diferente. Encantara-se com a beleza da moça. Compreendeu as nobres patrícias que aqueciam o leito dos gladiadores de bom grado e mesmo a peso de ouro. Fora seduzido; a atração que sentia potencializara-se muitas vezes. Mas esses sentimentos desapareceram com os primeiros ataques, constatando a ferocidade da luta e que ela corria perigo. Ficou com o coração na mão, sem saber se era melhor olhar a luta ou virar o rosto e esperar o final. Mas não conseguia, a ansiedade pelo destino dela o obrigava a assistir ainda que cada golpe doesse em seu corpo.

O grito de alívio que partiu de sua garganta quando terminou a luta e Verônica foi declarada vencedora, chamou atenção dos demais ocupantes. Alguns sorriram maliciosos e sussurraram entre si, cogitando a semelhança entre a gladiadora e a moça que acompanhara Caio na véspera.

O boato espalhou-se entre os privilegiados e cultos romanos: o nobre Caio Petrônio estava tomado de amores por uma mulher da escória.

Caio era um homem que equilibrava grande senso humanitário e total desdém pelos outros. Fiel aos ensinamentos filosóficos que tanto apreciava, tinha por máxima de ideologia e de conduta prática que *onde há um ser humano, há uma oportunidade de fazer o bem.*[13]

Por outro lado, a mesma formação o levava a considerar que *"nada era mais pernicioso que se adequar à opinião pública, tendo por mais acertado o que é consensual."*[14] Viver conforme o desejo alheio, para Caio era não viver, equivalia a abdicar da própria individualidade e com ela da felicidade pessoal. Tratava-se de um homem bom e caridoso, sem dúvida. No entanto, ele não era o que o senso comum tem como alguém "bom". Estava muito acima do senso comum em termos de compreensão e vivência humana, daí não haver dado a menor importância à boataria. Olhou-a se espalhar com o mesmo sorriso com que olharia um recém-nascido.

---

13 Sêneca, *A Vida Feliz*. Col. *Grandes Obras do Pensamento Universal*, Ed. Escala.
14 Idem.

23
Ciúme

Os ciumentos não precisam de causa para o ciúme; têm ciúme, nada mais. O ciúme é monstro que se gera em si mesmo e de si nasce.

Shakespeare, William. *Otelo* (1604-1605). Ato III, cena IV: Emília.

Existem algumas ações cujas consequências são tão instantâneas e imediatas quanto a luz, quando se acende uma vela ou lâmpada.

Verônica, a partir da estreia, tornou-se uma das mais comentadas atrações das arenas de Roma. Filas formavam-se para vê-la, contrariando todas as práticas com os gladiadores, Ênio não a poupava. Os gladiadores homens, quando bons, lutavam algumas vezes no ano; não interessava aos donos das arenas perderem suas grandes atrações para a morte. Eles rendiam dinheiro, eram explorados sob diversos aspectos, em torno de sua aura de vencedores. Verônica não recebeu idêntico tratamento. Ênio queria as bilheterias cheias, o povo pedia pela "deusa gladiadora" e ele, de muito bom grado, vendia a fantasia a alto preço.

Ela também experimentou, pela primeira vez, a sensação embriagadora do dinheiro, do poder e da fama. Agora, ao sair à rua, tornava-se alvo de olhares de admiração e inveja; alguns de crítica, mas se tratavam de vozes isoladas. As conservadoras e astuciosas matronas romanas, em sua maioria, não se afligiam com um elemento que emergia da escória. Riam e ignoravam as pilhérias sobre a origem da "deusa", que dormira entre os habitantes da ponte do Sublício[15], nas margens do Tibre.

Os romanos adoravam o erótico e Verônica personificava a sensualidade dominadora da mulher livre, algo raro na época. Os homens, inconscientemente, aspiravam ao que eles impediam de existir. Excitava-os aquela mulher dona de si, que não era esposa, prostituta ou escrava; que não era submissa a nada nem a alguém, e que, na arena, transmitia força e coragem dignas de um varão. A beleza era um componente que apimentava a fantasia e atiçava o desejo.

Os prazeres do apego às coisas materiais e a irreal sensação de segurança por possuí-los tomaram Verônica de assalto. Ela, que por sua história de vida e educação familiar julgava-se isenta de cair nas armadilhas desse tormento, com eles não se preocupou, foi invigilante. Na inconsciência dos próprios sentimentos e sensações, não teve pressa alguma em analisar seus atos. Apenas se entregou ao barqueiro das horas, obedecendo cegamente às ordens ditadas pelo prazer que vicia.

Ah, como são ferozes e exigentes as vozes desses prazeres! Não se calam enquanto não são atendidas.

Ter dinheiro, acumulá-lo em bolsas, tornou-se um prazer. Cada moeda dava-lhe a sensação de liberdade e segurança. Falsas, muito irreais, pois, na verdade, tornava-se cativa, presa a um conceito de valor financeiro, cuja característica marcante é não ter dono, é circular de mão em mão. Como energia, o dinheiro é tal qual o sangue alimentando e oxigenando as células do corpo; ele é um elemento vital à vida em sociedade; regula as trocas. Premia capacidades, deixa a nu as relações dominador X dominado, no uso das coisas materiais e, acima de tudo, é o revelador do caráter humano. Onde existir dúvida sobre o caráter de alguém, insira o dinheiro e a verdade virá

---

15   A ponte Sublício é uma ponte de madeira que o rei Anco Márcio (642-617 a.C.) mandou construir sobre o rio Tiber, na antiga Roma, a fim de unir o Janículo à cidade. Em 731 d.C., foi substituída por uma de pedra a que deram o nome de *Emílio*.

à tona. As intenções tornar-se-ão claras, não nos discursos, mas nas ações concretas para obtê-lo.

Verônica era imatura. Não viu que se deixou dominar e assim perdeu, ao mesmo tempo, a liberdade e a segurança tão sonhadas. Sua vida era a escola. Treinos e lutas, sua rotina.

O relacionamento com Paulus prosseguia do mesmo jeito e pelas mesmas razões. Ingenuamente, ela se enchera de vaidade feminina ante as crises de ciúme reiteradas do amante.

Kay observava o relacionamento, mas evitava dizer o que pensava. Ouvia, ouvia e ouvia sem interferir. No entanto, lamentava a cegueira da amiga. Em uma dessas ocasiões, elas conversavam, no início da tarde, hora em que a maioria descansava, sentadas nas arquibancadas de madeira da arena.

Os olhos de Verônica brilhavam com prazer e divertimento, ao relatar os aborrecimentos de Paulus, por ciúme. As brigas fúteis, as proibições e o medo que tinha de perdê-la. Com facilidade, a germânica entendeu o quanto Verônica julgava-se amada e poderosa. Dentro de sua ignorância, acreditava reinar soberana e comandar a bel- prazer um homem de caráter violento, pouco dado à reflexão e ao saber, como Paulus.

Kay o enxergava sempre como um animal, uma criatura passional, dominada pelos instintos.

— Verônica, sua burrice me espanta — desabafou Kay, depois de escutar a ladainha mais uma vez, aproveitando que Verônica pedira-lhe opinião sobre o que fazer com o relacionamento com Paulus. Opinião que, há semanas, vinha se eximindo de manifestar, mas, naquela tarde, a paciência esgotou-se.

— O quê?! — o espanto imprimia sua marca na face e na voz de Verônica. — O que foi que você disse?

— Eu disse que sua burrice me espanta — repetiu Kay, calmamente, muito firme, contendo a irritação, o que tornava as palavras menos agressivas e ofensivas. Com frequência a energia que colocamos na voz, expressando sentimentos, é mais ofensiva do que as palavras.

— Burrice por quê? Onde está minha burrice: tenho dinheiro, tornei-me conhecida e admirada em Roma, tenho um amante que adora o chão em que piso e nem consegue

225

imaginar a vida sem a minha presença. É um homem, que não é rico, mas tem estabilidade, até pediu-me, outra vez, para deixar tudo e me casar com ele...

— Paulus é ciumento, Verônica — explicou Kay, falando com absoluta sinceridade. — Isso não tem absolutamente nada de bonito ou encantador, muito menos significa que você tenha algum poder sobre ele. Uma pessoa ciumenta é ciumenta por natureza própria, não pelos outros. Não se iluda pensando que Paulus é ciumento porque a ama muito. Ele é ciumento com tudo e todos que o rodeiam. Ouça o que lhe digo: não é privilégio algum ser objeto de ciúme, é perigoso. Ciumentos são irracionais, não se importam com ninguém, além deles mesmos. São possessivos, dominadores, sufocantes, terrivelmente inseguros. E creia: se ceder a todos os desejos que Paulus, por ciúme, alegar, você não existirá mais, será apenas uma sombra do que é, uma nulidade. Ele perderá todo o interesse em você. E, se isso não acontecer, ou seja, se você não se anular, ele vai destruí-la, irá matá-la, por não suportar conviver com os próprios sentimentos. Em cada sopro do vento, em cada balançar de folhas, ele enxergará fatos ameaçadores e comprometedores, mil imagens de traição e vergonha povoarão a imaginação dele. E, mesmo sendo você uma gladiadora exemplar, não há técnica de luta capaz de vencer algo criado pela imaginação. Você lutará com pessoas, fatos, vozes, circunstância que existirão somente na mente dele. Então, faça-me um favor, deixe de ser burra e enxergue que esse homem é um perigo na sua vida. Depois decida se quer esse inferno para viver. Ele não deixará de ser assim.

Em seguida, Kay levantou-se e anunciou que iria dormir alguns minutos, pois tinha muito trabalho. Não se preocupou em olhar como Verônica recebeu sua enérgica advertência, mas sentira-se na obrigação de ser honesta e sincera.

Verônica permaneceu imóvel, sentada na arquibancada. Espantada com a reação de Kay. "Por que a amiga falara-lhe com tão rude franqueza? Paulus é um bom homem, honesto, atencioso, respeitado, sua carreira tem grande chances de progresso. Por que Kay falou dele como se fosse um monstro?

Como alguém que me ama tanto, pode ser um perigo à minha vida? Como ela pode pensar que ele fará da minha vida um inferno?" — pensava a gladiadora, sem encontrar respostas.

Aliás, não queria encontrá-las. Desejava justificar a atitude da amiga, encontrar uma explicação plausível com a qual pudesse apagar da memória a advertência recebida.

Orson, que vistoriava alguns detalhes na arena, estranhou ao ver sua atleta tão contemplativa àquela hora da tarde.

— Aconteceu alguma coisa, Verônica? — indagou ele, ao aproximar-se.

Ela ergueu o olhar e sorriu para o treinador ao responder.

— Não, nada. Estava conversando com Kay, mas, não sei por que, ela se irritou e resolveu ir dormir.

Orson sentou-se ao lado de Verônica, suspirou cansado e comentou:

— Kay é assim, irritadiça. Divirto-me em vê-la ficar brava...

— Por isso a provoca tanto, por diversão? — questionou Verônica, incrédula.

Ante o sorriso debochado de deleite do treinador, ela não se conteve e o xingou:

— Que gesto horroroso! Como pode se divertir em incomodar alguém? Em tirar-lhe a paz e o sossego. Isso não se faz!

— Hei! Calma! É apenas uma brincadeira, ela sabe. Eu admiro Kay, e muito — defendeu-se Orson. — É uma das mulheres mais inteligentes e sensatas que eu conheço. Sem falar que tem uma intuição de fazer inveja às sacerdotisas; raramente ela erra em suas avaliações sobre o caráter de alguém ou o resultado de alguma coisa. Até o Ênio aprendeu a ouvi-la. Tenho muito carinho por ela.

Verônica, como é comum e usual à espécie humana, ouvia e entendia o que lhe interessava. Nas palavras de Orson, deduziu uma implícita declaração de interesse afetivo-sexual. A mente encheu-se com essa ideia e logo ela dirigia a conversa para esse terreno.

— É uma mulher bonita. Linda mesmo. Eu seria um louco ou um eunuco se dissesse que não gostaria de tê-la. É claro que sim. Mas, sabe, Verônica, desde que Kay está nesta escola nunca soube que ela tivesse tido um amante — comentou Orson. — Estranho, não concorda? O sexo, o prazer, um amante, podem ser um bom lenitivo para se aguentar viver uma situação que desagrada. Ela suporta a escravidão; com um amante, o fardo dos dias e das noites seria mais agradável, penso eu.

Ao recordar seu relacionamento com Paulus, encontrou no pensamento de Orson a desculpa perfeita, o reforço para seu proceder. A experiência rápida na prostituição a desaconselhava a relações eventuais, e as necessidades emocionais a induziam a buscar um parceiro, alguém a quem se apegar. Esqueceu-se de Kay.

— Concordo plenamente, Orson. E, convenhamos, em Roma é muito fácil encontrar esses prazeres. Kay é severa demais.

Orson parecia discordar de Verônica, mas desistiu de argumentar. Foi dele a vez de alterar a conversa, passando a falar dos treinos e das lutas. O tema apaixonava ambos e, felizes, esqueceram a germânica.

Em meio a brigas e reconciliações, o relacionamento entre Verônica e Paulus prosseguia. Permaneciam abraçados, na cela de Verônica, agora mobiliada e equipada com mais conforto — incomum para o local —, podia-se dizer que apresentava um toque de luxo e bom gosto. Características que refletiam a infância na Vila Lorena e a memória da esmerada educação de dona Octávia.

Deitados no leito macio que substituíra o catre miserável, ele acariciava-lhe os ombros e distribuía beijos em seu pescoço, fascinado pelo corpo e pela sensualidade da gladiadora, tentando despertá-la.

Sonolenta, ela sorriu, virou-se de costas e encarando-o, perguntou:

— Já amanheceu?

— Sim, preciso ir. Devo me apresentar ao comandante — respondeu Paulus, entretido em deliciar os lábios na pele de Verônica.

— Você precisa mesmo partir com a Legião? Não pode...

— Não, Verônica. Você sabe que não deve insistir nesse assunto. É meu trabalho e é meu dever. Eu voltarei, espere.

228

Ela baixou as pálpebras, velando o olhar. Não a agradava assumir um compromisso de esperar indefinidamente por um homem que não saberia se estava vivo ou morto, distante milhares de léguas. Estava em Roma há quase um ano; era tempo suficiente para entender que muitas mulheres viviam a esperar seus homens, que partiam com o exército. Algumas eram a tristeza personificada, verdadeiras mulas de carga, suas vidas resumiam-se a trabalho, trabalho, privações, longas e torturantes esperas, coroadas, com frequência, pela notícia da morte. Na melhor das hipóteses, quando se tratava de um romano destacado ou de um herói do exército, recebiam o corpo para sepultar. Caso contrário, apenas uma notícia formal. E outras se entregavam livremente às festas e aos prazeres oferecidos na cidade.

Nenhuma das duas opções a interessava. Na primeira, havia uma infelicidade e sacrifícios que ela não suportaria; na segunda, reinava a hipocrisia, um domínio que estava aquém das possibilidades de Verônica. Sentia a necessidade de ser livre e franca; não conhecia a dissimulação social, por isso rejeitava o pedido de casamento.

— Sim, eu sei que esse assunto é morto. Você também sabe que não farei promessa alguma — advertiu Verônica, suspirando irritada, cansada da pressão dele. — Silenciemos, então.

— Você irá me esperar, sim. Você me pertence, Verônica. Não se iluda, eu nunca a deixarei viver com outro. Seja inteligente e espere a minha volta. Essa campanha não deve se prolongar muito, em um ano ou dois estarei de volta, e nos casaremos. Até lá você já estará enjoada de ser gladiadora, não quererá mais se expor às lutas e será minha mulher — falou Paulus, segurando o rosto de Verônica entre as mãos com controlada força.

Sua voz soava mais ameaçadora do que terna e ela estremeceu. Não conseguia entender os sentimentos que a tomavam e desencadeavam emoções tão controvertidas no contato com Paulus. Medo, raiva, atração sexual e uma sensação estranha de conforto, de algo conhecido, mas, ao mesmo tempo, desconfortável, instável, inseguro. Não conversavam muito, pois, em geral, acabavam discutindo; não tinham ideias em comum, as conversas atinham-se ao trivial, a relatar os eventos do dia, às fofocas de Roma.

Naquele momento, com sua cabeça entre as mãos de Paulus, sentiu um medo tão profundo e uma raiva que beirava o ódio; o sangue pulsava veloz e reconhecia uma violência latente entre ambos.

— Solte-me, Paulus — ordenou, sussurrando entre dentes, contendo a ira. — Eu não gosto e não admito esse tipo de dominação. Solte-me.

Ele riu; a fúria dela o excitava. Lançou um olhar à janela; o dia clareava e a luz invadia; tinha que se apresentar, não podia demorar. Baixou a cabeça e beijou-a possessivamente, depois soltou-a e se ergueu, vestindo-se com rapidez.

Sob o umbral da porta, virou-se contemplando-a deitada e falou:

— Não esqueça que temos o banquete de despedida oferecido por Caio Petrônio; encontrarei você lá. E não discuta comigo, você irá esperar a minha volta, assunto encerrado.

Dito isso, avançou a passos rápidos pelo corredor, com a mente voltada aos assuntos do exército. Ouviu, mas recusou-se a escutar o grito de Verônica:

— Eu não faço promessas, Paulus.

24
Amadurecer

[...] Quando a natureza reclamar a posse de minha alma, ou a razão decretar que eu a libere, eu parto, podendo dizer que sempre amei a retidão de consciência, os nobres intentos sem nunca ter cortado a liberdade de ninguém e muito menos a minha.

Sêneca. *A vida feliz*, parte II, pág. 65, Ed. Escala, São Paulo/SP.

Embora houvesse encontrado Caio Petrônio, muitas vezes, e apreciasse sua companhia, Verônica não procurara informar-se sobre ele. Sabia que pertencia à elite, que exercia um cargo importante no império, mas, quando estava ao seu lado, sentia-se tão bem e feliz que não passava pela cabeça indagar questões materiais. Gostavam de filosofia, literatura, boa mesa, música, sempre tinham tanto a conversar que podiam passar horas falando sobre temas importantes ou, simplesmente, se divertindo com amenidades que não afetavam ninguém.

Caio não lhe pedia que falasse sobre si e o mesmo fazia Verônica. Portanto, foi com grande surpresa, que contemplou a sua luxuosa residência, no dia do banquete de despedida ao comandante da legião de Paulus. Um verdadeiro atestado de riqueza material e *status* social.

Kay a acompanhava; tinha aceitado o convite de Caio

após muita insistência. Em vão, alegara sua condição de escrava para não comparecer. Em resposta, o romano tinha rido ao responder:

— Em minha casa sou senhor, convido quem quero e exijo que meus convidados se respeitem sob meu teto. Você não será a única nem a primeira escrava que convido a vir a minha casa. Ênio tem ciência do quanto sou, digamos, excêntrico, por isso não a impedirá de ir. Logo, se não for, é porque não quer.

Kay ficara sem argumento. Conhecera Caio nas visitas à casa de banho que fizera com Verônica, e a amizade se estendera naturalmente.

— Verônica, o que houve? Por que parou feito uma estátua? — indagou a germânica, constrangida com as pessoas que ingressavam no pátio e as viam paradas no centro. — Você não gosta de chamar a atenção, o que está acontecendo, me explique.

— Nada — apressou-se Verônica em responder, piscando para retornar à realidade e afastar seus pensamentos.

O ambiente, de excelente bom gosto, a remetia de volta às lembranças da Vila Lorena e de sua infância. Estava surpresa com a riqueza de Caio. Examinou rapidamente as pessoas, notando o luxo do vestuário das mulheres. Olhou a própria túnica de elegante simplicidade. Mandara fazer um traje especial; o modelo era cópia de uma túnica de dona Octávia.

— Para dizer a verdade, estou surpresa — admitiu Verônica. — Não sabia que Caio vivia em uma casa tão rica, também não esperava tanta gente...

— Só você Verônica — resmungou Kay; tomando o braço da amiga e forçando-a a caminhar. — Eu sabia que seria assim, todos sabem que Caio Petrônio é um homem rico, influente e importante em Roma. Você devia se informar sobre suas amizades.

— Você esqueceu que ter amigos é algo novo para mim, Kay. Não julgo as pessoas pelo que possuem, tampouco me interessa saber. Gosto de Caio Petrônio pelo que ele é...

Verônica não concluiu a frase, pois sentiu alguém beijá-la na face e voltou-se, deparando-se com o amplo sorriso iluminando o rosto do anfitrião.

— Também gosto de você pelo que é Verônica. Sejam bem-vindas à minha casa, espero vê-las por aqui muitas vezes, agora que descobriram o caminho — falou Caio, alegre ao recebê-las.

Tomou-as, uma em cada braço, e circulou descontraidamente por entre os convidados. Para Verônica, a maioria era estranha. No entanto, reconhecia alguns rostos e tanto ela quanto Kay acabaram contagiadas pela atitude do anfitrião e sentindo-se bem na festa. Tanto que, quando ele as deixou para atender novos convidados, elas conversavam com outras pessoas amistosamente e bem integradas.

— Quem vem à minha casa sabe que não tolero discriminações, mas não posso dar garantias do comportamento alheio. Peço-lhe que, se alguém a tratar com falta de consideração ou respeito, não hesite um segundo sequer, em me contar. Ignore-o e deixe que eu resolva — sussurrou-lhe Caio, antes de se afastar. — Não demorarei.

— Vá, Caio. Acredite, sei me defender de todas as formas que se precisa saber — assegurara-lhe Verônica, sorrindo segura de si.

— Eu sei, mas saber defender-se não implica não ser magoada, e é isso que não permitirei que aconteça na minha casa, Verônica.

Ela balançou a cabeça, encantada com a solicitude e a proteção do amigo, mas o empurrara para longe, incentivando-o:

— Cumpra sua obrigação.

— Uma ordem muito romana essa — brincara Caio, afastando-se. — Não parece uma grega.

— Espartana — corrigiu Verônica, sorrindo. — Por isso, dou ordens. As mulheres espartanas são muito diferentes das romanas, não sabe?

Com um gesto simples, ele concordou e se foi para atender aos demais convidados. Estranhamente a festa perdeu o encanto, e, não percebendo o quanto era observada, Verônica não disfarçava ao procurar Caio com o olhar, nem ao sorrir correspondendo às suas atenções.

Cochichos e sussurros espalharam-se pelos cantos do salão. A boataria de meses atrás se reacendia.

A festa estava no auge quando Paulus chegou. Juntou-se a Verônica e Kay; entreteve-se logo com as dançarinas e músicos.

A dança fascinava Verônica; admirava o domínio do uso do corpo e dos movimentos exibidos pelas dançarinas. Desde menina, demonstrava acentuado pendor pela dança e refrear essa característica fora uma tarefa imposta por Mirina. Lembrou-se das lições maternas.

"— Dance, Verônica, nas horas de folga.

— Mas, mamãe, é preciso exercício para adquirir domínio dos movimentos. É difícil, exige concentração, entrega, não se pode pensar em nada quando se dança a não ser no sentimento que se quer expressar — argumentara.

— Pensa que me diz grandes novidades, Verônica? Sei de tudo isso. E justo por saber do quanto exige a dança e do que ela oferece, é que insisto que aprenda apenas o necessário. Você é filha de uma escrava, lembre-se disso — e, olhando-a com carinho, insistia. — Dança é paixão e sensibilidade, minha filha. E, neste momento, reconheço que sua alma não necessita trabalhar isso, e sim, que você precisa desenvolver força interior, lógica, racionalidade. Quando estava grávida de você, eu sonhava muito com minha mãe e sempre ela me dizia: 'Mirina, sua filha precisa tornar-se um espírito forte e lúcido, não a deixe se perder nas paixões que carrega na alma.' E, minha filha, muito cedo eu vi que estes sonhos eram verdadeiros. Bem pequena, você já demonstrava ser uma alma cheia de paixão. Irritava-se e enfurecia-se por pouco, foi difícil ensinar-lhe a paciência e fazê-la entender a existência de limites para a realização dos seus desejos e vontades. Essa mesma paixão a fazia entregar-se ao que gostava com enorme devoção, mas somente ao que você gostava. Sacrifícios eram difíceis para você; disciplina também e nem preciso falar o quão difícil foi desenvolver um mínimo de controle emocional em você. Não vou pôr todo esse trabalho em risco para atender um capricho seu. Você dança muito bem, e basta. Prefiro que se dedique ao esporte, às lutas e à ginástica."

Mirina fora a personificação da ternura materna e da força de caráter. Traçara para a filha uma educação calcada nos valores espartanos. Dona Octávia a estimulara, agregando à educação de Verônica, o estudo da filosofia, da literatura, e o básico de ciência.

Ambas podaram o quanto esteve ao seu alcance a face passional e sonhadora da menina. Mas, no íntimo, dormia a paixão.

A apresentação no banquete era a mais bela que assistira; estava transportada para aquele mundo de ritmo e movimentos graciosos e leves, tão carregados de emoção. "Mirina e dona Octávia tinham razão — a dança mexe com instintos, emoções primitivas e arrebata a razão", pensou Verônica, observando as dançarinas.

Havia se esquecido de Caio, mas sentiu curiosidade de ver como seu amigo reagia às dançarinas. Pôs-se a procurá-lo, com o olhar que vagou entre os convidados, até encontrá-lo. Estava recostado em uma coluna de mármore e percebeu que a observava, como se pudesse ler em sua expressão os pensamentos que ocupavam sua mente. Ao fitá-la, sorriu devagar e misteriosamente. Em seus olhos, havia um inconfundível brilho de contentamento. Essa reação a confundiu e envaideceu.

Kay, ao seu lado, assustou-se ao acompanhar a troca de olhares entre o anfitrião e sua amiga, cujos olhos brilhavam como pedras de ônix. "Aiaiai! Vai dar confusão. Pelos deuses, não sei se Verônica é ingênua ou louca. Não tem noção do perigo, parece que não enxerga absolutamente nada, nas pessoas, além do corpo, é incapaz de formular um juízo sobre o caráter de alguém. Não reconhece sentimentos, apenas emoções fortes. Não vê perigo" — confabulava Kay consigo, imaginando uma forma de afastar Verônica do banquete o mais rápido possível.

Lançou um olhar a Paulus e agradeceu aos céus o total encantamento exercido pelas bailarinas. Não havia percebido o que muitos convidados transformaram em grande sensação da festa: a inconfundível atração que havia entre Caio Petrônio e Verônica.

Ia chamar a atenção da amiga, quando percebeu que

o anfitrião se movimentara, quebrando o momento revelador. Desolada, notou que Verônica o seguia com o olhar mas, de repente, empalideceu. A violenta emoção estampou-se em seu rosto e obrigou Kay a perguntar:

— O que houve?

— Sombras do meu passado — respondeu Verônica, enigmática. — Alguém que eu não gostaria de rever esta noite.

— Por quê? Foi importante para você? — inquiriu Kay e, aproveitando que a atenção da amiga mudara de foco, alertou: — Verônica, cuidado com sua atitude. Paulus é ciumento, e já lhe disse, mas repito: isso o faz perigoso para você. Tome cuidado, mulher.

— Não entendo, Kay, o que eu fiz para provocar ciúme em Paulus? Nada. Além do mais, esse banquete é uma despedida para muitos amigos de Caio que fazem parte da mesma Legião.

— Você não tira os olhos de Caio e ele de você — resmungou Kay. — É preciso ser cego para não ver.

— Mas somos amigos! — protestou Verônica, com os olhos arregalados. — Não há nada de mais... Não perderei tempo com isso, não depois de ver aquele traste humano aqui.

Verônica não disfarçava a raiva com que se dirigia à pessoa inominada, presente no banquete. Kay não teve dificuldade de entender que se tratava do homem que conversava com Caio Petrônio, naquele exato instante, do outro lado do salão.

— Quem é ele? — perguntou Kay, simplesmente.

— Aurélius I — respondeu Verônica entre dentes.

— Ah, não! — exclamou Kay cobrindo o rosto com as mãos.

Paulus não havia registrado a conversa entre as duas mulheres. O som era alto, e o seu deleite com as dançarinas, absoluto. Foi com o fim do número artístico que voltou a atenção à realidade. Verônica e Kay, silenciosas, bebiam vinho. Ele pegou uma taça, admirando o vidro egípcio e comentou:

— Caio esbanja, o que há de caro e bonito se encontra em sua casa. Nada como nascer sob as bênçãos da Fortuna.

Verônica balançou a cabeça aquiescendo; a festa perdera o brilho. Reconhecia que boa parte de sua reação se devia à presença de Paulus. Ele a incomodava, era um estorvo, não precisava mais dele, e a sua paixão atordoante e possessiva a cansava. Livrara-se da atração que um dia sentira por ele; livrara-se de sua dependência emocional; restava o desconforto, a insegurança e o medo, desde o início sentidos ao lado de Paulus. Esses pareciam cravados em sua alma.

— Mas que surpresa! — exclamou Paulus, contente. — Aurélius I voltou a Roma! Preciso ir cumprimentá-lo...

— Vá! — apressou-se Verônica em incentivar. — Não me sinto bem, irei para a escola. Dê adeus a Caio por mim.

Kay suspirou, grata pelo ataque de bom-senso da amiga, e reforçou a despedida:

— Eu também não me sinto bem, acho que esse lugar não é para mim. Gosto de Caio, mas prefiro ir embora.

— Não mesmo. Acabo de chegar, esse banquete também é em minha honra e você fica, Verônica. Se Kay quiser ir embora... Venha, vamos cumprimentar meus amigos — ordenou Paulus e, tomando seu braço, forçou a acompanhá-lo.

Contrariada, Verônica se viu frente a frente com Aurélius, Caio e Paulus. Ficou irritadíssima com a situação. O legionário não notou, ou fingiu não perceber, a reação da gladiadora. Ignorou os músculos retesados sob sua mão e a expressão da face dura, como se fosse esculpida em pedra.

Paulus e Aurélius abraçaram-se amistosamente, trocaram algumas palavras triviais. Aurélius olhava Verônica com indisfarçável rancor e não conseguiu se conter, dizendo:

— Caio, você realmente é um sujeito muito liberal e sabe divertir-se. Essa gladiadora exibirá, para nosso deleite, seus peitos e pernas nuas? Será uma atração e tanto. A cidade está enfeitiçada por ela; os homens a devoram com os olhos, a idolatram. Imagine que já ouvi se referirem a ela como "deusa" — e riu debochado. — Como é bom não ter ilusões! Eu conheço essa prostituta, vivia nas mais sórdidas tabernas; divertia a qualquer um por comida e vinho. Será que as dignas mulheres romanas aqui presentes serão tão tolerantes com você quando souberem que recebe em sua casa a escória, a sarjet...

Aurélius não terminou a frase. O punho fechado de Paulus acertou-lhe a boca com força, quebrando alguns dentes e jogando-o ao chão. Afrontado, Paulus arremeteu contra o homem caído, socando-o sem piedade. Logo, os convidados mais próximos tentaram intervir, afastando-os. Mas não tiveram sucesso. Paulus era forte e furioso; não havia quem o segurasse.

Engalfinharam-se pelo chão. Caio tomou Verônica pela mão e a levou discretamente para fora. Kay os seguia. Acariciando-lhe o rosto, pediu:

— Vá para a arena. Amanhã conversamos.

— Eu a levarei, Caio — assegurou Kay, puxando-a pela mão para a calçada de pedra.

Mas ela não foi, voltou-se para Caio, preocupada e indagou:

— Aurélius não mentiu, mas você não me parece surpreso. Já sabia do meu passado?

— Sempre soube, cara. Agora vá, preciso resolver essa briga estúpida antes que se matem. Nenhum deles merece você, Verônica.

— Eu não pertenço a ninguém, Caio. Sou uma pária.

— Você tem um relacionamento com Paulus — advertiu ele.

— Não, não tenho mais. Eu disse a ele que não o esperaria, apenas concordei em vir ao banquete como despedida. Não imaginava... tudo isso.

Caio sorriu e empurrou-a em direção a Kay, dizendo:

— Vá, isso não foi nada. Alguns dias e todos esquecerão. Deixe que eu me encarregue de silenciar Aurélius. Paulus partirá depois de amanhã.

Aliviada, Verônica acompanhou Kay. Contrariando suas expectativas, adormeceu rapidamente, lembrando-se dos bons momentos vividos na festa, antes da chegada de Paulus. Seu último pensamento, antes de entregar-se ao sono, foi: "Que bom que Paulus irá embora, vai me esquecer".

25
A AMIZADE

PARTE 2

> *A gente tem, algumas vezes, durante o sono ou a sonolência, ideias que parecem muito boas e que, malgrado os esforços que se faz para lembrá-las, se apagam da memória: de onde provêm essas ideias?*
>
> *— Elas são o resultado da liberdade do Espírito, que se emancipa e goza de mais faculdades durante esse momento. Frequentemente, são conselhos que dão outros Espíritos.*
>
> *— De que servem essas ideias e esses conselhos, uma vez que se perde a lembrança e não se pode aproveitá-los? [...], se o corpo esquece, o Espírito se lembra, e a ideia revive no instante necessário, como uma inspiração do momento.*
>
> Kardec, Allan. *O Livro dos Espíritos*, questão 410. IDE, Araras/SP.

A partida de Paulus não foi serena e pacífica como desejava Verônica.

Ela acordou, na madrugada, com os gritos de Paulus no centro da arena. A escola não tinha segredos para o legionário e, com facilidade, invadira o espaço. Gritava por Verônica a plenos pulmões. Os sinais da luta com Aurélius e de embriaguez eram visíveis.

Clodovico e Orson tentaram contê-lo, mas não havia argumento que o demovesse de chamar por Verônica, ora de forma carinhosa, ora com raiva, inconformado com a negativa dela, em assumir o compromisso de esperar por seu retorno da campanha militar. Piorando a situação, um insidioso ciúme de Caio brotara e crescera em seu íntimo, tomando todos os espaços da mente.

— Verônica, não se iluda. Caio Petrônio é um homem importante, rico, ele quer apenas se divertir com você. Não sonhe! Verônica, me espere, case-se comigo, abandone essa vida, ela não é para você. Deixe-me cuidar de você. — repetia Paulus, nos momentos em que era tomado pela paixão.

Em outros, urrava, bradando e lutando com os gladiadores que tentavam impedir que invadisse o dormitório de Verônica, e tomado pela fúria:

— Eu voltarei general, rico e importante. Comandarei uma legião, se é isso que você quer, você terá. Eu serei mais importante que ele, e se não for, eu o mato. Termino com ele, mas não perderei você para um homem fraco. Tudo que Caio Petrônio sabe fazer é usar as palavras; o único músculo de seu corpo que faz esforço é a língua. Você morrerá de tédio ao lado dele, mas não sonhe, Verônica. Você me pertence. É minha e de mais ninguém. Está me ouvindo, cadela vadia. Você é minha ou de mais ninguém, escolha.

Ouviu-se a voz de Clodovico e Orson e, depois, uma pancada muda. Na cela de Verônica, Kay acompanhava o desfecho. Espiando pela alta janela que ventilava o ambiente, narrou à amiga o que via:

— Ainda bem que é lua cheia, a noite está clara. Clodovico acertou Paulus. Está desmaiado. Estão arrastando-o para fora. Devem levá-lo embora.

Verônica estava pálida, tremia sentada sobre o leito, abraçando as pernas. Sentia-se indefesa.

— Ele é louco, Kay.

— É ciumento — corrigiu a germânica. — E toda criatura ciumenta tem esses descontroles. Acho que, no final das contas, são mesmo um tanto quanto loucos.

— Que horror! Eu nunca imaginei isso...

Kay desceu do móvel que usara para alcançar a abertura. Aproximou-se de Verônica, sentando-se ao seu lado:

— Você é uma criatura estranha, amiga. É forte, determinada, uma lutadora, já passou por tantos ou maiores sofrimentos que os meus, mas é ingênua quando se trata de lidar com pessoas.

— Kay, eu vivi até três anos atrás em uma Vila, de uma nobre senhora romana, que me tratava e à minha mãe como se fôssemos da família e da mesma classe social. Lá viviam apenas nós três e os camponeses, gente simples, bondosa. Era um mundo à parte. Por causa de Adriano, eu sei que existem criaturas humanas que valem menos que um animal, mas fora isso... Mesmo tendo vivido na estrada, na taberna e na prostituição, nunca ninguém me tratou dessa forma, tão agressiva. Vivi algum tempo com Aurélius. Enganei-me pensando que ele era um tipo de pessoa e ele era outro; brigamos, fui embora e tudo foi acabado. Ele foi desagradável no banquete de Caio, apesar disso, não acreditava que pudesse ser violento, não é da natureza dele. O que Paulus fez hoje é horrível, é descontrole, é loucura. Ameaçou-me de morte, como também Caio. Pobre Caio, nada tem com essa história doente da cabeça de Paulus. Eu não preciso do dinheiro de homem algum, eu sou uma mulher livre, luto por isso e não há nada que eu valorize mais do que a minha liberdade, nada me prende. É a grande vantagem de ser da plebe em Roma.

Penalizada, Kay confortou a amiga, abraçando-a:

— Ele logo irá embora, e só os deuses sabem se voltará. Deite-se e descanse, não há mais nada a fazer agora. Restou a lição.

Verônica obedeceu. Kay afastou-se e, na saída, soprou as velas que iluminavam o lugar. Apenas os raios do luar acompanharam a madrugada insone e de reflexão da gladiadora.

O dia seguinte guardava eventos ruins para Verônica. Paulus retornou à carga. Insistia em vê-la; repetia-se o episódio da madrugada. Horrorizada, Verônica viu-se, de repente, dominada por um medo profundo. Encerrou-se em sua cela e sentia como se ali estivesse há meses. Kay e Clodovico pediram inutilmente que ela falasse com o legionário.

— Ele está furioso, Verônica. O homem é pura emoção, não tem um pingo de razão ou de reflexão naquela alma. Ali a ira domina soberana e ele é capaz de matar só com as mãos ou esmigalhar alguém a pauladas, sem descanso. Talvez você consiga acalmá-lo; procure uma gota de razão naquele homem. Vocês foram amantes tanto tempo, você tinha grande ascendência sobre ele, quem sabe, agora, conversando, ele ceda e vá embora aceitando a sua decisão — argumentava e pedia Clodovico, cansado da escaramuça com Paulus, que tumultuava a rotina da escola desde a madrugada.

— Não consigo — murmurava Verônica envergonhada, pálida, suando frio, inconscientemente protegendo o pescoço com as mãos. — Não consigo enfrentá-lo; tenho medo que ele me mate.

— Deixe disso, mulher — insistia o gladiador. — Ainda não nasceu o homem que irá matá-la. Você luta bem demais, sabe se defender...

— Eu não consigo, por favor, não insista. Eu não consigo! — e explodiu em choro desesperado, numa crise emocional exacerbada para as ocorrências do momento.

Kay sacudiu a cabeça em desaprovação, tanto pela atitude de Clodovico quanto pela exaltação da sensibilidade de Verônica, que não compreendia e considerava excessiva.

— Chega vocês dois! — falou a germânica, tomando as rédeas da situação. — Verônica, controle-se, sim! Choradeira e gritaria não resolverão nada. Nunca resolveram. Não será diferente agora. Você sabia que Paulus era uma peste, mas preferiu não ver, se iludir. Bem, agora, aguente. Se não consegue encarar a fera, tudo bem, daremos um jeito, mas fique calma. Porque dois ensandecidos é demais!

A fala de Kay foi como um balde de água fria na fogueira emocional de Verônica. Ela esfriou e apagou; restaram apenas, o medo sob controle e a vergonha da própria fraqueza.

— Ótimo. Mantenha-se assim — incentivou Kay. — E você Clodovico, vá até o refeitório e chame meia dúzia de gladiadores e tire Paulus daqui. Mande que os gladiadores montem guarda nos portões de acesso e no centro da arena, para que ele não possa retornar. Se preciso for, que o tirem daqui desmaiado. Mas o que é inconcebível é, em uma escola de gladiadores, um transtornado reinar e todos ficarem fascinados pela ira dele e tremendo de medo. Ora, faça-me o favor, isso é uma humilhação.

Clodovico, atendendo ao tom de império na voz de Kay, nem piscou ao obedecer-lhe as ordens. Esqueceu que Ênio era o dono e senhor do local. Saiu muito satisfeito com a orientação recebida e dando graças aos deuses por ela saber o que fazer.

Verônica, sentada à beira do leito, encurvada, nervosa, carregando nos olhos o brilho quase doentio do medo, inspirava compaixão. No entanto, Kay sabia que esse não era o sentimento adequado se queria de fato ajudar a amiga. A compaixão nos predispõe a uma moleza emocional e psicológica nem sempre benéfica ao auxiliado. Por vezes, a energia firme, segura, mesmo dura, é mais caridosa, pois permite ao socorrido reestruturar-se, buscar as próprias forças e prosseguir a luta, sem cair no "vitimismo" ou na autocompaixão — comportamentos conservadores e naturalmente dramáticos. Bonitos e muito emotivos, mas pouco eficientes e nada eficazes como forma de auxílio real a uma alma em crise.

Sob o comando de Kay, rapidamente a paz retornou à escola. Paulus, do lado de fora, tomado pela ira e pelo ciúme, arquitetava mirabolantes planos de vingança. Outra faceta do ciumento: a capacidade de ser rancoroso e vingativo.

Expulso, o legionário prosseguiu da rua jogando pedras contra as paredes da escola e gritando impropérios e ameaças para Verônica.

O pequeno Rômulo esmolava em frente à escola e se assustou ao ver a fúria do soldado. Ouviu o nome de Verônica e comprendeu as ameaças. Correu à procura de Vigílio e lhe relatou o que se passava.

— Vamos, menino — decidiu o andarilho. — Nossa amiga precisa de ajuda.

Em minutos, chegavam ao local. Um pequeno grupo de populares havia parado, curioso, para assistir a mais um escândalo nas ruas da capital. Fatos daquele teor eram comuns, tanto quanto criaturas cobertas de cinzas evocando a ira dos deuses e rogando pragas, em frente às casas de seus inimigos. Tratava-se de mais uma briga de amantes. O novo eram as pessoas envolvidas: uma gladiadora e um legionário.

Vigílio reconheceu Paulus. Verônica falara dele e os vira juntos, inclusive tinham sido apresentados e conversado. Recordava-se que o militar ficara muito constrangido, mas

245

submetera-se à vontade da amada. Pensava qual a melhor forma de intervir, quando avistou outro legionário, que vira muitas vezes acompanhando Paulus; tratava-se de Caetano. Sem hesitar, aproximou-se dele, saudou respeitoso e comentou:

— O seu amigo precisa de ajuda.

Caetano, que há muito temia por crises desse tipo, olhou surpreso o mendigo. Não o conhecia, como ele poderia saber que Paulus era seu amigo?

— Não se surpreenda, senhor — antecipou-se Vigílio, lendo na expressão de Caetano, o espanto. — Vivo nas ruas, como pode ver. Em geral, as pessoas não me veem nem me notam, pareço ser invisível para elas. Mas eu as enxergo, noto, gosto de observá-las e, por isso, sei que Paulus é seu amigo. Os vejo juntos com frequência.

— Entendo — respondeu Caetano, encarando o velho ainda mais espantado e algo encabulado.

Deu-se conta de que realmente tratava os moradores da rua como criaturas invisíveis, como se, nem sequer, humanos fossem. E, naquele momento, era interpelado por um deles, que falava muito bem e com sabedoria. Algo para ele impensável.

— Deveria afastá-lo daqui — sugeriu Vigílio.

— É, eu sei. Mas como? Paulus é teimoso. Além disso, desde que conheceu essa mulher, parece cego, transtornou--se. Nunca foi uma pessoa de fácil convívio, mas... piorou muito — confessou Caetano.

— Lembre-o dos deveres com o exército. Um legionário deve ser um exemplo de disciplina e autocontrole. Isso não mudou, não é mesmo?

Caetano balançou a cabeça, concordando com a ideia.

— Fale com ele com autoridade; seja claro e direto ao ordenar que saia daqui. Confie e mande com firmeza; ele o obedecerá — ordenou o mendigo, falando no tom que ensi-nava ao outro.

— Você acha que dará certo? — inquiriu Caetano, olhando, nervoso, o descontrole do amigo.

— Tenho certeza. Seu amigo está fora de si, dominado pela ira e pelo ciúme, péssimos conselheiros. Sua mente é como um barco sem condutor; tome o leme e aja com firmeza e o fará obedecê-lo — explicou Vigílio. — Ouse. Experimente!

Convencido, Caetano executou o plano. Gritou com Paulus, falando clara e firmemente cada palavra em que ordenava silêncio e que o acompanhasse. Na segunda tentativa, Paulus cedeu, deixou cair as pedras, sentou-se exausto no chão, mudo.

— Recolha-o e o leve ao quartel. Ele está sob seu domínio, ajude-o — incentivou Vigílio ao afastar-se do local.

Colocou-se na próxima esquina, em um local onde era fácil observar a lateral da arena. Viu quando Caetano acercou-se de Paulus, enlaçou-o pela cintura e, amparando-o, levou-o para longe.

— Foi fácil — constatou Rômulo, com um suspiro de satisfação.

— Nem tanto, menino, nem tanto.

— Como você faz essas coisas acontecerem, Vigílio? — perguntou Rômulo. — Você é bruxo?

O andarilho riu, feliz e relaxado, satisfeito, e respondeu:

— O segredo é prestar atenção; pensar antes de tomar qualquer atitude; não se desesperar; lembrar que o problema é do outro e que somente desejo ajudar, portanto não devo tomar a questão como se fosse minha. A calma é metade da questão para solucionar qualquer conflito a contento.

Rômulo ouviu a explicação; naquele momento não compreendia o alcance das palavras do velho amigo. Mas nunca as esqueceu; foram sementes que ficaram germinando.

Paulus partiu, acompanhando a legião rumo às Gálias, conquistadas por César anos antes, no entanto, tratava-se de uma província que nunca fora pacificada.

Ele não foi só, levou consigo muita raiva que, ao longo do caminho e do tempo, aprofundou-se em seu íntimo, correu-lhe as frágeis estruturas e o tornou muito ciumento e rancoroso. Sempre havia sido um bravo guerreiro, mas exasperado e irritado fez-se também cruel, sanguinário e impiedoso. A ambição, há tantos séculos escondida naquela alma, espreitava uma oportunidade e uma boa desculpa para retomar seu poder.

A oportunidade era a campanha nas Gálias, a província que tinha enriquecido o famoso Júlio César. A desculpa, riqueza, poder e *status* colocariam Verônica a seus pés.

Verônica permaneceu em Roma. Não conseguia entender, muito menos explicar o motivo do episódio, do fim do relacionamento com Paulus haver alterado tanto seu estado mental e emocional. Tinha consciência de que não o amava, não sofria a ausência dele, ao contrário, sabia-se livre e vivendo um bom momento em sua existência, como há anos não experimentava. Paz, liberdade, independência — almejara tanto a posse desses bens! Agora os tinha, no entanto, também nela algo há muito aprisionado voltava à tona.

Após o apedrejamento da arena, Verônica não conseguia sair da cela. Sentia-se presa, tomada pelo medo. Suas noites eram torturantes. Os pesadelos a enchiam de terror, e ela lutava contra o sono. Não suportava aquele sonho. Via-se grávida, fechada em um quarto, em estranho repouso e, logo em seguida, sem justificativa, arrastada ao centro de uma arena. Enxergava rostos indistintos. Ouvia um vozerio de homens acusando-a, sem que compreendesse o que diziam e, por fim, surgia o rosto de Paulus, em trajes de gladiador. Ela via o brilho frio da lâmina da espada e sentia uma ardência enlouquecedora na garganta. Acordava aflita, sôfrega, trêmula e angustiada, com a sensação de um grito de socorro que morria em uma garganta cortada, banhada em sangue.

Outras vezes, estava bem, dormia serenamente e sonhava que caminhava por um deserto, não pensava em nada, mas guardava a estranha sensação de que fugia de uma prisão, de um julgamento injusto. Deliciava-se com o entardecer, porém, de repente, seu idílio transformava-se em inferno e as cores do entardecer, o céu em chamas queimavam-na inteira, até que perdesse os sentidos e acordava se debatendo, tentando apagar as chamas que consumiam seu corpo.

Verônica não conseguia mais pensar em adormecer, tomada pelo terror de seus sonhos. Perturbada ao extremo, confessou-os a Kay, numa madrugada insone em que se agarrava à amiga, implorando companhia.

— Verônica, acalme-se. Eu não sei mais o que fazer.

Máximo mandou-lhe drogas para dormir, mas você se recusa a tomá-las...

— Eu quero que ele me dê uma droga, que me impeça de sonhar — exigiu Verônica, interrompendo a germânica. — Estou cansada, minha mente está confusa, minha cabeça dói, isso me faz perder a fome e ter enjoo. Sinto-me mal, muito mal. Meu coração dispara no peito; minhas pernas endurecem; fico dura, paralisada, o que é isso? Acho que vou morrer...

— Acalme-se — pediu Kay, tonta de sono. — Não existe esse remédio, Verônica. Você quer o impossível! Controle-se! Ponha nessa cabeça apenas uma coisa: você não precisa ter medo de Paulus, ele foi para as Gálias. Mulher, você está passando dos limites! Parece que perdeu o juízo...

— Você não faz ideia do que é padecer essa angústia, toda vez que fecho os olhos. Não, mil vezes não. Se o único remédio para não sonhar é não dormir, que seja! — decidiu Verônica, teimosa.

— Impossível! O corpo não aguenta sem dormir, criatura! Nem mesmo quando viemos para cá, presos em jaulas, aos montes, com frio e fome, nem assim o sono era dispensado. É da natureza! — argumentou Kay, bocejando.

— Não, eu tenho medo de dormir... — choramingou Verônica.

Não parece a mesma pessoa, pensou Kay, notando os lábios trêmulos de Verônica e a voz chorosa.

Talita e Dara, encostadas na porta da cela, observavam a cena.

— É tempo de intervir — decidiu Talita.

Aproximou-se de Kay e começou a sugerir-lhe, ao ouvido, que levasse Verônica a algum templo. Deveria existir um bom sacerdote em Roma, alguém que pudesse acalmá-la.

No estado de modorra, surgiu na mente de Kay a lembrança do templo de Cibele. Era uma linda construção que a impressionava, assim como a impressionavam as procissões e os rituais, nos quais, via muitos homens praticarem automutilações sexuais sangrentas. Se eram capazes de tão dolorosas mutilações físicas, o culto devia oferecer-lhes recompensas maiores e acabava por admirar os devotos. A mente de Kay divagou, como é natural aos seres humanos; a disciplina mental é artigo raro.

Talita insistiu, sussurrando-lhe as mesmas ideias. Kay voltou a atenção ao problema imediato: a situação de Verônica. Sem dar-se conta, convidou-a a acompanhá-la, no dia seguinte, a um templo para conversar com um sacerdote.

Verônica ponderou sobre o convite; não era ruim. Os médicos falhavam miseravelmente em dar-lhe paz. As drogas apenas a faziam sentir-se pior, impotente, incapaz. Tiravam-lhe as forças e embotavam a mente já exaurida. Talvez os sacerdotes e a fé conseguissem melhor resultado. Concordou com a visita.

O inusitado plano despertou Kay da modorra. O sono fugiu e ela se viu pensando em pedir ajuda a Caio para levar Verônica ao templo de Cibele.

Onde estou com a cabeça? — considerou Kay, intimamente. *Como uma escrava pode ousar pensar em levar uma pária ao templo de Cibele? Preciso de autorização do Senado, eu sei. Já ouvi falar disso. Caio Petrônio é minha esperança. Falarei com ele agora mesmo.*

Decidida, aproximou-se da amiga, com calma, mas firme, falou:

— Irei falar com Caio Petrônio, agora. Não me pergunte por quê, mas tenho certeza de que você precisa ir ao templo de Cibele. Não sei se você sabe, mas os romanos têm muito medo de algumas crenças. Eles temem que as religiões estrangeiras destruam o império. Ouvi falar de profecia de sibilas alertando para terem cuidado, no entanto o povo ama a deusa-mãe e respeitam seu culto, sacerdotes e sacerdotisas. Mas é preciso autorização do Senado para consultar as sacerdotisas do templo....

— Não será problema para Caio — murmurou Verônica, agarrando a mão de Kay. — Vá! Eu ficarei bem, não vou dormir, não passarei mal. Você tem razão, vou rezar e pedir às minhas antepassadas que me deem força. Vá, diga a Caio que eu quero muito falar com as sacerdotisas dessa deusa. Sei pouco, muito pouco mesmo a respeito dela, mas sinto que preciso.

Kay, em um impulso, beijou o alto da cabeça de Verônica e se afastou decidida. Foi às cocheiras, pôs apenas as rédeas em sua égua favorita, montou em pelo e partiu em direção à casa de Caio Petrônio.

26
Tropeçando no eu antigo

Se o homem não conhece os atos que cometeu nas existências anteriores, ele pode sempre saber de que gênero de faltas se tornou culpado e qual era seu caráter dominante. Basta estudar-se e pode julgar do que foi, não pelo que é, mas por suas tendências.

Kardec, Allan. *O Livro dos Espíritos*, questão 399, IDE, Araras/SP.

Caio escrevia um discurso, porém não conseguia dar forma ao texto. Reescrevera-o inúmeras vezes aquela noite. Odiava ser obrigado a escrever. O trabalho, que tanto apreciava, mostrava-se penoso, sem a inspiração que o torna tão fácil e prazeroso, a ponto de ele dispensar auxiliares. No entanto, ele não encontrava a "correnteza do rio", como costumava dizer aos seus colegas, quando o elogiavam por sua oratória ou pela fluidez de seus textos. Por "correnteza do rio" denominava a força da inspiração, que colocava todos os argumentos em trânsito seguro e rápido, estruturando textos limpos, claros, fluentes e, principalmente, que impressionavam pela força transmitida.

Estava longe da força da correnteza, mais correto seria dizer que ele era água parada à margem do fluxo natural. Sua mente divagava, eis a verdade. Ele não fixava a atenção no trabalho e não conseguia ingressar no fluxo da "correnteza do rio". Nos melhores momentos, produzia frases coerentes, expressando boas e profundas ideias, mas que não se encadeavam. Irritado, levantou-se, aproximou-se da janela e contemplou o céu estrelado, buscando pacificar a mente para retornar ao trabalho, pois não tinha sono.

Foi assim que um dos guardas de sua residência o encontrou.

— Senhor, uma escrava o procura. Já tentei de tudo para enxotá-la daqui, mas a mulher é valente e insiste.

Caio franziu a testa, mas não se agastou, perguntou de forma inexpressiva:

— Ela deu o nome? Informou a que casa pertence?

— Disse que pertence à escola de gladiadores de Ênio, achei estranho e que se....

— Mande-a entrar, imediatamente — ordenou Caio, preocupado.

O guarda apressou-se em retornar à porta de entrada e acompanhou a germânica à sala de trabalho de Caio. Ele aguardava no mesmo lugar, de costas para a janela, fitando, ansioso, a entrada.

— Kay! — exclamou surpreso ao vê-la. — O que aconteceu?

— Caio Petrônio — saudou a germânica imitando modos masculinos. — É Verônica. Ela não está nada bem. Há dias não descansa, nem se alimenta direito. Tem tido muitos pesadelos e não quer mais dormir. Está muito nervosa, irreconhecível, nem parece a mesma mulher que enfrenta a morte na arena. Virou um trapo, não reage, parece que de uma hora para outra perdeu as forças, não sei o que pensar...

— E os médicos, foram consultados? — indagou Caio, interrompendo o relato de Kay.

— Claro, os médicos da escola lhe ministraram poções para dormir, mas creio que isso até piorou a situação. Ela não tem insônia, tem medo, muito medo dos sonhos, ou melhor, dos pesadelos. Ela não quer sonhar, e os médicos dizem que não possuem meios de impedi-la de sonhar ou meios para controlar o conteúdo desses sonhos. Temo que a considerem louca, se continuar do jeito que está.

— É tão grave assim? — inquiriu Caio, assustado.

Kay balançou a cabeça, confirmando, e relatou o início de tudo: as agressões de Paulus. Encerrou, declarando que não conseguia entender as reações de Verônica, que lhe pareciam exageradas, mas reconhecendo a falta de força e o sofrimento profundo em que a gladiadora caíra tão de repente.

— Perdoe minha ousadia de falar com você nesses termos, mas sei que tem grande interesse por Verônica — prosseguiu Kay. Ante o gesto de pouco caso de Caio que expressava seu desprezo pelas convenções sociais, sorriu, e sentindo-se confiante sugeriu: — Vim lhe pedir que a leve a um templo. Deve conhecer um bom sacerdote ou uma sibila; acredito que os deuses possam ajudá-la mais do que nós.

Caio considerou a proposta, refletiu alguns segundos, em silêncio. E, depois, encarando Kay, declarou:

— Quero ver Verônica agora. Se o caso é tão grave como você diz, eu a levarei para Tívoli imediatamente.

Sem dar tempo a Kay de assimilar a notícia, marchou ligeiro à saída da residência, determinando ao guarda que providenciasse transporte, pois iria à escola de gladiadores.

Enquanto caminhava alguns passos atrás de Caio, Kay apenas teve tempo de dizer:

— Eu vou à frente, a cavalo.

Caio assustou-se ao encontrar Verônica. Palidez, olheiras, marcas de lágrimas, abatimento, desânimo e total falta de iniciativa pareciam pertencer a outra mulher, não à "sua sereia morena".

Ouvi-la foi a gota d'água. Aquela voz inexpressiva, fria não era de Verônica, muito menos a versão chorosa, cheia de medo e exclamando por sentir-se impotente, querendo "quase" voltar ao útero materno, em busca de proteção e carinho.

Sem mais, enrolou-a no cobertor que jazia sobre o leito e, tomando-a nos braços, levou-a consigo.

Kay correu atrás dele e pediu:

— O que devo dizer ao senhor Ênio? Quando fui procurá-lo, não imaginava isso.

— Diga-lhe a verdade: que levei Verônica comigo. Ela está gravemente doente e vou levá-la à minha vila em Tívoli. Lá têm águas termais com propriedades curativas, bons médicos. Eu a levarei ao templo das Sibilas, mas disso não é preciso fazer alarde, não interessa ao povo. Mandarei notícias. Você entendeu?

— Claro como o sol, Caio Petrônio — murmurou Kay.

Verônica lembrava um trapo, jogado sobre o corpo forte de Caio. Era uma massa desvalida. Sua cabeça repousava no ombro de Caio. Os olhos semifechados, não disse uma única palavra. Entregava-se ao homem que a carregava, sem vacilação, sem pensar, sem questionar... Kay sentiu profunda tristeza ao ver a amiga naquele estado lastimável. Continuava sem entender o que acontecia. Como podia uma mulher guerreira entregar-se daquela forma, sem lutar, e como não enxergava que o perigo fora afastado?

— Caio — chamou Kay, com abusada intimidade. — Cuide bem dela.

Caio depositou Verônica no acento da liteira, ajeitou o cobertor em torno dela, e, antes de subir, voltou-se e contemplou a loura germânica. Viu a sincera amizade estampada no olhar da mulher e sorriu para tranquilizá-la.

— Cuidarei — prometeu Caio. Acenou-lhe, em despedida, e entrou na liteira. Partiu ganhando as ruas escuras da cidade.

A manhã ia a meio, quando chegaram à residência de Caio, em Tívoli, uma bela vila romana, com jardins ornados com estátuas e fontes, dominado por uma grande imagem da deusa Cibele, dentre um canteiro de rosas de cores variadas. Sobre a cabeça, diariamente, colocavam uma grinalda de rosas frescas, e as mesmas flores enfeitavam a longa cabeleira, encravadas aqui e ali. A imagem, no centro do jardim, atraiu imediatamente a atenção de Verônica.

A moça não viu a riqueza da propriedade, seu luxo, os muitos escravos e servos, sequer reparou em sua extensão. Caio, ao seu lado, a abraçava solícito e notou que Verônica ganhou forças imediatas ao contemplar a deusa.

"Divina e amada Mãe, somente tenho a agradecer-te nesta vida, e, mais uma vez, teu amor me estende, compassivamente, as mãos, socorrendo-me em um momento de aflição. Rendo-te todas as homenagens que minha alma compreende. Usa de mim, um servo pequeno e fiel. Que minhas ações nunca sejam motivo de vergonha para contemplar tua face". A prece espontânea e silenciosa foi sucedida pelo hino de louvor à grande mãe Cibele. Caio cantava com toda confiança, entoando os versos com emoção. A música desconhecida para Verônica teve um efeito calmante sobre seus nervos.

Cibele era considerada uma deusa estrangeira, um culto trazido do oriente e incorporado ao mundo romano, inclusive visto com apreensão pelos governantes que temiam a queda do império, por influência de uma religião estrangeira, conforme antiga profecia de uma sibila. E, como o culto de Cibele tinha grande número de seguidores e simpatizantes em todas as classes sociais de Roma, cercavam-no de cuidados e vigilância.

Octávia, apesar de suas posições de vanguarda em muitos aspectos, no tocante à religião, era bastante ortodoxa: cultuava os antepassados, os numes e luminares, conforme determinava a melhor tradição. Mirina ocupou-se da educação da filha com esmero, ela própria tinha uma religiosidade caracterizada por profunda fé na existência de um Ser Superior e único, governante da vida, e pelo culto aos espíritos dos ancestrais, que, conforme enfatizava, prosseguiam vivendo no mundo das almas tal qual viveram na matéria. Por isso, Verônica ignorava muitas religiões e acreditava não ter experiências místicas ou espirituais, tão comuns na época. A contemplação da imagem de Cibele entre as rosas, aliada ao canto de Caio, foi sua primeira experiência. Um frêmito percorreu seu corpo, sentiu-se alegre em meio a sua tristeza e abatimento, protegida. Algo naquela deusa era familiar a ela e conhecido, por isso não conteve o ímpeto de lançar-se aos pés da imagem em adoração e prece.

Confiante como alguém que se dá ao ser amado, Verônica rendeu-se à Cibele. Naquele instante, confiou-lhe todos os medos, súplicas e dores. Chorou, mas eram lágrimas serenas que banhavam um íntimo sofrido. Quando se ergueu, estava sorrindo e o seu olhar, apesar do rosto abatido, lembrava a Caio a mulher forte, decidida e sedutora, que encontrara na casa de banho. Era o olhar de sua sereia morena. Ele correspondeu ao sorriso e estendeu-lhe a mão, chamando-a de volta aos seus braços.

Aconchegou-a ao peito, beijou-a no alto da cabeça e perguntou:

— Você já conhecia Cibele?

— Cibele? — repetiu Verônica e, fitando a imagem, indagou: — É este o nome dela?

— Sim, este é um nicho especial que criei e dedico a Cibele. Sou membro do templo, na verdade fiz toda preparação para ser um de seus sacerdotes, mas a política e a filosofia acabaram vencendo e, hoje, sou um devoto mais bem preparado que a maioria.

— Você? Um sacerdote?! — Verônica riu, surpreendida com a ideia. — Não o imaginava alguém ligado à religião.

— O culto de Cibele é muito profundo, Verônica. Para mim, ultrapassa o conceito de religião. Então, talvez você não esteja tão enganada assim, por não me ver como um religioso. Embora, segundo a minha concepção, eu posso afirmar-lhe que sou muito interessado em tudo que envolve fé e espiritualidade. Acredito que elas me dão grande força e sustentação nas horas difíceis.

Ainda sob o impacto da experiência mística vivida minutos antes, Verônica balançou a cabeça, concordando ao ouvir as últimas palavras de Caio.

— Posso imaginar! Fez-me grande bem agora mesmo e, note, eu nem sabia quem era. Mas... não consigo explicar o que senti ao ver essa imagem; algo nela é muito familiar, entende? As flores, a guirlanda e os cabelos enfeitados mexeram comigo, não sei explicar. Foi como se eu fosse arremetida para um templo, ela me atraiu e sinto que exigia uma entrega total, no entanto, oferece liberdade, poder, sei lá... Não consigo mesmo explicar. Foi intenso.

— E agora, como se sente?

— Bem, Caio. Muito bem! Obrigada — agradeceu a jovem, achegando-se mais ao contato com o amigo. — Fale-me dela. Quero saber tudo sobre Cibele.

Caio sorriu feliz e grato, ao responder, ao pedido de Verônica:

— Será um grande prazer, é um tema que adoro. Vamos entrar, nos acomodar e tomar um banho relaxante em águas mornas. Tenho uma piscina que é de uma fonte de águas quentes; é maravilhosa, tem propriedades terapêuticas, você gostará. Depois, enquanto nos alimentamos, eu prometo que lhe falarei de Cibele e seu culto, até você implorar para que eu pare.

Verônica balançou a cabeça incrédula e divertida. Caio sabia o quanto era persuasivo, inteligente e bem-humorado, o que garantia boa conversa. O exagero era puro charme.

Caía a tarde no dia seguinte, e Verônica subia os primeiros degraus do templo ao encontro da sibila. O local era belíssimo, situava-se no pico de uma colina, cercado de penhascos. Os diversos tons de verde das matas e da vegetação encontravam-se harmoniosamente com o azul celeste. A brisa, sempre a soprar no alto da colina, era um refrigério aos aventureiros peregrinos que ousavam aproximar-se do local. O prédio circular, com colunas de mármore rosa e branco, era uma construção simples para a época, mas a beleza e elegância de suas linhas infundiam um sentimento de veneração ao bom gosto e à paz. Por dentro, uma simplicidade luxuosa — embora esse conceito pareça paradoxal — é como melhor se pode definir o interior do templo das sibilas em Tívoli. Não havia extravagância ou ostentação, mas cada imagem, cada mosaico, cada coluna denunciavam profunda preocupação com a beleza, o bem-estar e eram da melhor qualidade. A isso, classifico como simplicidade luxuosa. Ali pobres e ricos sentiam-se acolhidos da mesma forma e sem ferir suscetibilidades, apesar de que o acesso a elas era restrito, e os plebeus dificilmente vislumbravam uma das sibilas.

Envolta na atmosfera do lugar e bem-disposta após o descanso, já com ânimo renovado depois da subida íngreme, recém-concluída, Verônica tinha as faces rosadas e os olhos brilhantes. As fundas e sombreadas olheiras denunciavam que vivera momentos difíceis.

Caio dera-lhe as primeiras noções a respeito das sibilas e acabara falando muito sobre o culto de Cibele, que despertara a atenção da jovem. Ela vencia os degraus, mas não a ansiedade do encontro. Imaginava como seria essa mulher que tinha o dom de estender uma ponte até o reino dos mortos e dos deuses, trazendo aos homens ensinamentos e profecias. Que mulher seria essa, capaz de levar suas dores e súplicas, indagando do além uma resposta? Estava também curiosa e até bastante insegura sobre como deveria comportar-se, afinal, não conhecia outra pessoa com tais dons. Em meio a tudo isso, persistia a sensação incompreensível de que conhecia aquele mundo e tudo era de certa maneira familiar. Reconhecia que era essa sensação de intimidade que despertava a confiança em seu íntimo, de que agia acertadamente, e assim, a esperança ganhava forças em seu ser.

Caio ficara muitos metros atrás, aguardaria em uma pequena clareira, onde as sibilas haviam disposto alguns bancos. Notava-se que existia um cuidado com os peregrinos.

Apenas quando parou em frente à alta porta do templo, Verônica questionou-se por que empreendera aquela subida íngreme e cansativa sozinha. Quando o amigo, alegando cansaço, ficara na clareira, ela nem tinha pensado sobre isso, afinal era a consulente, a paciente em busca de cura ou conforto, e nem sequer sabia dizer à sibila o mal que a afligia.

Uma mulher madura, feições serenas, cabelos grisalhos, recebeu-a, sorridente.

— Você deve ser Verônica? — indagou a senhora. — Eu me chamo Lélia. Irei acompanhá-la até Cornélia, a sacerdotisa encarregada de atendê-la. Venha.

Sem dar margem a indagações, Lélia virou as costas e iniciou o trajeto ao encontro da sacerdotisa, em silêncio, e a passos rápidos. Restou somente a Verônica segui-la calada, carregando consigo suas indagações, sentimentos, emoções e sensações. Andaram alguns minutos e chegaram a uma sala grande, suavemente iluminada, que recendia a cheiro de incensos perfumados. Do teto, pendiam muitos véus diáfanos, que formavam uma densa e transparente cortina em frente à sacerdotisa, dificultando a clara visão de sua fisionomia.

A curiosidade de Verônica venceu todas as disputas internas. Não esperava nada semelhante. Sobre um tapete, cercada de almofadas, sentada em lótus, uma velha mulher com longos cabelos brancos, trajando uma túnica azul e algumas joias a aguardava. Ergueu o rosto ao vê-la ingressar na sala e parecia não ter a mesma dificuldade de Verônica, em ver através dos muitos véus que as separavam.

— Aguarde aqui — instruiu Lélia. — Quando terminarem a conversa, você encontrará o caminho de saída do templo sozinha.

Ao dizer isso, uniu as mãos em frente ao rosto e baixou a cabeça, em saudação de despedida. Verônica, sem saber o que fazer, imitou os gestos, e viu a sombra de um sorriso divertido insinuar-se no semblante de Lélia.

— Verônica — chamou a sibila.

— Sim.

— O que veio buscar aqui, minha filha?

— Como? O que disse, perdão, eu não ouvi — mentiu Verônica, atrapalhada por não saber responder à pergunta objetivamente.

Imperturbável, a sibila sorriu, paciente, tornando a questioná-la:

— O que veio buscar aqui, minha filha?

— Eu, hã, bem, eu estive muito ruim nos últimos dias. Sabe, eu nunca... fiquei desse jeito... antes. Foi muito ruim, não quero nunca mais sentir nada parecido...

Verônica prosseguiu falando, relatando à Cornélia, em minúcias, os acontecimentos de Roma, envolvendo Paulus, ela e Caio. A sibila a ouviu com a mesma expressão calma, tranquila e atenta. Quando parou de falar, Cornélia indagou:

— É a cura que você busca? É uma curandeira que procura?

— Sim — respondeu Verônica, com confiança e até certo entusiasmo.

Cornélia ficou contemplando-a vários instantes; demorou tanto que conseguiu irritar a consulente. E sorriu, ao notar os sinais da irritação, nas manchas avermelhadas na pele; nas narinas mais dilatadas; na linha dos lábios que a tornava enrijecida, tensa, como se estivesse pronta a enfrentar uma discussão; nos olhos avermelhados e brilhantes, com pupilas dilatadas. Nenhum desses sinais afetou a sibila; olhou-a e examinou-a como e o quanto desejou, até declarar.

— É uma pena que tenha perdido sua viagem. A cura para você não está em nosso templo, não dispomos de curandeira que trate o seu mal.

Lembrou-se da subida pela montanha, dos penhascos perigosos, da distância até Tívoli e do cansaço que sentia; Verônica sentiu a irritação crescer mais e explodiu irada.

— Como não possui curandeira para tratar o meu mal? Não sofro de nenhuma peste, tampouco sou leprosa. Não é aqui o templo das sibilas, temidas até pelas elites do império? Quem são vocês afinal? Charlatonas? Exploradoras das crenças e medos do sobrenatural...

— Contenha-se, minha jovem — advertiu Cornélia, fixando um ponto entre os olhos de Verônica, na raiz do nariz. — Essa impulsividade arrogante, temperada com descontrole emocional, já a fez sofrer muito. Cuide que não se repita. Você está aqui para mudar o seu destino, você mesma, não para repeti-lo. Aprender respeito e religiosidade também lhe fará muito bem. Contenha-se — repetiu a sibila, com autoridade.

Verônica sentiu um enorme peso dos joelhos até a planta dos pés, como se tivesse, de súbito, sido fixada a uma base de pedra, daquelas comuns nas estátuas. Emudeceu, não com as palavras de Cornélia, mas com o tom da voz; a energia que transmitia paralisou-a. Sentiu-se envergonhada e baixou a cabeça pedindo desculpas.

Cornélia riu baixinho, mas o gesto não trouxe irritação a Verônica.

— Seu estado de ansiedade é grande: você não me permitiu concluir a explicação. Isso é ruim. Você tem muito medo, e é esse o sentimento que a desestabiliza. A ansiedade é mera manifestação secundária; a causa primeira é o seu caráter, marcado em essência pelo medo, depois, o descontrole e a impulsividade são outras antigas pedras no seu caminho. A raiva é parceira do medo, e você oscila e alterna esses dois sentimentos de forma violenta. Cuidado! Eu não sou e nem conheço curandeira que trate desse mal. É você que precisa procurar a curandeira escondida em sua mente; a mulher sábia e equilibrada que existe em meio ao caos e à escuridão. Busque-a e encontrará a cura sonhada.

Verônica balançou a cabeça de um lado ao outro, incrédula e inconformada. Sem esconder o tom irritado, indagou:

— Por que todos os templos são assim?

— Assim como? — Devolveu o questionamento, a sacerdotisa, em voz aveludada, instigando o descontrole íntimo de Verônica, no entanto fiel ao seu próprio estado interior.

A ansiedade, a decepção e a irritação pertenciam à sofrida e imatura consulente.

— Misteriosos, incompletos... Eu tenho sentimentos dúbios com as coisas religiosas: ora elas me atraem e me sinto bem, ora eu as deploro e tenho raiva, profunda raiva. Aqui não foi diferente; sabe, nunca fui muito dada à religião.

— Uma falha no exemplar trabalho feito por sua mãe — comentou Cornélia, muito concentrada —, chamava-se Mirina. Uma grande mulher! Espartana, bela, mas humilde, muito sábia. Foi grande amiga sua em uma vida passada, bastante recuada no tempo. Caráter e determinação não faltam a esse espírito que também sabe ser protetor, amoroso e terno. Essa falha não desmerece o trabalho feito, afinal é para concertar, corrigir e refazer qualquer imperfeição, que o dia de amanhã existe, numa sucessão infinita a nossa frente. Mas é sempre bom lembrar que não é bom caminho postergar aprendizados imprescindíveis. Se possível, devemos aproveitar o hoje e não deixar para o amanhã. O desperdício é típico do preguiçoso e de quem não valoriza a vida e a felicidade.

Verônica olhava Cornélia com espanto. Como ela sabia o nome de sua mãe, a sua nacionalidade e tantas informações precisas sobre o caráter dela?

— Não se espante, você veio à procura de uma sibila. Pois bem, quem procura acha. É natural. Você estava ansiosa para saber como eu era. Olhe bem e tente descobrir. E como você também falou: templos são misteriosos e incompletos, embora, e corrija-me se estiver errada, o que você gostaria de ter dito era que todas as sacerdotisas sofrem do mal da soberba.

Verônica abriu a boca para falar, mas estava muda, não conseguia articular nenhum som. Parecia petrificada, pesada, estanque, mas sabia que se tratava de uma sugestão mental, pois era convicta que nenhum daqueles fenômenos fisicamente a constrangia. A sensação de reviver, *de déjà vu,* era intensa. Envolvia altas cargas emocionais. Lembrou-se da estátua de Cibele; era a mesma emoção, porém a carga atual era de ira, de vergonha, de impotência.

Sem que Verônica percebesse, a sibila aproximou-se e lhe tocou a testa, pressionando suavemente o dedo na região entre os olhos. Cornélia ordenou-lhe ao ouvido:

— Liberte-se, Verônica! Fale tudo que vai em seu coração, sem julgamentos ou censuras.

Uma sonolência, uma espécie de torpor tomou conta da jovem; sentiu-se flutuar, como às vezes lhe acontecia, antes de adormecer.

— Olhe bem à sua frente, Verônica. Há uma grande luz; fixe seu olhar. Confiante, reveja seu caminho, conte-me seu passado — determinou Cornélia, serenamente. — Aproveite, ele é latente em seu ser. É um véu muito tênue que o encobre, rasgue-o. Busque todas as causas da ira e do medo.

Verônica caiu de joelhos, as pernas não a sustentavam, sua vontade estava paralisada e sob o domínio da sibila. Os desejos dela eram uma ordem. Não conseguia impedir as lembranças de seu passado que se projetavam na luz, como se fossem encenadas por atores. Sua própria vida se exteriorizava e desfilava ante seus olhos. Narrava cada cena. Reviu a Vila Lorena, dona Octávia, Mirina e os camponeses que a acolheram. Tinha outra vez treze anos...

27
Adriano

O homem que ocupa uma posição elevada no mundo não se crê ofendido pelos insultos daquele a quem considera como seu inferior, assim ocorre com aquele que se eleva, no mundo moral, acima da Humanidade material; ele compreende que o ódio e o rancor o aviltariam e o rebaixariam; ora, para ser superior ao seu adversário, é preciso que tenha a alma maior, mais nobre, mais generosa.

Kardec, Allan. *O Evangelho Segundo o Espiritismo*, cap. 12, item 4.

Detalhes nunca percebidos saltaram aos seus olhos: o porquê de sua esmerada educação, a atenção de dona Octávia, a cumplicidade entre as duas mulheres mais importantes de sua vida... Não era apenas a filha de uma escrava espartana, era a neta de uma patrícia romana, senhora daquelas terras e pertencente a uma nobre família.

Ver as cenas anteriores ao seu nascimento foi uma provação dura. A aceitação de Mirina a emocionou, enchendo de ternura e gratidão a lembrança materna; não sabia o que faria se estivesse no lugar dela. Dar à luz um filho concebido em um ato de violência sexual dignificava-a, aos seus olhos, e a considerava uma semideusa.

Ouvir Mirina declarar à Octávia que o pai da criança que esperava era Adriano a fez estremecer. Suspeitara dessa verdade, mas preferia o benefício da dúvida e a tranquilidade da ignorância. Pelo relato da mãe, conheceu a triste história de seu nascimento: frequente abuso da força superior masculina contra a mulher.

Chorou com a lembrança de ver a avó e a mãe abraçadas e, mais que abraçadas, irmanadas em um mesmo sentimento de compreensão, tristeza e força que une as mulheres, vítimas de abusos de toda ordem, há milênios. Verteu copiosas lágrimas ao rever Mirina acariciar o ventre e declarar convicta:

— Não me importa quem é o pai dessa criança. Ela é minha filha, eu sei quem é a mãe, e isso me basta. É meu dever dar-lhe a vida e eu a amo porque é minha filha.

A sibila sustentava o transe de Verônica e a confortava, incentivando-a a prosseguir.

Viu dona Octávia em uma briga com Adriano, daquelas dignas das narrações de Homero, expulsá-lo com palavras duras e gestos firmes. Depois, desabou sobre um divã em sentido pranto. Doía-lhe ser mãe de um homem tão perverso, mas o era, e o sonho acalentado no passado ainda cobrava o preço da desilusão, pois, bem no fundo de si, ainda acreditava que ele melhoraria como pessoa humana. Mas a cada dia, Adriano a decepcionava mais.

As cenas principais de sua infância correram velozes, tudo era calma e alegria. Amanheceu o fatídico dia em que Mirina a tomara pela mão e a levara para a casa dos camponeses... Medo, ansiedade, dificuldade de entender e aceitar as atitudes maternas, saudade, revolta e raiva — era a mistura de emoções que Verônica vivenciou nos dias que precederam a chegada de Adriano, na Vila Lorena, anos passados.

Seguiu-se a recordação do período de trabalho árduo, de alimentação escassa, de tratamento humano frio e rude. Lágrimas desciam por sua face, externando a mais pura saudade da existência que levava na Vila Lorena. Assim, sucederam muitas semanas; os dias cansativos, repletos de trabalho repetitivo, monótono e pesado; e as noites, banhadas em rios de lágrimas, quando chorava até adormecer. E, muitas vezes, chorava de raiva, de revolta, por não compreender a atitude materna, a culpava e a injuriava.

Recordou o final daquela experiência, a dor, o medo e a

raiva que não conseguia confrontar. Um burburinho cheio de apreensão e dor envolveu os habitantes da propriedade e os vizinhos mais próximos — como era o caso dos camponeses que a abrigavam, muitos deles arrendatários das terras administradas por dona Octávia —, inclusive a camponesa que a acolheu. Verônica fazia o pão caseiro, tinha as mãos sujas, envoltas pela massa pesada para sovar. A lembrança foi tão nítida, que sentiu nas mãos a massa pegajosa, dificultando seus movimentos para se libertar e correr, assim que compreendeu a conversa que mantinha com outros trabalhadores, que tinham abandonado as lavouras.

— Houve uma desgraça na Vila Lorena. Dizem que o filho de dona Octávia, aquele que parece meio louco, malvado e que é um monstro desde pequeno, agora é general, lembra-se dele? Pois é, contam que teve um ataque de fúria, que se enraiveceu e ninguém sabe por quê. Matou todo mundo que viu pela frente. Só sobraram os que não foram bobos e fugiram bem depressa, é... dizem que foi horrível.

Verônica sentiu as pernas afrouxarem, as forças lhe faltarem, o dia ameaçou escurecer aos seus olhos, mas reagiu pensando com lógica e buscando dominar as emoções.

"Se todos fugiram, como podem assegurar que Adriano matou todos? Podem estar feridas, precisando de ajuda e esses covardes as abandonaram", pensou. No mesmo instante, recuperou a força e a clareza de visão e pensamento. Jogou longe a massa que lhe grudava nos dedos, arrancou o avental e deixou-o cair, pisando por cima, sem cerimônia. Ganhou a rua e correu em direção à vila.

Verônica tremia. A sibila, no entanto sustentava-a no transe, sem esmorecer ou afetar-se pelo doloroso relato que ouvia. Infelizmente, seus ouvidos e demais sentidos estavam habituados às atrocidades humanas. Compadecia-se, mas tinha consciência de que excessos emotivos em nada ajudariam naquele momento. Afora isso, seria ilusão não admitirmos que a natureza humana habitua-se a tudo com o que tenha uma convivência prolongada. As mazelas íntimas tinham ali um local de socorro e amparo. O preço era habituar-se à natureza humana e aprender a não julgar, a esquecer noções rígidas de certo e errado, de punições e lembrar-se de que, em essência, o ser humano é um aprendiz de uma vida feliz.

Os fatos relatados lembravam-nas de que este é um lindo mundo escola, cheio de alunos inconscientes e irrefletidos, por isso, rebeldes e, muitas vezes, sofrendo e pagando o preço das ilusões perdidas.

Lamentavam, mas seguiam avante, alegres e confiantes, pois tinham certeza de que aquilo que não é possível aprender no presente, será possível em outra chance ofertada pela vida, numa outra circunstância de aprendizagem futura.

Cornélia concentrou-se com firmeza e envolveu Verônica em mais energia, estimulando-a com palavras, a prosseguir sua busca pela verdade guardada em si mesma.

A jovem retomou o relato. Ingressara na casa correndo; havia um ar de desordem no lugar, como se os trabalhadores houvessem largado o serviço inacabado. O silêncio imperava. Os aromas da casa estavam levemente alterados; havia uma nota ocre de cheiro de sangue. Gritou chamando a mãe, depois por dona Octávia. Ecos confusos, reproduzindo algumas sílabas de suas próprias palavras, foi tudo que recebeu como resposta. O coração disparou no peito. O medo tornou-a pálida; as mãos úmidas por um suor frio; as pernas pesavam demais, parecia impossível mover-se. Isso durou minutos e logo acendeu, em seu íntimo, a chama da ira.

Correu aos aposentos de dona Octávia. A porta semiaberta foi empurrada com força, e, de supetão, deparou-se com os corpos das duas mulheres que eram sua família, ensanguentadas, mortas, caídas uma sobre a outra. De imediato, percebeu que tudo o que restava era dar-lhes um funeral digno. A vida, há horas, havia se extinguido. Berrou de ódio e dor, agarrada à porta.

— Maldito! Maldito! Imprestável! — e desfiou todas as expressões injuriosas e palavrões deselegantes que conhecia. — Maldito! Miserável! Você pagará com a vida por isso que fez, eu juro! Desgraçado! Por que não ficou no inferno?...

A dor venceu o ódio e Verônica deixou-se escorregar,

agarrada à porta até o solo, e chorou por longas horas. Perdeu as forças, conseguindo apenas soluçar baixinho.

Naquele dia, acreditara que estava sozinha, mas, revendo as cenas, percebia dois vultos femininos amparando, acariciando e confortando-a em sua dor.

— Muito bem, Verônica — interferiu Cornélia, com voz firme e suave. — Você recordou seu passado recente. Falaremos sobre isso depois. Agora, se controle. São lembranças. O que estamos revendo já aconteceu e não há nada que possamos fazer, além de aceitar e extrair lições para o presente e o futuro. Acalme-se.

A sibila percebeu a disciplina com que Verônica buscava o autocontrole, então a incentivou, elogiando-a:

— Isso, assim, encontre a paz interior. Muito bem! Agora, respire fundo e relaxe — orientou Cornélia, em tom monótono e calmo.

Transcorreram alguns segundos em silêncio e ela repetiu:

— Respire, encha os pulmões, retenha o ar — contou alguns segundos e disse: — Expire.

Fez o exercício mais algumas vezes e passou a ordenar--lhe que buscasse as demais lembranças armazenadas em seu ser, que remetiam ao ódio, medo, desvalorização pessoal e vingança.

Passados alguns minutos, Verônica sentiu ao seu lado a presença dos vultos femininos e disse:

— Sibila, sinto outras mulheres nesta sala, bem próximas de mim.

— Você as conhece — disse a sibila.

— Sim, eu as conheço. Vi-as em minhas lembranças, mas não sei quem são — esclareceu Verônica.

— São amigas espirituais que zelam por você — informou a sibila. — Confie, elas somente farão o melhor para você. Não permitiriam que eu realizasse nada que fosse prejudicial.

Cornélia repetiu a ordem para Verônica acessar seu passado reencarnatório. Pouco depois, uma sucessão de inúmeras cenas, aparentemente sem sentido, passou por sua memória. Viu-se muitas vezes criança, depois jovem e, por último, velha e morta. Eram existências pacatas, tranquilas. Nelas, moderação era a palavra. Viu-se ansiosa e com medo, em circunstância que não apresentava razões para gerar tais sentimentos. Vislumbrou uma pira funerária nas cercanias de um deserto, incendiada, ao cair da tarde. Viu-se como Dalilah; reconheceu Paulus como Jessé. Rememorou os fatos do passado distante e, ao rever Noor, reconheceu-a como Mirina. Contou resumidamente sua história[16] e se dobrou, caindo no chão do templo. Cornélia sustentou-a, impedindo que se ferisse; deitou-a de costas e, enquanto passava rapidamente as mãos do alto da cabeça até o centro do peito, determinou-lhe:

— Ao acordar, as lembranças narradas serão apagadas. Você recordará somente os fatos vividos como Verônica.

---

16 Existência anterior contada no romance de nossa autoria, intitulado *Em busca de uma nova vida*, publicado pela Editora Vida e Consciência/SP.

28
Descobrindo o amor

Olhando meu interior, ó Sêneca, constato certos defeitos tão à mostra que os poderia tocar com a mão. Há outros menos salientes que se acobertam em região obscura. Outros ainda descontínuos com surgimento intermitente. Estes, ouso assegurar, são os mais molestos. Parecem com inimigos imprevisíveis que assaltam, no momento para eles oportuno, sendo que em relação a eles a gente duvida entre estar em pé de guerra ou tê-los como parceiros na paz.

Sêneca. A tranquilidade da alma, capítulo I, tradução de Luiz Ferracine, editora Escala, São Paulo/SP.

Cornélia baixou as mãos, deixando-as descansar ao lado do próprio corpo. Mantinha o olhar atento em Verônica, porém não o fixava em nenhuma parte do rosto; pode-se dizer que passeava da cabeça aos pés da moça.

Notou que Verônica abria os olhos, com expressão cansada e o corpo levemente curvo, como se carregasse o peso de muitos anos. A sibila sorria com ternura e, guiando-a pelo braço, levou-a para descansar em um singelo banco de mármore, de linhas retas.

— Sente-se um pouco melhor agora, Verônica?

— Sim. Não sei como você conseguiu que eu falasse sobre o que aconteceu na Vila Lorena. Eu nunca tinha falado sobre aquele dia. Foi horrível — um tremor perpassou o corpo da jovem, fazendo-a sacudir os ombros.

— Falar faz muito bem, minha jovem. É uma necessidade do ser humano. A comunicação é fundamental para uma vida saudável. Falar pode curar nós mesmos ou nossas palavras podem curar os outros...

— Tenho uma amiga que me disse o mesmo — interferiu Verônica. — Mas para ela eu não consegui contar tudo, entende?

— Claro. Temos alguns porões na alma, minha querida. Limpá-los não é bom ou fácil, mas para que eles continuem servindo às funções que a mãe natureza lhes deu, precisamos visitá-los e pôr mãos à obra, de vez em quando. Foi o que você fez. Ao falar, trouxe todos os fatos, lembranças e emoções à luz. Agora poderemos conversar mais livremente.

— É, não tenho mais barreiras nem véus — comentou Verônica, lançando um olhar à sala cheia de véus diáfanos que pendiam do teto ao piso.

— Mas ainda não me disse como se sente — insistiu a sibila, carinhosamente.

— Sentia-me doente quando cheguei; agora não me sinto assim. Porém, também sou lúcida o bastante para reconhecer que não estou curada.

— Muito bem, Verônica. A cura virá a seu tempo. Não espere operações miraculosas da natureza, ela é lenta, paciente e branda. Levamos anos gestando uma doença, ignoramos que estamos fazendo isso, mas estamos. Ficamos dia após dia remoendo ideias, sentimentos, reforçando emoções, estados da alma. Aliás, o bom e o ruim tornam-se hábitos da mesma maneira. Então, acabamos buscando atividades que reforçam as emoções e ideias que povoam nosso mundo interior. Às vezes, por exemplo, não estamos irritados, mas o estado é latente, e vamos fazer alguma coisa que tenha justamente o potencial de desencadear essa ira. E assim, um dia, acabamos doentes. As emoções desgovernadas cavaram feridas, verdadeiros buracos em nosso organismo e, sabe o que é mais engraçado? Em geral, ficamos aflitos, desassossegados com essa construção pronta e acabada e acusamos a vida de ser injusta e recusamos nossa própria obra, como se fosse criação desagradável de outrem. É incrível, não é mesmo? Mas assim somos nós, a espécie humana.

— Você quer me dizer que eu produzi esse estado horroroso que estava vivendo? — inquiriu Verônica, com cara de desagrado.

— Exatamente. E você confessou, minutos atrás, que a informação não é de todo nova. Mas, sim, Verônica, é o que estou lhe dizendo. Leia você mesma, em suas lembranças, o que fez consigo. Sufocou todas as emoções, enterrou-as fundo e fez de conta que não existiam. Vestiu-se de andarilha, prostituta e gladiadora, mas a menina Verônica criada na Vila Lorena sempre esteve lá, espreitando com sua carga de medo e raiva, com seus questionamentos sem resposta. Você recordava e reforçava o que era bom. Isso está certíssimo, mas ignorar o outro lado não o faz desaparecer. É preciso uni-los. Sabe, não vivemos uma única vez sobre a Terra. Vivemos inúmeras vezes. Esquecemos os fatos dessas vivências: onde foram, o que fizemos, o que fomos, como era nossa aparência. No entanto, não perdemos nenhuma dessas vivências; delas retiramos o crescimento de nossas capacidades intelectuais e também emocionais; nossas virtudes, nossos vícios, nossos sentimentos — nunca são apagados. Isto é a nossa essência verdadeira. É como nessa vida: você não recorda o dia em que conseguiu andar nem quando esse aprendizado começou, mas usufrui dele até hoje. Compreendeu?

Verônica aquiesceu com um leve meneio da cabeça. E a sibila prosseguiu:

— Cargas muito fortes de sentimento, em geral, falam de experiências passadas. São reflexos. Você me disse que tinha vergonha de não conseguir reagir e sentir-se dominada pelo medo "sem motivo" de ser assassinada por seu amante, Paulus. Disse que o desconheceu, que, de uma hora para outra, ele não era mais o homem gentil e amoroso com quem estava habituada. Falou mais, que ele não tinha razões para ter ciúme de você, pois era fiel. Talvez esse exagero tenha raízes fundas, pense. Mas enfrente o que o hoje lhe revela. Jogue água nesse incêndio e o apague. Liberte-se dos sentimentos, crenças e valores que lhes dão origem. Fazendo isso, dissolverá os vínculos com o passado e não mais reincidirá em situações iguais a essa.

— É possível nunca mais sentir medo? Ah, como eu gostaria disso! — gemeu Verônica, em voz alta.

Cornélia riu do desejo inocente e infantil, legítima expressão de uma alma que conhecia muito pouco das coisas espirituais.

— Eu nunca falei isso, Verônica. Eu disse: liberte-se dos sentimentos, crenças e valores. A ira e o medo são sentimentos indispensáveis ao homem. Fazem parte de nosso eu imortal; estão gravados em nossa consciência; são leis naturais. Sem eles, seríamos criaturas amorfas, temerárias, nem consigo imaginar. Esses sentimentos e seus derivados são tão imprescindíveis aos seres vivos, que os identificamos em todos os animais, e creio que até nos menores seres vivos. Mas podemos e devemos aprender a usá-los, crescer e transformá-los. Eles devem nos servir e não nós a eles. Sem o medo, você não teria instinto de conservação, e é por meio dele que reconhecemos o perigo e nos protegemos. Mas ele não pode estar gritando a todo momento que você corre perigo. Não é porque machucou a ponta do dedo que irá se esvair em sangue, compreende? É preciso que ele esteja funcionando adequadamente, que as emoções desencadeadas não tomem o controle, e que você, perante as informações inconscientes que ele passa, possa usar a razão e colocar tudo nas dimensões adequadas, sem exageros e acessos emocionais. O mesmo se dá com a ira. Ela a ajuda a reagir e defender ativamente o que é seu, mas não pode interpretar cada movimento alheio como uma ameaça, tampouco ficar destruindo o que vem pela frente, para depois pensar. É bom e necessário ter ira, mas saber usá-la exige inteligência, razão, lógica. Ela é como a gordura de porco para o incêndio, queima, consome, arrasa. É o combustível; essa é a sua essência. É o seu combustível, a sua fonte de energia, cabe a você usá-la de forma racional. Empregar essa força gerando determinação; tendo a consciência de que, muitas vezes, é, sim, preciso destruir para dar oportunidade ao progresso, no entanto, nenhuma destruição precisa ser cruel. E a vingança e o rancor são as formas mais burras de emprego da ira, pois é atear fogo em si mesmo, é destruir-se, desejando que aquilo aconteça com outrem. É falta de inteligência, compreensão e domínio de si. Não somos livres para escolher o que sentir, mas somos livres para escolher o que e como fazer com aquilo que sentimos. Vença o passado hoje, aqui e agora, Verônica.

— Está me dizendo para abandonar meu ódio por Adriano, esquecer meu desejo e propósito de vingança?

— Sim, é isso. Perdoe, Verônica. O perdão é o mais potente remédio para os males da alma. Não se iluda pensando que o seu perdão beneficie a Adriano. Não, minha querida. Seu ódio, seu desejo de vingança e todo mal-estar que carrega em si, ele, até hoje, nem ao menos sonhou com isso. Nunca o afetou, não é verdade? Então, por que o seu perdão o afetaria? Mas afeta você, querida. Você está se envenenando dia a dia com esse tóxico; somente você sente os efeitos e o mesmo se dará quando decidir-se a perdoá-lo — somente você sentirá o bem-estar, a liberdade, o sossego da alma. Seja inteligente, perdoe. É você quem se libertará, acredite. Confie que a vida tem uma justiça muito superior ao nosso acanhado senso e nada fica impune. Existem leis maiores dirigindo a vida em todo universo. Não lhes parece que elas sejam mais sábias e capazes do que nós? Pense.

— Veja se compreendi corretamente: o que senti e todo mal-estar que carrego são, para você, fruto do medo e da raiva que trago comigo e que vêm das lembranças armazenadas em mim mesma. É isso?

— É — confirmou a sibila, com calma.

— E Paulus? Como você o enquadra dentro disso tudo?

— Como o ápice emocional da sua atual existência. A presença dele amplificou tudo que você sentia e reviveu experiências com a mesma carga emocional e, talvez, mais intensa — respondeu a sibila, encarando-a e observando se era entendida.

— Sei. E o que devo fazer? — questionou Verônica.

— Pensar, refletir sobre tudo que conversamos, estudar--se, estudar o comportamento humano, de maneira geral. Pratique esportes; estude matemática, é ótimo para desenvolver a lógica; estude filosofia, a ajudará a pensar de forma racional, a ser menos passional, a adquirir maior domínio sobre si, a privilegiar a mente. Procure despertar para a religiosidade. A confiança na existência de um Ser Superior, sábio e bom, nos dá segurança. Por isso, sempre ensino que a fé dá força. E ter força e fé é imprescindível na vida. Você carrega em seu íntimo outros sentimentos, escolha quais privilegiar. Seja uma mulher inteligente: escolha amar. Ame-se, antes de tudo. Procure e faça o melhor para sua existência. Talvez lhe pareça estranho, mas sempre que buscamos o melhor, buscamos Deus. Então, buscando o melhor, o bom e o belo da vida, você estará sempre caminhando para esse Ser Supremo. E, nessa busca, encontrará a capacidade de amar os outros e ser amada. Sabia que ser amada é uma capacidade que também se desenvolve?

A sibila calou-se. Ficou sorrindo ao seu lado e pousou a mão, nas costas de Verônica, pressionando-a a andar em direção à saída da sala. Estava encerrada a consulta.

Do lado de fora, a luz do sol ainda era intensa o bastante para cegar Verônica. "Pelos deuses, parecia que eu tinha ficado séculos ao lado da sibila. No entanto, ainda é dia", pensou e sorriu.

Sentia-se leve. Trazia a mente repleta de novas ideias que lhe despertavam sentimentos e desejos. Queria ser livre, acima de tudo. A liberdade sempre fora um bem supremo a ser conquistado e mantido, mas preocupava-se com a liberdade física, exterior. A sibila a tinha colocado no rumo da busca pela liberdade da alma, do interior.

Ao reencontrar Caio, na clareira, sorriu e estendeu a mão.

— Como você está? — perguntou o romano fitando-a apreensivo.

— Ainda mais convicta de que amo a liberdade e preciso tornar-me livre. Vamos retornar para casa e contarei tudo.

Conforme desciam e conversavam, os sentimentos alteravam as condutas. Começaram a jornada de mãos dadas; pelo meio do caminho, estavam abraçados e, ao chegar ao pé da montanha, beijaram-se apaixonadamente e nunca souberam quem havia começado. É interessante como a segurança do amor dispensa as trivialidades tão comuns nas paixões físicas. Ele fala uma língua maior e mais poderosa que qualquer convenção humana. Simplesmente arrasta.

Iniciavam dias de intensa felicidade, de transformação profunda e irreversível. A orientação da sibila Cornélia tornou-se um mapa para Verônica, e Caio tomou para si a tarefa de guiá-la naquele mundo de conhecimentos e informações.

Meses se passaram envoltos em amor e conhecimento. A temporada em Tívoli deixaria marcas indeléveis.

277

29
Teste em Tivoli

Não se fazem necessários aqueles recursos drásticos aos quais já temos recorrido, anteriormente, como: resistir a si mesmo, censurar-se e atormentar-se. Agora, o que vale é confiar em si mesmo, persuadido de caminhar na retidão, sem deixar-se levar por trilhas desviantes como daqueles que vão de um lado para outro, enquanto alguns se perdem bem às margens do caminho.

Sêneca. *A tranquilidade da alma*, capítulo II, tradução de Luiz Ferracine, Editora Escala, São Paulo/SP.

Verônica nasceu várias vezes em uma mesma existência. Transformação é a palavra que caracteriza essa vivência. A Verônica que nasceu em Tívoli reunia o melhor de todas as anteriores. Poder-se-ia dizer que era o amálgama fino, o extrato das turbulências até então experimentadas.

Sob o amor de Caio, brilhou uma jovem bela, de feições altivas, corpo forte e de refinado gosto. Senhora de uma sensualidade natural que atraía e encantava a homens e mulheres. Mas, acima de tudo, Verônica descobriu o dom de refletir, de agir com prudência; esmerou-se em lapidar o medo e extrair dele a prudência e o caráter comedido. E da ira, a energia para tornar-se uma mulher determinada. Aliou a tudo isso o amor ao conhecimento e à arte, que Caio soube com maestria fazer brotar em seu espírito. Em Tívoli, nos dias serenos de tranquilidade e amor, aquela alma turbulenta descansava e, em um período de paz, preparava-se para novas guerras. Verônica foi guerra e paz em tempos bem definidos. Sim, guerra e paz resumem uma existência cheia de altos e baixos, e a cada descida e a cada subida, uma transformação.

Exteriormente Verônica também mudou. Trajava-se como uma romana, pertencente à elite. Penteados elaborados, túnicas de bons tecidos, belas joias. Caio adorava vê-la de azul, dizia que era ainda mais bela com as cores do céu. Turquesas a enfeitavam em brincos, colares e largos cintos marcavam a linha abaixo do busto exuberante ou da cintura.

A sociedade, obviamente, comentava o relacionamento público do famoso e rico Caio Petrônio com a jovem de origem tão obscura. Boatos corriam à boca pequena. Ele, porém, ignorava-os.

— Verônica, não se perturbe com a opinião alheia. Você nunca agradará a todos. Não se deixe fascinar pelos aplausos e elogios, nem sempre são sinceros ou puros. Aceite aqueles que você analisar a procedência. Igualmente, não se abale com as críticas, meu amor. Analise as que merecem ser ouvidas e ponderadas, cuja procedência você respeite. É natural, neste mundo, que existam antipatias e simpatias, afinal somos criaturas diferentes umas das outras. Não gostar ou não aprovar nossos atos e nosso modo de ser não faz do outro alguém ruim, assim como a mesma atitude nossa em relação a outrem não nos faz maus, é pura e simplesmente divergência de ideais e pensamentos. Só isso. Não perca a tranquilidade de sua alma por eles. Além do mais, não é a opinião alheia que nos faz feliz ou infeliz, e, sim, como vivemos e sentimos. E isso somente cada um pode julgar por si. Deixe-os, não guarde mágoas. Entenda que pensam diferente, e esse é um direito que assiste a eles. Se forem malévolos em suas intenções, lastime-os, mas não perca seu tempo com eles; siga adiante. Somos felizes, é o que interessa.

Encantada com a paz e a segurança que aquele homem lhe transmitia, Verônica sorriu, abraçou-o e declarou:

— Você tem razão, Caio.

E tornaram-se aquilo que desejavam ser: um casal pleno e feliz. A fortuna e a tradição de um nome de família aristocrático garantiam a Caio muitos passaportes e salvos-condutos na sociedade da época, como o fariam ainda hoje. No entanto, nenhum deles superava sua capacidade pessoal, e daí o reconhecimento de que era um membro necessário e útil na organização de que fazia parte.

Compareciam aos banquetes, e Verônica escandalizava-se com o hábito, ao seu ver, dantesco, de regurgitamento. Não conseguia aceitar que alguém comesse e bebesse além de todas as possibilidades de saciedade e, para continuar essa extravagância, vomitasse o que ingeriu, apenas para retornar à mesma atividade. Estavam em um desses ricos e faustos banquetes, na residência de um amigo de Caio, quando Verônica pediu:

— Caio, vamos embora. Minha alma espartana não consegue aceitar esses abusos. Não suporto esse exagero.

Caio riu e fez a vontade da amada.

— Mais do que uma alma espartana, você está se tornando uma mulher a cada dia mais estoica, querida.

— E a quem devo tais ideias? Acaso elas o desagradam?

— Não, não — apressou-se Caio em responder, beijando-a na ponta dos dedos. — Eu adoro. Desde a primeira vez que a vi, em Roma, seu modo seguro e firme de se mover me falou de uma mulher forte e livre. Quanto mais esse espírito se mostra, mais me encanta.

— Depois de tudo que já vivi, esses dias têm sido um verdadeiro paraíso. É fácil ser confiante, segura, tranquila e amar as coisas boas nessas condições e com você ao meu lado — retrucou Verônica. — A única coisa que preciso fazer é ignorar o que falam de mim. Depois de tudo, isso é fácil. Para você deve ser mais difícil...

— Nem um pouquinho — interrompeu Caio. — Eu vivo como quero e com quem quero. E você está ao meu lado porque a amo. Nunca senti isso por outra mulher, daí nenhuma outra ter vivido algo sequer parecido comigo.

— Os hábitos romanos me chocam. Há tanto excesso, tanto desperdício. Será que eles não sabem quantas pessoas passam fome nas ruas? Eles não sentem nenhuma vergonha em comer até vomitar, enquanto outros sentem o estômago doer de fome?

— Eles não olham para a sociedade, só enxergam seus umbigos — retrucou Caio. — É por isso que são necessárias leis escritas que disciplinem cada ato. Sonho com o dia em que a humanidade se governará apenas pela própria consciência, de acordo com a lei natural. Então, não será preciso que, quando um cônsul saia de sua casa, um litor[17] carregue uma vara consigo para lembrar a justiça. Punições e coerções não farão parte das necessidades da ordem social. Tenho plena certeza e confiança na existência de uma justiça invisível, regulando a vida e as ações humanas, com maior sabedoria do que qualquer lei feita pelo Senado, ou por decisões de cônsules e pretores ou qualquer outro com poder humano de decisão. Nada escapa a esse ordenamento superior. E não creio que ele puna, mas que eduque.

— Quem teme uma punição não teme cometer o ato errado, e isso pode fazê-lo reincidir — completou Verônica.

— Sim, e o fazem. E o pior é que chega um tempo em que a vara do litor nada mais representa, vira deboche. É justo, nessas situações, que admiro e enxergo essa outra justiça, cujo poder e organização são invisíveis aos meus olhos, mas cujos feitos são palpáveis, basta querer ver.

— Do que você está falando, agora? — perguntou Verônica, sorrindo.

Reconhecia nas entonações de voz de Caio a mudança de seus pensamentos e sentimentos. Amava-o tanto, que ele se tornara transparente; sabia antecipar seus pensamentos e mínimos desejos. Por isso, compreendeu que aquele discurso deixara o campo teórico, e ele se referia a alguém em especial. Curiosa, acompanhou seu olhar. Deparou-se com um homem alto, que devia ter sido forte no passado, mas que, hoje, trágica doença consumia-o a olhos vistos, tornando-o mais dependente a cada hora.

— Não conheço esse pobre homem, Caio — comentou Verônica. — Mas já o vi nas casas de banhos, em geral nas piscinas termais. Deve estar em tratamento médico, é visivelmente

---

17 Litores: oficiais que serviam aos magistrados romanos. Quando estes saíam às praças, a serviços da justiça, os litores os acompanhavam, carregando na mão direita uma vara (fasces) que simbolizava o poder de punir.

muito doente. Parece sofrer dores horríveis. Notei que há dias que se movimenta com grande dificuldade.

— Eu conheço muito do que ele fez. E lhe asseguro, nenhuma penalidade humana, se tivesse alcançado seus atos, chegaria à décima parte da competência do que vi, nestes últimos dias, desde a sua chegada a Tívoli, que a vida e sua justiça invisível e operante realizaram. Se juntos tivessem sido colocados todos os crimes que esse homem cometeu, faltariam-lhe dias para cumprir a pena. Não penso que a morte do criminoso seja algo útil à sociedade. Ela não extingue o crime, apenas a pessoa. Mas, Verônica, tendo observado as vidas alheias que passaram e passam pela minha função pública e, especialmente quando fui magistrado e pretor, enxergo com clareza um poder e uma justiça paralela que opera, com sabedoria e eficácia, embora eu não saiba os meios, os processos, e apenas consiga deduzir algumas de suas leis com exercício de reflexão e análise filosófica. Outras, por analogia com as leis físicas naturais. Se houvesse sido condenado, talvez tivesse fugido, se revoltado, criado organizações criminosas; mas, por esses desvios da sociedade, ele nunca sequer foi acusado formalmente dos crimes que cometeu. E, olhe bem para ele: está confinado em si mesmo, todos seus atos passados restam sem proveito — a fortuna de pouco lhe serve, e o principal: a saúde é ineficaz e praticamente inexistente. Ele não tem como fugir, nem como revoltar-se contra qualquer instituição e, repare bem em seus olhos e em seus gestos, não lhe parecem aflitivos, atormentados?

Verônica observou, penalizada, a dificuldade com que o homem tentava alimentar-se, apesar de não ser motivo de piedade pública.

— Por que precisa expor-se assim? Sofreria menos se ficasse recolhido ao seu lar — comentou Verônica, concordando implicitamente com a opinião de Caio.

— Justamente, por que não se retira da cena pública? Ainda não domou o orgulho, a altivez. A turba, em atitude de chacota, vai humilhá-lo, pois é da natureza inculta e ingrata do ser humano pilheriar com a dor alheia, não importa a classe social ou o nível cultural, ela é emocionalmente ignorante. A humilhação terá caráter educativo para esse orgulho e altivez. O fato de alguém receber muitas moedas de ouro ou poucas moedas de cobre por seu trabalho, a mim é indiferente, não serve senão para elogiar ou lastimar. Passa-se o mesmo com o amigo ali presente, não me cabe julgar, agravar ou minorar suas faltas. Penso que deva respeitá-las. Mas, perceba, dessa ignorância a vida colhe frutos e tira proveito para corrigir essa alma doente.

Verônica revirou os olhos, perdera a linha de raciocínio de Caio.

— Caio, mais tarde você me explicará detalhadamente essas ideias. Achei-as muito interessantes, mas essa conversa extrapolou as possibilidades desse banquete que se torna desagradável aos meus olhos e, principalmente, ao olfato. Não há incenso que perfume um ambiente desse tipo.

Decidida, marchou em direção à saída. Caio a acompanhava rindo e balançando a cabeça.

Mais algumas semanas transcorreram, sem que voltassem ao assunto. Caio não mais falou do homem doente, e Verônica, envolta em outros interesses e afazeres, esqueceu o encontro. Até o dia em que o reencontrou, ainda mais doente, em uma piscina de águas termais

Havia abusado dos exercícios físicos, cuja disciplina fazia-lhe grande bem, e por isso incentivada por Caio. Sentia fortes dores musculares, motivo que fê-la resolver ir à piscina naquela tarde.

Desde que viviam juntos, ele parecia não ter pressa de regressar a Roma, e nenhuma vez lhe dissera que não desejava que ela retornasse à arena. Ciente do bem que a disciplina dos treinamentos imposta por Mirina, desde a infância, faziam a Verônica, não a deixava esmorecer.

A temporada de veraneio terminara. A cidade voltava à calmaria, somente em alguns dias especiais havia maior número de visitantes. Restavam agora, poucos moradores e enfermos que ali residiam ou ficavam um maior número de meses em tratamento.

Verônica deliciava-se, sozinha, em uma piscina de águas termais. Relaxada, assustou-se ao ouvir o baque de um corpo lançado à água. Alerta, abriu os olhos e reconheceu o homem do banquete, assistido por dois escravos. Ele resmungava e parecia ralhar com os auxiliares. Verônica logo percebeu que o doente não conseguia mais caminhar e precisava fazer força com os braços para manter-se apoiado nos escravos. Esses, por sua vez, esforçavam-se para sustentar o peso do enfermo e movê-lo.

Haviam-no lançado na piscina primeiro, e um o sustentava pelos braços, enquanto o outro descia à piscina. Sem pensar, Verônica foi ajudá-los. Aproximou-se e passou o braço sob o enfermo, sustentando-o com facilidade. O homem estava flácido; aparentava possuir pouca força nos músculos.

— Fique calmo, eu o ajudarei até seus escravos ingressarem na piscina — falou Verônica, pacientemente.

O homem a olhou intrigado; a revolta brilhava em seus olhos e na expressão carregada da face, na linha dura e fina dos lábios apertados. Era visível que considerava a suprema humilhação: ser amparado por uma mulher.

Mas os anos de vida em sociedade e uma formação férrea na infância fizeram-no responder com polidez:

— Agradeço-lhe, senhora. A vida, nos últimos dias, apenas tem tomado o que me deu. Somente não compreendo por que o faz de forma tão lenta.

Verônica perdeu a fala ao entender o anseio, o desejo de morrer, confessado nas poucas frases.

— A vida tem decisões muito estranhas, senhor. Eu também experimento suas deliberações, aliás, creio que todos os seres humanos estão sujeitos a essa força superior que governa a vida. Alguns a chamam de Deus, ou dão-lhe o nome de um deus ou deusa de sua preferência.

— Desculpe-me, senhora. Tenho respeito pela crença alheia nos deuses e deusas de qualquer religião, mas, sinceramente, não creio em nada. Poupe-me de seus discursos — respondeu o enfermo, sem nenhuma peja da ranzinzisse e do mau humor que sequer tentou disfarçar. — Entenda como é difícil a um homem que comandou legiões romanas em batalhas, ver-se reduzido a isso, sofrendo a humilhação pública de ser ajudado para as mínimas coisas.

— Eu não faria discursos religiosos, senhor. Não era minha intenção, aliás, apenas obedeci a um impulso de auxiliar ao senhor e aos seus escravos, pois visivelmente os três penavam — respondeu Verônica, irritada com a atitude do enfermo, e, prosseguindo, escarneceu: — Seus escravos não mais necessitam da minha ajuda, senhor general.

Os escravos, apostos ao lado do amo, amparavam-no, e Verônica, incomodada pela atitude com que o homem recebera seu auxílio, resolveu deixar a piscina. Se as dores voltassem a incomodá-la, pediria uma massagem à escrava pessoal que Caio designara para servi-la em Tívoli.

"Por que é tão difícil ajudar algumas pessoas?" — indagava-se Verônica, enquanto se dirigia para casa, ruminando o encontro com o arrogante enfermo. "É tão mais simples aceitar os fatos e, dentro do possível, trabalhar para mudá-los quando nos desagradam! Aquele homem joga fora muita energia e a saúde que lhe resta com as intermináveis queixas e o mau humor. Os pobres escravos devem invejar alguns lugares do Hades, com certeza, devem ser melhores do que ficar ali, servindo de guardião daquele homem. A minha vida é tão cheia de altos e baixos, de oscilações, mas procuro não perder tempo em lamentos, queixumes ou mau humor. Eu não imagino alguém alimentar essa atitude e ter forças para mudar. Não. Em geral, eles se comprazem nas lamúrias e não sabem falar de outra coisa. São preguiçosos da alma, eternos insatisfeitos. Aposto que, em Roma, ou onde estivesse, resmungaria querendo vir para cá. Aqui, resmunga contra a vida e contra as forças que a governam. Nenhum lugar lhe serve, nada deve lhe agradar. Mamãe dizia que fugiam de si mesmos. Eram criaturas tão intoleráveis que não se suportavam e, para elas, nada nem ninguém era bom o bastante. Eram uma companhia intolerável para si mesmas e dela podiam se desvencilhar. Dona Octávia também dizia isso — sempre me falava que os males e desgostos de que padecemos não provêm nem dos lugares, nem das circunstâncias, nem das outras pessoas, mas de nós mesmos, da forma como vemos as coisas. Sábia, senhora! Como sinto falta delas! Será que têm orgulho do que me tornei, de como estou vivendo? Tomara que sim. Ao menos, tenho consciência de que elas me ensinavam que, se não somos criaturas sadias e felizes, precisamos mudar, pois a mudança é, em si mesma, um grande lenitivo. Acho que eu estou mudando; sofro um pouco, tenho sentimentos ruins guardados dentro de mim, ainda não consegui esquecer. Mas me afastei muito das lembranças ruins, mudei e isso me fez melhorar, recobrar a saúde e ser feliz agora."

Quando deu por si, a vila de Caio estava à sua frente.

— Pelos deuses, já chegamos a nossa casa! Perdida em pensamento, não vi o caminho — comentou Verônica com o servo que estendia a mão para auxiliá-la a descer da liteira.

Caio, sentado em agradável recanto do jardim, de onde se enxergava o nicho de Cibele, dedicava-se à análise de vários documentos. Estava concentrado, a testa franzida, a mão esquerda tamborilando levemente sobre o tampo de mármore da mesa, sobre a qual repousavam outros rolos de documentos oficiais. Ao lado dele, estava um oficial do Senado.

Ao vê-los, Verônica sentiu-se insegura. Sentiu que a águia de Roma e seu poder invadiam sua felicidade recém--conquistada e a lembravam de que aprendera a amar um homem público, descendente de uma família da elite do império. Temeu perder tudo. Interessante como o medo é ousado; sempre conduz ao pior, à perda total, ao estraçalhamento, à destruição e à morte. Verônica não pensou em perder algumas horas do convívio com Caio; pensou em perdê-lo completamente, no fim de seu idílio de paz e amor. Um aperto no peito e na garganta causou-lhe rápida falta de ar. Teve gana de escorraçar o emissário do Senado e mandá-lo embora. Mas, para tornar mais angustiante aquele segundo, sentiu-se impotente. Isso redobrava a força da ira e atiçava o medo, falando-lhe que era incapaz e impotente para rechaçar ameaças à sua felicidade.

— Verônica, reaja! Controle-se! Isso são a ansiedade, o

medo e a raiva que carrega em si, não dominados e transformados. Não é porque você coloca uma fera em uma jaula, que ela perde a sua natureza. Acalme-se. Vá, enfrente a situação. Encare o presente como ele é, não lhe lance, de antemão, as tintas do passado, pois assim você só fará repetir experiências.

Verônica olhou para os lados; voltou-se à procura da dona da voz severa que a advertira. Não havia outra pessoa. Em seu movimento, vislumbrou o nicho de Cibele. Não enxergou Talita que a acompanhava.

"Deve ter sido uma emissária da deusa a lembrar-me que preciso confiar na vida e aprender a controlar minhas emoções. Sim, é muito natural que um emissário do Senado venha à procura de Caio, afinal ele ocupa um cargo público, tem deveres a cumprir. Não podemos viver aqui para sempre, como se não houvesse um antes e um depois" — pensou Verônica, lutando por agir racionalmente.

Esforçou-se para impor esse pensamento sobre todos os outros e, conforme vencia a distância que a separava de Caio e do funcionário, ficava mais serena e segura.

Ao vê-la, Caio largou o documento e lhe estendeu a mão, chamando-a a sentar-se em seu colo. Beijou-a carinhosamente e perguntou:

— As dores aliviaram?

— Sim, estou bem. O que são esses documentos? — indagou sem rodeios, não conseguindo conter a ansiedade.

Caio sorriu. Leu a luta emocional da jovem, como antes lera os símbolos grafados nos documentos. Admirou-lhe a reação positiva e, paciente, esclareceu:

— Chamam-me a Roma. Partiremos em uma semana. É urgente, mas não se trata de nenhuma emergência. Poderemos organizar a partida com calma. Estou determinando que preparem a casa para o nosso regresso. Tomei a liberdade de decidir sem esperar o seu retorno, pensei que ficaria mais tempo na casa de banho — Caio falava com tranquilidade, não lhe passara pela mente que retornar a Roma implicasse separar-se de Verônica. — Por que veio tão cedo?

— Caio, você quer que eu more na sua casa em Roma? — perguntou Verônica ansiosa.

— Por quê? Você não quer mais conviver comigo? — devolveu Caio, com ar de riso, divertindo-se com o estado emocional de Verônica.

— Não faça, assim — ralhou Verônica, aflita. — Não ria de mim. Responda o que lhe perguntei, por favor. Para mim é sério, é muito ruim o que sinto. Pensei que estava curada, mas...

— Está convalescente — afirmou Caio, sorrindo e apertando-a em seus braços. — Não penso mais em minha vida sem você. Em tudo que faço ou pretendo fazer, vejo você ao meu lado. Aqui, em Roma, em uma terra distante, em qualquer lugar, você está sempre ao meu lado.

Verônica suspirou e o abraçou, cobrindo, com beijos, a cabeça repleta de cachos loiros.

— Sempre, sempre ao seu lado — afirmou a jovem.

— Muito bem, agora me deixe devolver esse documento ao emissário para que ele retorne a Roma. Libertando as mãos do corpo de Verônica, enrolou os documentos e os fechou, entregando-os ao servidor. Deu ordens rápidas e corteses ao emissário e o despediu.

Verônica, observando-os saírem da propriedade, questionou:

— Retornaremos a Roma em uma semana. Posso saber o motivo?

— Pode. É simples, Verônica: querem que eu assuma uma missão no Oriente. Existem problemas de ordem por lá, e desejam reforçar a força do império. Uma missão político--diplomático. Viajaremos muito, querida. E agora, conte-me por que veio tão cedo. Aconteceu algo que a fez mudar de ideia, pois saiu daqui dizendo que retornaria somente ao cair da tarde.

— Não foi nada de importante. Apenas me irritei com um episódio e com alguém que não merecia, Caio. Esqueça, não foi nada maior. Até foi bom ter vindo mais cedo, pois se partiremos em uma semana, é bom que comecemos a organizar tudo. Cheguei aqui enrolada em um cobertor, mas agora tenho bagagens — brincou Verônica, fazendo ares de muita preocupação.

— Uma mulher estoica não se apega a roupas e adornos — lembrou Caio.

— Antes de me tornar adepta da escola estoica, a vida já havia me ensinado que ela dá e ela tira tudo o que seja material — retrucou Verônica, batendo com o dedo indicador no nariz de Caio e, marota, completou. — Mas enquanto ela não tira, eu usufruo.

— Ah! Alma feminina... — resmungou Caio

— A vaidade física, o desejo da beleza, são intrínsecos da mulher, Caio. Se até Psyqué se rendeu à eterna busca da beleza, abrindo o potinho da beleza eterna que devia levar a Afrodite...

— Hei, hei, pare aí. Não distorça as lições, você entendeu muito bem o que significou o gesto de Psiqué no mito — ralhou Caio.

Verônica riu da fingida severidade dele e apressou-se em apaziguá-lo, declarando com ares de inocente:

— É mesmo! A lição era de astúcia feminina e foi aí que Psiqué venceu a sogra e ganhou seu lugar entre os deuses. Colocou-se voluntariamente em posição de fragilidade, para despertar o salvador em seu amado Eros, que, ao vê-la adormecida para a eternidade, em eterno sono de beleza, perdoou o passado e assumiu um amor maduro com ela — Verônica suspirou. — É uma história linda.

— E muito profunda. Mas quem foi que a irritou e por quê? — insistiu Caio, sério.

— De fato, não foi nada demais. Encontrei aquele homem enfermo do banquete, lembra? Pois bem, em um impulso decidi ajudá-lo a entrar na piscina. Os servos estavam sofrendo para colocá-lo na água. Fui ajudar...

Caio surpreendeu-se e voltou o olhar ao nicho de Cibele, como se necessitasse de uma comunicação oculta com a deusa de sua devoção. Verônica acompanhou seu gesto, estranhando a atitude.

— Por que está olhando para Cibele? — questionou.

— Por nada, Verônica. Apenas, para uma vez mais, dizer à mãe divina que o acaso, realmente, não existe, é apenas o somatório das coisas que ignoramos. Tudo que não conseguimos explicar ou entender dizemos ser obra do acaso, e ele opera maravilhas.

— Caio, eu, às vezes, não o entendo. O que esse discurso tem a ver com meu encontro de há pouco? Em Tívoli, não é nenhum acaso encontrar um enfermo em uma piscina de tratamento.

Caio riu, endereçou novo olhar à deusa e concordou:

— É, eu acabei de dizer que o acaso não existe; ele é apenas o somatório do que ignoramos na vida. Ainda temos uma semana, aproveite as piscinas de que gosta tanto, não sei o que encontraremos no Oriente.

Verônica permaneceu no jardim ainda alguns instantes, depois, a pretexto de acompanhar as providências do jantar, retirou-se.

Caio fitou a imagem de Cibele, pensativo. "Essa vida é mesmo imprevisível. Bem prepotente é aquele que deseja dominá-la e conduzir os fatos a seu bel-prazer. Embora eu creia que a vontade do homem produza seu destino, seria um cego se não enxergasse os movimentos sutis de atração e repulsão que existem. São infalíveis, por isso alguns os chamam de destino. Que seja! A isso me rendo. E quando esse destino intercepta nossos meios de ação, é sábio render-se a ele, de nada adianta fugir ou esconder-se, como se fosse possível escapar à sua ação. Vejamos o que me reserva o amanhã. Apenas te peço, mãe divina, protege Verônica. Ela ainda é frágil, suas virtudes apenas despontam. Não sei se terão força para sustentá-la em tão rude teste, e seu desgoverno emocional ainda é latente; protege-a de si mesma, se o que peço for possível."

Como as dores persistiram, Verônica retornou outras tardes à piscina de águas termais. Invariavelmente encontrava o enfermo. Sentia um misto de atração, interesse e piedade por aquele homem.

A contragosto do homem, insistiu em conversar com ele. E, como a frequência naquela época do ano fosse pouca, eles usufruíam a piscina com total privacidade; apenas os dois escravos testemunhavam os encontros. E eram gratos à jovem que os auxiliava.

No terceiro encontro, o doente rendeu-se à persistência

de Verônica e conversaram amenidades. Como ele não tinha interesse em saber seu nome, ela não perguntava o dele. Tratavam-se, às vezes, cerimoniosamente, outras, com a intimidade típica dos grosseiros. Iam de um extremo ao outro, com facilidade, o que despertava o humor de Verônica que, intimamente, ria do comportamento irritadiço do homem — lembrava-lhe um cavalo xucro.

Caio ouvia os relatos daqueles encontros com naturalidade, mas em seus olhos havia apreensão.

Aproximava-se o final da semana, mais três dias e deixariam Tívoli. Jantavam sozinhos, usufruindo de intimidade prazerosa. Verônica comentava sobre o homem doente e o estranho relacionamento que desenvolviam. Relatava que o auxiliava a fazer exercício na piscina, pois considerava benéfico ao menos para conservar a sua pouca força muscular, talvez retardasse o avanço da doença. Era visível o quanto aquela pequena melhora fizera bem ao estado de ânimo do infeliz.

— Um nobre gesto, meu amor. Admiro-a por auxiliar um estranho e, ainda mais, sabendo que ele não foi nenhum exemplo de virtude — declarou Caio, analisando as reações da mulher. — Como você se sente em relação a esse passado criminoso do enfermo?

— Curioso, no primeiro dia eu pensava no que você me contara e considerava as suas ideias. Depois, essa consciência de ele haver sido um criminoso foi se apagando diante do doente, preso em seu próprio corpo, sem chance de fuga. Fiquei penalizada com o sofrimento dele, com seu estado de ânimo, com sua solidão. Você sabia que ele não tem nenhum familiar? Vive só com os escravos e um filho adotivo, com quem não tem um relacionamento dos melhores, mas me parece que ainda é um menino e sem paciência para lidar com os queixumes de um velho prematuro e quase inválido. Creio que deve ter adotado a criança não por desejo de ser pai, mas por medo de não possuir alguém que orasse por sua alma depois da morte, que está próxima, ao que parece.

— Muitas famílias romanas adotam filhos por esse motivo — lembrou Caio. — Aliás, esse é um dos propósitos de se permitir a adoção.

292

— Eu sei. Mas sabe o que é mais triste nessa criatura?

— Não faço a menor ideia, Verônica. Até alguns dias atrás, eu diria que a existência dele era uma tristeza para a sociedade...

— Exagerado! — reprovou Verônica. — Se ele foi tão mau como você diz, a lei natural a que tanto admira está dando cabo de fazê-lo pagar e, mais que isso, de educá-lo, transformá-lo como ser humano.

— Sim, nisso eu creio. Mas diga-me: o que é mais triste nessa criatura?

— Ele viveu todos esses anos sem ter um propósito na vida, sem um projeto, nada. Apenas dormia e acordava e vivia, como quem come o que lhe é servido, e, no caso, era uma atitude violenta, irada, irrefletida. Agora é um velho precoce, quase inválido, e não tem outro argumento para os anos vividos senão os cabelos brancos e as rugas. Que os deuses me livrem de igual destino! O tempo passou por ele, ou ele pelo tempo, não sei quem passa por quem. Mas o fato é que foi isso o que aconteceu com essa criatura, Caio. Isso é triste! É viver sem ter existido.

Caio a escutava encantado. Conhecendo o seu passado, sabia que ela falava com conhecimento de causa. Sentiu-se culpado por tê-la afastado de seus projetos em Roma, por tantos meses. Agiu com egoísmo, por nunca tê-la sequer questionado.

— É verdade. E isso me leva a pensar nos seus projetos, Verônica. Você pretende retornar às arenas em Roma?

Verônica respirou profundamente. Esperava por essa conversa há dias, mas não naquele momento e de forma tão direta. Mas esse era Caio Petrônio; não agiria de outra maneira.

— Há alguns dias concordamos em continuar vivendo juntos. Estamos fazendo planos de ir para o Oriente. Não vejo como eu possa conciliar a vida da escola de gladiadores com tudo isso, Caio.

— Está me dizendo que abandonará seus projetos de vida para me acompanhar?

— Não, estou lhe dizendo que tenho pensando em novos projetos para minha vida que me permitam acompanhá-lo.

— Isso é ótimo! Por um momento, me senti culpado e egoísta, pois não considerei seus projetos e desejos. E quais são seus projetos?

Verônica sorriu, baixou levemente a cabeça, brincou com a comida e falou desinteressadamente:

— Gerar alguém saudável, criar uma criança feliz, transmitir-lhe os valores que recebi de minha mãe, as muitas coisas que você tem me ensinado...

Caio engasgou-se com o vinho, tossiu e riu ao mesmo tempo, compreendendo a notícia de que seria pai em breve.

— Para quando? Falta muito? Por que não me contou antes? Por Cibele, nunca tinha pensado em ser pai, mas adorei o projeto.

Abraçaram-se e esqueceram o jantar.

30
Libertar-se

Não olvides que o verdadeiro
perdão se reconhece pelos atos, bem
mais que pelas palavras.

Kardec, Allan. *O Evangelho Segundo o Espiritismo*,
cap. X, item 15, IDE, Araras/SP.

N a véspera da partida, Verônica decidiu ir, pela última vez, à piscina de águas termais. Como se tornara costume, não demorou muito e chegaram o enfermo e seus escravos. A jovem sorriu e pensou: "Que tristeza!, todos os dias a mesma coisa. Isso é a desgraça de morrer em vida."

Era a última vez, talvez por vários anos não retornasse ao local, por isso decidiu ajudá-lo e enfrentar toda a contrariedade e azedume daquele espírito rebelde à justiça natural, segundo Caio.

Sem delongas, o homem pôs-se a reclamar, resmungar e esbravejar. Verônica sorriu, ignorando com facilidade a rabugice do doente. Feliz como estava, nada do que ele dissesse a afetava; além do mais era um estranho. Já vencera o fato de pensar nele como um criminoso; era um doente, um morto em vida, um infeliz.

No entanto, assim como havia começado a reclamar, ele se calou. Parou e pediu a Verônica:

— Senhora, por favor, fique de frente. Se não se incomoda, quero ver seu rosto.

Surpresa, ela obedeceu. Notou que ele a analisava com extremo cuidado, e que suas feições acusavam emoções contraditórias. Nos anos de treinamento e nas lutas na arena, quando sua vida estava em jogo, aprendera a ler os rastros que as emoções deixam no corpo. Revelam os sentimentos, o íntimo do outro, e, muitas vezes, tirara partido desse aprendizado, pois uma fração de segundo podia representar o limite entre a vida e a morte. Olhos treinados e precisão nos atos tinham marcado a sua curta e meteórica carreira como gladiadora. O medo e a luta interna diária não chegaram ao conhecimento do público. Naquele instante não tinha armas nem de ataque nem de defesa. Mas não estava habituada a ser examinada daquela forma.

— Seus traços não são genuinamente romanos — comentou o homem.

— Minha mãe era espartana, senhor.

— Espartana?! Mas você possui sangue romano, está escrito em suas feições. A que família pertence? De onde você vem? – inquiriu o homem, falando com autoridade e arrogância.

— Sou da fronteira norte, cresci num local chamado Vila Lorena...

O homem soltou um grito agudo; levou uma das mãos ao peito, desequilibrou-se. Os escravos e Verônica apressaram-se a socorrê-lo, evitando que se afogasse. Ele emergiu puxado pelas mãos de Verônica, mais ágil e atenta que os escravos. Assustada, ela perguntou:

— O senhor está bem? Sente alguma dor? Consegue respirar?

O homem tossiu, cuspiu um pouco de água que havia ingerido e respirou normalmente. Mas a olhava com espanto, como se enxergasse uma Medusa, e encará-la tivesse o poder de tirar-lhe a vida.

— Você falou Vila Lorena? Essa propriedade pertencia à minha família, como se chamava sua mãe?

A implicação de revelar o nome de sua mãe era óbvia: era

escrava dele, pertencia-lhe, bem como o filho que carregava no ventre. E, o pior de tudo, estava frente a frente com Adriano, o homem a quem odiara, em silêncio, desde seus treze anos, seu pai e assassino de sua mãe e de sua avó. Perdeu a fala e respirava com dificuldade, mas não conseguia deixar de contemplar as feições esquálidas, doentias; de olhar aquele corpo flácido, que tocara com as próprias mãos, sabendo o quanto era frágil. Na última semana, compadecera-se das dores que aquela prisão de carne causava àquela mente assassina. Julgara-o um desconhecido e não o odiara por seu passado. Agora descobria que ele era o objeto de seu ódio — o temido general Adriano.

Sagaz, ele também leu nas feições de Verônica, inclusive com maior facilidade, a gama de emoções que a tomou de assalto. Viu o ódio brilhar nos olhos escuros, testemunhou a luta silenciosa, com a profunda piedade que despertara durante a semana, naquela mulher. Acima de tudo, compreendeu a situação dela e o temor que brilhara em igual intensidade ao ódio.

— Octávia, em seu testamento, libertou todos os escravos e seus descendentes; não herdei um único servidor daquelas terras. Na verdade, herdei uma propriedade vazia, povoada por fantasmas. Até os camponeses partiram — informou Adriano com a voz rouca, engasgada, como se fosse sofrido para ele falar do assunto. — Você deve ser Verônica, a filha de Mirina.

Ao ouvir o nome de sua mãe, imediatamente Verônica ergueu a cabeça com orgulho e altivez e falou firme:

— Sim, eu sou Verônica. Filha de Mirina, a escrava espartana que sua mãe trouxe da Grécia. Sou também filha de um homem que odiei por anos a fio, por ter matado as pessoas que eu amava. Foi um crápula que somente fez mal a uma mulher que sequer conhecia, tudo que ele viu em minha mãe foi um corpo bonito e atraente, que lhe despertava a luxúria. Era uma besta humana que tinha prazer na violência de todo gênero, inclusive sexual...

— Eu... você está dizendo que eu sou seu pai? — questionou Adriano com os olhos arregalados. — Eu...

— Não, senhor Adriano. Você não é meu pai. Eu não tive

298

pai. Se ninguém nunca lhe disse e faltou-lhe inteligência para entender por si, ainda é tempo, eu o ensino. Pai é o homem que educa, ama, protege e alimenta os filhos que uma mulher diz serem dele. É uma função dada pela mulher, caro senhor. É essa criatura que os romanos não prezam muito; é quem diz se um deles é pai ou não. Pois bem, minha mãe nunca disse a homem algum que ele era meu pai, logo eu não tenho pai. Talvez o senhor possa dizer que foi o macho que, à força, a engravidou. Veja que são papéis muito diferentes.

Adriano baixou a cabeça. Desde que adoecera, de forma repentina, porém inclemente e, de uma hora para outra, se vira reduzido de um general das legiões romanas a um enfermo inválido, um trapo humano, refletira muito sobre seu passado. Sua mente era um algoz tão inclemente quanto a enfermidade que minava suas forças físicas. Ela o assombrava com as memórias de seus erros, com a lembrança de sua brutalidade, com a consciência de que fora tão ganancioso e avarento, e que a fortuna não lhe valia de nada sem a saúde — impossível de ser recuperada. A culpa o torturava com pesadelos sem tréguas, há alguns anos. Mas antes da doença, os espantava com a bebida, com os excessos, com orgias, e essa fuga desenfreada de si levou-o exatamente a ser o seu próprio cárcere.

Sentiu vergonha. Recordou a solidão em que vivia desde que adoecera. Os amigos de festa e dos bons tempos haviam-no esquecido. Tinha somente os escravos e servos, que o atendiam sem nenhum afeto. Não tinha com quem conversar, tampouco tinha assunto. Além de estar preso em si, estava condenado ao isolamento.

Recordou a infância. Pouco se lembrava da mãe. Octávia era uma sombra triste que perambulava pela casa de seu pai. Depois do divórcio, ela partiu. O pai nunca permitiu que a procurasse. As famílias tinham se tornado indiferentes, quase rivais. Fora uma aliança política, não um casamento. Desde muito cedo, a lição que aprendera fora a busca pela posse das coisas e das pessoas; não suportava a carência de nada, muito menos a frustração. Não se importava com os sentimentos alheios; também não pensava nos próprios.

A melhor definição para Adriano era a de que ele era um animal inteligente, que diziam ser racional. E isso estava longe de qualificá-lo como ser humano. Era uma criatura espiritualmente bastante atrasada, cuja educação, embora primorosa nas artes da guerra, falhara miseravelmente, quanto à formação do caráter, ao desenvolvimento dos sentimentos, ao aprimoramento das virtudes e ao ceifar dos vícios, especialmente os morais.

— A senhora tem razão, eu não sou seu pai.

— Você é o assassino de minha mãe, duplo algoz da vida de uma mulher adorável...

— Eu não quis matar Mirina — murmurou Adriano. Depois, conforme a emoção o tomava, foi erguendo a voz. — Minha raiva era contra Octávia. Nunca gostamos um do outro. Ela estava sendo um estorvo. Não planejei matá-la, aconteceu. Foi quando surgiram os primeiros sintomas dessa doença maldita, fui para Vila Lorena, pois os médicos diziam que precisava de descanso e passar algum tempo no meio rural, longe da agitação da cidade e dos excessos. Eu estava muito revoltado, queria a cura, e todos me diziam que ela não era conhecida; tudo que me faziam eram promessas vazias. Será que a senhora é capaz de entender o que sente um homem, que desde que se conhece é um guerreiro, considerado corajoso e de valor? Que conquistou honras e fortuna, que matou, trucidou, venceu, humilhou; que foi capaz de atos de pura crueldade para disciplinar legionários e fazer deles soldados, mas que perdeu a coragem e não consegue cravar um punhal no próprio peito, para pôr fim à vergonha dessa doença infernal? Mate-me, senhora. Execute a sua vingança — gritou Adriano com os olhos brilhantes de esperança.

Verônica o encarou. Lembrou-se das palavras de Caio, no banquete em que o tinham visto em Tívoli, pela primeira vez. Entendeu que ele sempre soubera quem era o enfermo e por que não falou. Compreendeu as ideias sobre a justiça superior que atua com mais sabedoria do que a justiça humana. Acima de tudo, compreendeu que não desejava mais matá-lo, pois a morte seria um alívio, mas acima de tudo porque não tinha vontade de fazê-lo. Ao conhecer Adriano, seu ódio esvaziou-se. Recordou as lições de Cornélia e lhe deu integral razão.

Olhou para Adriano. Enxergou um corpo profundamente doente e uma mente em pior estado. Sentiu um leve tremor no ventre, imediatamente levou a mão ao local. A vida pulsava dentro dela e não lhe pertencia. Não poderia tirá-la de outro ser, senão para defender-se. Era jovem, livre, tinha um homem encantador que a amava e também o amava profundamente; era saudável. O futuro estava a sua frente. À frente de Adriano, ele também se abria em dias e noites de agonia e sofrimento, até a morte que tanto temia.

Afastou-se dele em silêncio, e, decidida, saiu da piscina, sem olhar para trás.

Sem dizer uma palavra, renunciou aos propósitos de vingança e caminhou em direção ao perdão que a libertaria daquela situação.

Ao chegar a casa, confrontou Caio, declarando com indiferença:

— Você sabia que o homem enfermo era Adriano.

Ele se limitou a menear a cabeça, concordando.

— Deixei-o nas mãos da justiça da vida, são mais sábias que as minhas — informou Verônica, visivelmente cansada pelo desgaste emocional.

Ele abriu os braços, sorrindo com ternura. Tendo a mulher aconchegada contra o peito, acariciou-lhe a cabeça morena e indagou:

— Como você se sente?

— Livre do passado.

— Ótimo, meu amor. Você venceu. Entendeu que a pior coisa que uma alma pode ter de suportar é a carga dos crimes que ela própria cometeu. Sócrates, já dizia, minha amada, que mais vale receber que cometer uma injustiça e que, antes de todas as coisas, devemos nos aplicar, não em parecer homens de bem, mas a sê-lo[18].

Nunca mais Verônica viu ou soube de Adriano.

---

18 Ideia exposta por Sócrates a seus discípulos, quando estava na prisão, aguardando a execução de sua pena de morte.

31
Modo de ver

Quem quer que ame, sabe, sente que nenhum dos pontos de apoio do homem está sobre a Terra. Amar é viver além da vida.

Victor Hugo. Extraído da *Oração fúnebre* pronunciada pelo poeta francês Victor Hugo, publicado por diversos jornais franceses do século XIX, o texto foi reproduzido na Revista Espírita, Vol.1865, pág. 59, IDE, Araras/SP.

Verônica não questionou a ordem de mudança para o Oriente, mas seria ingênua se não enxergasse nela a óbvia punição política. Não duvidava da explicação de que as províncias anexadas no oriente enfrentavam conturbações religiosas e políticas. Isso era tão sabido, quanto o ferrenho rigor moral e conservador de Augusto, especialmente no que tangia à moral das mulheres. Editara leis rigorosas, punindo as adúlteras; incentivava o modelo de família no qual a mulher era submissa, cordata, religiosa e mãe de numerosa prole. Eis seu ideal de matrona romana. No zelo pelos valores da família, da moral e do Estado, ele depositava a esperança de força do império monárquico que maquiava com ares de República.

Caio entendera muito bem a mensagem do Senado: estava vivendo publicamente com uma mulher inadequada. Sua vida escandalizava e não seria aceita, no entanto, pertencia a uma família poderosa, era senhor de invejável riqueza, não poderia ser exilado, como um poeta pobre ou deportado como uma mulher adúltera, que, por misericórdia do Senado, escapara da pena de morte, prevista para seu crime. Assim, enviá-lo para uma missão política, para ocupar um cargo compatível com sua dignidade, à terra distante, era a solução ideal.

Nem ele, nem Verônica incorriam em crime de adultério, porém o passado dela era conhecido. Suas origens obscuras faziam supor facilmente uma ilegalidade, uma fugitiva. Roma baseava-se na escravidão, como a maioria das civilizações antigas, e era tão vasta que um pai podia punir um de seus filhos, vendendo-o como escravo, entretanto, era a única a possuir, na época, o instituto da alforria. Tolerava os libertos, admitia até que fizessem fortuna, mas a elite não os aceitava com bons olhos em seu meio.

A sociedade cobrava de Caio um imposto para tolerar seu amor por uma mulher de classe tão inferior: a distância.

Verônica propôs-se a não mais importunar Caio com seus medos infundados, com sua insegurança. Admitiu que eram sentimentos seus, em nada despertados pelas atitudes do companheiro, que não merecia qualquer acusação. Mas não conseguiu manter amordaçada sua consciência.

Amanhecia o dia da partida. Fora uma longa noite insone. Amargara dúvidas e anseios; alimentara uma guerra insana entre pensamentos de punição. De um lado, condenava-se por causar a Caio aquele afastamento de um lugar que ele adorava; por outro, refletia, afirmando a confiança no amor que os unia.

Ao despertar, ele se virou à procura da mulher, sorriu, afagando seu rosto, perguntando:

— Dormiu bem? Essa pequena criatura não causa enjoo hoje? Teremos sete dias de viagem de navio até o Egito, espero que você não sofra muito.

Verônica comoveu-se com o carinho e a preocupação dele. A gestação a deixara mais sensível e, após a batalha solitária, não conteve as lágrimas que rolaram silenciosas sobre as mãos de Caio.

— O que é isso, meu amor? Por que está chorando? O que houve, não se sente bem?

Verônica agarrou-se a ele, abraçando-o com força, e deixando que as lágrimas corressem livremente.

Depois, acalmou-se e respondeu:

— Caio, passei a noite em claro, pensando...

— Hum, pelas reações deduzo que pensou apenas bobagens — interrompeu Caio, serenamente, em tom de leve reprovação. — Mas, prossiga, conte-me o que pensou a noite toda.

— É sobre a viagem. Caio, eu sei, não sou ignorante ou cega. Essa nomeação repentina, ela foi por minha causa. E, bem, eu sei o quanto você ama essa cidade e o modo de vida. Não é justo que se afaste de todas as coisas com as quais sempre viveu, que são suas, essa casa, suas propriedades, seus trabalhos...

Caio colocou o dedo indicador sobre os lábios de Verônica, impondo-lhe silêncio, e ordenou com brandura:

— Psiu, meu bem. Nem mais uma palavra. É verdade que eu amo Roma, admiro seus acertos e procuro enxergar seus erros. É verdade que amo seu povo e seu modo de vida, mas não é menos verdade que sou também um de seus grandes críticos. É uma sociedade preconceituosa demais, Verônica. Aqui se criou uma aparência de virtude e paz. Exige-se que as mulheres sejam modelos de virtude, e ignoramos, ou até negamos, a maior de todas as virtudes: a capacidade de amar. O uso da mulher como barganha em aliança política somente tem nos rendido sérios sofrimentos. A infelicidade da criatura humana tem um preço muito alto. Não é viável que alguém infeliz construa e promova o bem-estar da coletividade. É como confiar a alguém, sabidamente desonesto, a guarda de um tesouro e sonhar que não será roubado ou lesado; é algo que está acima das forças do guardião. Nosso imperador precisou fazer uso dessas manobras. O primeiro casamento foi por dinheiro e porque a família da mulher que verdadeiramente amava, naquela época, não o aceitava. O segundo casamento teve igual origem. Com isso granjeou poder político-militar e, quando pôde e interessou à família da imperatriz, Lívia Drusilla, consentiram na união deles. Mas veja o que resta de dois jovens que se amaram: criaturas profundamente marcadas pela luta, pelo poder e por toda a corrupção que grassa em torno dele. Lívia é uma mulher dura, fria, foi negociada tantas vezes nos interesses da família e da política, que hoje sua mente converteu-se em uma oficina de como manter o poder. E lhe digo a qualquer preço. E ele, Augusto, é um ditador. Faz um governo notável sob muitos aspectos, devolveu a paz a Roma e tornou-a ainda maior do que quando a recebeu de Júlio César. Construções, praças, templos, necessidades atendidas — o povo o adora o "filho de Deus". Mas, do homem, me pergunto, o que resta? Que é apaixonado por Lívia ninguém duvida, mas é feliz? Acho que não foi mais possível. Veja, não tem herdeiros, e isso agora é causa de instabilidade, pois está velho, doente, e a pergunta de todos é: quem o sucederá? Sua história é triste. Teve uma única filha, Júlia. Casou-a por interesses e divorciou-a, nada menos do que cinco vezes, sempre por interesses políticos, por Roma. Conheci Júlia, uma mulher inteligente, sensível e infeliz. Odiava Roma, pois Roma lhe tomara tudo e lhe negara o mais básico de todos os direitos: ser livre. Era escrava do pai, para uso do poder e da política. O casamento com Tibério fora a gota d´água. É sabido que Tibério tinha e tem adoração pela primeira esposa e que ele e Júlia se detestam. Mas veja o olhar e a mão de Lívia. Tibério é seu filho, casando-o com Júlia, que é filha de Augusto, seu neto será o herdeiro e a família continuará no poder. Esse casamento, terrivelmente forçado, levou Júlia ao desespero; ela procurou em seus amantes o alívio de tão pesada carga. E o conseguiu: perder o que ainda lhe dava alegria — seus dois filhos. Ao exilá-la por comportamento indecoroso, Roma tirou-lhe algo que só a natureza dá: a maternidade. E a morte desses meninos, sinceramente, é muito suspeita. A história de Roma é também uma história de amores infelizes. Eu já vivi o bastante dessa vida pública. Chega! Roma decidiu que minha vida privada será longe de seus olhos e pudores. Ótimo! Nosso amor florescerá sob o sol do Oriente, sem nenhum problema. Lá nossos filhos nascerão e crescerão livres, não viverão para servir a um império, mas para serem seres humanos imperfeitos, livres e felizes. Ainda não estamos prontos para sermos modelos de virtudes. Deixarei Roma com a sensação de que vivi seus melhores dias. O que vejo no futuro são nuvens cinzentas e ameaçadoras. Pessoas desequilibradas, menos qualificadas e uma violência latente. Portanto, turbulência é o que deixaremos para trás.

Verônica ouviu as explicações de Caio e asserenou. Analisando os fatos sob o ponto de vista dele, retirar-se da cena pública romana, por esse ângulo, era preservar a própria vida.

— Você conhece Roma muito melhor do que eu. Mas para onde vamos também não há agitação?

— Intrigas, intolerância, corrupção, opressão, fome, miséria, egoísmo, orgulho, guerra, crueldade... Sim, é claro que encontraremos tudo isso lá. É humano, infelizmente. Onde houver criaturas humanas haverá todas essas coisas, mas também alegria, solidariedade, fé, compreensão, amizade, desejo de paz, busca de saber... amor e felicidade em coisas simples do dia a dia. Nós é que escolhemos em que nos envolver ou como fazê-lo com cada uma dessas "humanidades". Sigo para lá, apenas para ser uma prova concreta do apoio de Roma ao governo local, não quero interferir. Quanto mais despercebidamente vivermos, melhor será.

Embora ciente do que representava aquela inusitada nomeação, Caio Petrônio recusou-se a dar à sociedade o prazer de obedecer-lhe as regras. Impôs-lhe, com a ironia característica, comparecer a um grande banquete, daqueles cheios de excessos tão apreciados na época. Convocou os melhores poetas e músicos e convidou as classes mais altas, os escravos e toda a escola de gladiadores de Ênio. Fez questão de convidar Vigílio, o pequeno Rômulo e seus amigos, no entanto, o velho andarilho e seus amigos foram os primeiros a chegar e os primeiros a sair. A festa não havia começado quando eles se apresentaram no pátio da casa de Caio.

Verônica terminara de se vestir, mas a escrava pessoal ainda a chamava para concluir o penteado e pôr as joias. Ela, no entanto, ao saber da chegada dos amigos, entendeu de imediato a atitude de Vigílio e correu a atendê-los.

Abraçaram-se fortemente, saudosos pelos meses de afastamento. Vigílio, emocionado, olhou ao redor:

— Nunca havia entrado na casa de um patrício tão rico. O destino é mesmo caprichoso, você chegou a Roma vivendo com a minha família — em um gesto mostrou os companheiros de rua. — E sai da cidade pelo braço de um dos mais ricos. Fortuna[19] é mesmo uma mulher de temperamento caprichoso, a uns concede todos os favores; a outros, nenhum.

— Que é isso Vigílio, se há alguém com quem Fortuna é caprichosa, esse alguém sou eu. Brinca comigo fazendo subir e descer montanhas a todo instante. Ora tenho tudo, ora tenho nada. Assim tem sido minha vida. Assim, fez-me aprender o valor disso tudo: usar com parcimônia e sem apego. Sei que vivo bem aqui, mas sei que também devo e posso viver bem sem tudo isso. O principal é ser capaz de aprender em qualquer situação, não é mesmo?

— Sim, sem dúvida. Mas acompanhando sua vida, menina, é impossível não pensar em algumas coisas. — Depois cedeu o lugar aos demais companheiros que faziam algazarra e não prestavam atenção ao diálogo dos dois, desejosos de abraçá-la.

Rômulo foi o último. Crescera bastante, estava um adolescente. Bonito e vivaz. Orgulhoso, declarou, após abraçar e beijar a anfitriã:

— Verônica, começarei a trabalhar na escola de gladiadores com Clodovico. Ele será treinador e eu cuidarei dos animais, igual a quando você começou lá.

Verônica emocionou-se, sentiu as lágrimas queimarem os olhos e agradeceu aos deuses, por terem dado àquele gigante ruivo um coração bondoso. O futuro do menino, muitas vezes, fora objeto de seus pensamentos.

— Maravilhosa notícia! Trabalhe direitinho, se algum dia eu voltar a Roma, quero vê-lo um gladiador famoso.

— Serei, Verônica. Igual a ele e a você. Kay disse que tenho jeito com os bichinhos.

— Kay é uma mulher muito sábia e digna. Como poucas pessoas, ela sabe ser amiga; lembre-se de nunca magoá-la, Rômulo. Às vezes, as pessoas ferem àqueles que não entendem, simplesmente porque eles são diferentes. Não

---

19 Fortuna deusa romana das finanças.

faça isso, meu amigo. Sei que Vigílio cuidou para que você tenha um pensamento correto e um julgamento sadio sobre as pessoas, mas lembre-se do meu pedido. Não faça como os outros homens da escola que dizem coisas impensadas sobre ela, promete?

— Prometo — respondeu o menino solene e prosseguiu a tagarelar sobre os seus primeiros contatos na escola.

Quando todos tinham abraçado Verônica, o velho aproximou-se dela, segurou suas mãos e disse:

— Seja feliz, Verônica. Como, onde e da forma que a vida determinar. Lembre-se: em qualquer situação, podemos buscar a paz, o afeto e as alegrias pequenas do dia a dia. Em qualquer situação, você as encontrará, desde que não se feche em certezas, nem ao contato com as pessoas. Felicidades!

— Obrigada por tudo, jamais esquecerei você. Entendi por que vieram tão cedo e por que se vão. Mas me permitem enviar a vocês um jantar especial esta noite, lá onde vocês são felizes?

— Em nosso canto?! É claro que pode — concordou Vigílio. — Comeremos e beberemos à sua saúde, hoje e por vários dias, com certeza.

Verônica sorriu. Entendeu que, outra vez, em sua vida, deixava toda uma história de vida para trás. Havia, agora, apenas uma diferença: antes ela sempre caminhava em busca de uma história, agora ela viraria a página e a continuaria escrevendo.

O bando partiu e Verônica ordenou a um dos escravos que preparasse fartas cestas, com tudo que seria servido no banquete, que colocasse taças e pratos de cerâmica, que incluísse algumas panelas e levasse tudo às proximidades da ponte do Sublício e entregasse aos seus amigos.

Caio fizera questão de levar poucos pertences. Em verdade, apenas levou todos os seus livros, pois disse que não conseguiria viver longe da alma de sua casa. O restante Verônica escolheu, segundo o seu gosto, alguns adornos, as roupas, alguns móveis, louças e objetos de arte. Mas a casa não se ressentia da falta de nada, tais eram os excessos.

O banquete estendeu-se até o amanhecer. Caio e Verônica tiveram, sob os olhos, todo tipo de excessos e licenciosidade

309

que a sociedade apreciava. Houve, também, os excessos de afetividade sadia, os abraços sinceros, a felicidade de ver o casal realizado, lágrimas sentidas de saudade antecipada.

Convivas jaziam adormecidos embriagados, pelos cantos das salas; alguns ainda conversavam, mas, também bêbados, não diziam coisa com coisa.

Os servos e escravos moviam-se em meio ao caos, após a festa, quando Caio e Verônica, trajados para a viagem, surgiram no centro do pátio. Espontaneamente cessaram as atividades e aplaudiram o casal. Depois, se despediram do senhor, emocionados.

O navio que os levaria ao Egito, local da primeira parada, por determinação de Caio, os aguardava no porto mais próximo de Roma. A viagem seria curta e o navio zarparia ao final da manhã.

Quando navegavam as águas do Tigre, rumo ao mar, Verônica, contente ao sentir a brisa no rosto, indagou:

— Sua missão não é Jerusalém? Não é lá que deveremos residir? Por que pararemos no Egito?

Caio abraçou-a e, com o olhar, acompanhou o voo de um pássaro ao longe. Depois de alguns instantes, respondeu:

— Meu amor, com o uso da razão, todos os males podem ser amenizados. Aprendi, há muito tempo, que posso encontrar prazer, alegria e descanso em qualquer situação de minha vida, desde que eu queira avaliar como leves os meus sofrimentos, aquilo que me cause descontentamento. Então, quando recebi esse "cargo", pensei: bem, o caminho passa pelo Egito, é um território anexado ao império romano, por que não fazer uma parada e conhecer essa terra exótica, esse berço de cultura e riqueza? É uma civilização milenar. Ouvi tantas coisas sobre esse país que, há anos, desejo conhecê-lo. Augusto, o filho do Divino, me concedeu esse privilégio. Essa não é uma boa forma de ver a situação?

Verônica sorriu. Viver com Caio era aprender a ser feliz. Ele tinha uma forma única de analisar os fatos e dimensioná--los. Naquela época, Verônica não sabia qualificar o que era equilíbrio, mas era a definição perfeita para a personalidade de Caio. Conviviam nele, em igualdade de proporção o intelecto, o sentimento, os instintos e a religiosidade.

32
Cibele

*Meu Deus, me confiastes a sorte
de um de vossos Espíritos; fazei, Senhor,
com que eu seja digno da tarefa que
me foi imposta; concedei-me a vossa
proteção; aclarai a minha inteligência, a
fim de que eu possa discernir cedo as
tendências daquele que devo preparar
para entrar na vossa paz.*

Kardec, Allan. *O Evangelho Segundo o
Espiritismo*, Prece por uma criança que acaba
de nascer, Cap. XXVIII, item 55, IDE, Araras/SP.

O s meses vividos no Egito serviram para despertar reminiscências antigas em Verônica.

Passear com Caio pela cidade de Alexandria, ir a Tebas, conhecer o deserto e, acima de tudo, os templos e o culto de Isis, tocaram-na profundamente. Não sabia explicar, mas sentia-se ligada à cultura oriental. A beleza das dançarinas fascinou-a. Nos templos, foi informada de que a dança favorecia e preparava o corpo da mulher para o parto, o que muito a interessou, pois começava a sentir a falta de uma mulher que a orientasse a transpor aquele portal de iniciação. Era impossível não sofrer as transformações provocadas pela gestação, especialmente as emocionais e psicológicas.

Conforme os meses avançavam, mudanças em seus desejos e vontades acentuavam-se. Fato natural, pois o espírito reencarnante acompanha a futura mãe, e o laço que o liga ao corpo, em formação, intensifica-se com o avançar do desenvolvimento do feto, tornando-o mais e mais próximo da gestante.

Ao olhar para Caio, não precisou usar palavras. Ao final do dia, foi presenteada com Sáfia, uma serva egípcia devota de Isis e exímia dançarina.

Verônica tinha dificuldade para receber uma pessoa como um presente. Por seu passado, aprendera que os seres humanos são, por natureza, livres e devem ser apreciados pelo seu interior, não pelas aparências. Lógico, é mais difícil, demanda tempo, observação, mente aberta e livre de preconceitos.

Sáfia era uma mulher madura, provavelmente tivesse a mesma idade de Mirina, podia ser sua mãe. A beleza oriental de seus traços, no entanto, não sofrera com o passar dos anos ou com as tribulações da vida. Ela era pequena, esbelta, enganosamente frágil, cabelos escuros muito lisos e olhos negros amendoados; a pele morena, boca grande com lábios finos. Tinha uma graça invejável de movimentos e a voz transmitia calma, segurança. Pertencia a uma família romana, amiga de Caio, que estava residindo no território anexado e servindo às legiões que guarneciam as fronteiras e aos interesses do império. Ao saberem do interesse da mulher de Caio pela dança do ventre, em razão de estar esperando o primeiro filho do casal, presenteram-no com a serva.

A amizade entre as duas floresceu rapidamente. O som ritmado da música oriental, as flautas, as cítaras e os tambores faziam Verônica vibrar e, para encanto de Sáfia, sua nova senhora mostrava um dom natural para a dança. Com o mesmo empenho com que se exercitava nas técnicas de luta, dedicava-se à dança e aprendia com facilidade.

Os meses na terra dos faraós foram agradáveis, amenos, felizes. No entanto, a gestação avançava, e Caio, para evitar que viajassem nos últimos meses da gravidez, decidiu que partiriam rumo a Jerusalém, onde deveria nascer a criança. Além do mais, retardara ao máximo o momento de assumir a "missão política", para a qual fora designado.

A gestação tornara Verônica mais sensível. Não sabia de onde, mas pressentimentos assaltavam-na, às vezes, sobre situações comuns, sem grande importância; outras vezes, um sentimento de incerteza quanto ao futuro a invadia. Sonhava muito com uma moça; sentia-se bem e, mais do que isso, havia cumplicidade e entendimento entre ambas. Acordava, no meio da madrugada, e se lembrava de conversar com a moça, de abraçá-la. O lugar era sempre o mesmo: um pátio bonito, com bancos de mármore, e uma fonte no centro, cercado por um prédio, cujas portas, embora abertas, não lhe permitiam ver nada além de uma luz forte. O ambiente era familiar, no entanto, tinha absoluta consciência de jamais ter estado lá.[20]

— Acordada, de novo, meu amor? — perguntou Caio, certa noite, quando já estavam em Jerusalém. — Está se sentindo bem?

— Estou, sim — respondeu Verônica com voz sonolenta. — Sonhei com a moça outra vez. Acho que teremos uma menina, Caio.

— Você se tomou de misticismo desde que chegamos ao Oriente. Primeiro aquela conversa de já conhecer a cidade, os montes, querer a todo custo ir aos templos, sabendo que, por aqui, vivem em pé de guerra por causa de religião. Esses povos do deserto são muito passionais e pouco racionais. Aquela ideia era uma rematada loucura — Caio admoestou serenamente. — Agora, diga-me o que tem a ver sonhar com uma moça com o sexo do nosso bebê?

Verônica irritou-se com as colocações de Caio. Sabia que ele era devoto de Cibele, tinha grande religiosidade, mas não conseguia entender por que não admitia que ela tivesse sensações reais de já ter vivido naquele lugar. Se não havia explicação, ela entendia, mas isso não fazia com que o fato fosse inexistente. Era real, ela sentia isso com grande frequência ao caminhar pelas ruelas e mercados da cidade. E o interessante era que se orientava pelas ruas da cidade com precisão, especialmente as mais antigas. Algumas ruínas emocionavam-na até as lágrimas.

Caio dizia que era a gravidez, que as mulheres ficavam

---

20   Local na espiritualidade descrito no romance *Em busca de uma nova vida*, no despertar de Dalilah, após a morte.

diferentes, todos sabiam. Mas, no íntimo, sentia que a gestação não merecia culpa naqueles episódios. Sáfia, com sua costumeira parcimônia com as palavras, a ouvira, em diversas ocasiões, relatar aquelas sensações. Simplesmente a olhava, no fundo dos olhos, sorria rapidamente e respondia:

— Lembranças de outra vida, senhora.

Quanto ao momento presente, Verônica lançou um olhar pela porta e janela que se abriam para um terraço cheio de coloridas e perfumadas flores. As luzes do amanhecer começavam a surgir.

— É uma menina, eu sei. Você crê que temos uma alma, pois bem, eu sonho com a alma da nossa filha. Ela existe em algum lugar, que eu não sei onde fica, mas eu sei que é ela.

Caio remexeu-se no leito, não era hora para discutir, tampouco havia motivo. "Que mal há em Verônica acreditar que sonha com a nossa filha?", pensou. Abraçou-a, acariciou o ventre dilatado e murmurou:

— Então, durmam, minhas amadas. Ainda é muito cedo.

Um mês depois, com o sol claro da tarde e sob intenso calor, ouviu-se na residência do nobre Caio Petrônio, em Jerusalém, o choro alto e saudável de uma menina recém-nascida.

Sáfia entregou-a limpa e arrumada ao orgulhoso pai. Caio olhava a pequena absolutamente encantado. Aos seus olhos, as feições ainda disformes da recém-nascida eram a mais pura beleza, e nada o preparara para a emoção que sentiu, quando a serva entregou-lhe a pequena trouxa, da qual uma mãozinha curiosa queria desprender-se.

— Sua filha, senhor — dissera Sáfia.

E ele, tomado de emoção e sem usar de sua tão decantada razão, estendera os braços, por instinto, e a pegara. Esqueceu-se que nunca tomara um recém-nascido em seus braços. Ao ver a face rosada, os cabelos claros como os seus, sorriu e a apertou contra o peito. Lágrimas rolavam de seus olhos.

"Divina mãe Cibele, me ampara e me protege. De todas as tarefas a que me designaste cumprir na Terra, sei que a maior de todas será a de guiar este pequenino ser nos caminhos da vida. Divina mãe, não permitas que eu fraqueje. Orienta-me para que eu saiba reconhecer os vícios e as virtudes da minha filha, e para que eu possa corrigi-la quando necessário. Que não me falte inspiração para conduzi-la no bom caminho, ensinar--lhe teus mistérios e fazê-la crescer em amor e inteligência."

Sáfia o ouviu comovida; admirava a forma livre como Caio manifestava sua sensibilidade e fé. Quando acabou a prece e embalava a filha, falou-lhe:

— A senhora está bem. O parto foi fácil. Ela foi muito inspirada em procurar a dança durante a gestação; seu corpo estava pronto. Está sonolenta, mas é natural. Ela disse que quer vê-los. Está curiosa, viu a pequena suja, apenas o suficiente para certificar-se de que era perfeita e estava respirando. E, logo, a menina deverá mamar, nem sempre são fáceis as primeiras mamadas. A senhora decidiu amamentá-la...

— Eu sei, Sáfia. Eu sei. Será como Verônica quiser — respondeu Caio, dirigindo-se aos aposentos, onde o aguardava Verônica, mas sem afastar os olhos da filha.

Verônica o conhecia bem demais. Bastou vê-lo entrar carregando o bebê com reverência, para notar a paixão com que recebera a filha. Embora ele zombasse de seus sonhos e pressentimentos, nunca duvidara que Caio receberia igualmente bem um filho homem ou uma filha mulher. Mas a paixão à primeira vista a surpreendeu.

Ele não a deixava tocar na menina, e entre brincadeiras e meias palavras, disparou:

— Você ficou com Cibele, nove meses inteirinhos. Agora, eu cuido dela, é minha.

— Cibele? — perguntou Verônica, sorrindo do arraigado instinto de proteção que a menina tinha despertado no pai. — É assim que iremos chamá-la?

Caio olhou a criança, depois encarou Verônica. Não tinham definido um nome. Mas percebendo que ela simpatizava com o nome da deusa para a filha, respondeu:

— Nem sei de onde veio, desde que Sáfia me entregou a pequena, meu pensamento não se afasta de Cibele. Você concorda em darmos a nossa menina esse nome?

Verônica sorriu, e com um meneio de cabeça, concordou.

33
Uma nova vida

Aquilo que pode ferir um, pode ferir todos os outros.

Frase do poeta romano Publíbio, citada por Sêneca, em "A Tranquilidade da Alma", Cap. XI, Ed. Escala, São Paulo.

Cibele cresceu no Oriente. Recebeu educação romana. Caio e Verônica empenharam-se nos cuidados com a menina.

A vida retirada, longe do centro da política e do poder imperial, havia dado a Caio mais alegrias do que todos os anos de intenso debate político, jurídico e filosófico. Dedicava-se à família, à administração de suas propriedades e a escrever sem outra razão, além do prazer de expressar suas reflexões e exercitar o olhar sobre a sociedade, os seres humanos e sobre si mesmo. Senhor de poderosa imaginação, com facilidade transformava uma pessoa, em inspiração para compor um personagem. Quando não, atribuía a seus personagens alguns atos que, de antemão, sabia serem comuns em homens do oriente ou ocidente. E esses os cometiam corriqueiramente.

Verônica deliciava-se com seus textos; admirava-o e o amava acima de tudo. Cibele era o corolário de uma união feliz;

isso lhe dava paz, segurança e um suporte familiar, emocional e intelectual invejável.

No entanto, cada um de nós traz as próprias marcas dos caminhos passados. Cibele não era exceção. Era meiga, gentil, amiga amorosa da mãe, tinham um relacionamento próximo íntimo e cheio de cumplicidade. Mas, com o passar dos anos, as características da individualidade foram se mostrando.

Cibele era de caráter humilde, bondosa, porém frágil como as pétalas das flores delicadas. Não tinha a força interior da mãe, tampouco a firmeza de opinião de Caio. Tinha uma atração especial por pessoas doentes; compadecia-se delas, não temia tocá-las, mesmo aquelas cujas marcas da lepra já se mostravam e, naqueles dias, eram muitos.

Quando ingressou na adolescência, Cibele compensou sua fragilidade emocional com vivo interesse pela espiritualidade, pelas religiões e seitas que proliferavam em Jerusalém.

Verônica não impedia a filha de buscar o conhecimento dos templos. Sáfia acompanhava a menina. E os pais confiavam na boa influência que a serva egípcia exercia sobre Cibele.

Sentados à sombra de uma árvore em flor, apreciando o final de uma tarde muito quente, Caio e Verônica conversavam de mãos dadas.

— Será influência da deusa? — indagou Verônica, admirando o nicho da divindade.

Caio mandara construir um nicho, igual ao que decorava seu jardim, na propriedade de Tívoli.

— Você fala de Cibele? — perguntou Caio com a cabeça apoiada no ombro da mulher, levemente sonolento.

— Sim. Ela é adorável, mas preocupa-me esse pendor acentuado que noto para as questões espirituais. Ela é muito sensível, sempre foi desde pequena. Temo que ela nos abandone e ingresse em algum templo.

— Se isso a fizer feliz, eu não impedirei, Verônica. Cada um de nós é uma criatura única. Sáfia diz que somos almas que já vivemos no corpo muitas vezes; que transpusemos os portais da morte e renascemos, e justamente essa é a causa de tantas diferenças entre as pessoas; que todas as condições de vida são escolas para o aprendizado da alma. Tenho pensado nas ideias dela, e reconheço que encerram uma visão de vida muito interessante e justa. Pensando assim, todas as coisas se interligam e nós mesmos somos a continuação de uma história. É possível que Cibele tenha essa vocação humanitária. As pessoas enfermas dizem se sentir melhores na presença de nossa menina. Um dia desses, o governador me relatou que tinha uma dor que o incomodava há dias, e os médicos e sacerdotes não o curavam...

— Ah, não! Não me diga que ele também acredita que Cibele tem o dom de devolver a saúde — interrompeu Verônica, agastada. Temia os boatos que começavam a cercar a filha.

— Mais do que isso. Garantiu-me que foi o toque dela em seu braço, onde sentia dor, que o libertou do sofrimento. Disse que, naquele dia, compadecida do sofrimento que ele nos narrava, Cibele envolveu seu braço com as mãos; horas depois não tinha mais dor. Eu estava junto, o vi sorrir condescendente e concordar que a menina o tocasse. Ele não acreditava, mas ... garantiu-me que não tem mais a dita dor. A vida é misteriosa demais para que qualquer um de nós tenha o direito de se atrever a "criar" um destino para outra pessoa, mesmo para nossos filhos. Se Sáfia tiver razão, e penso que tem, na verdade, nossos filhos não nos pertencem, tampouco "somos" pais. Melhor será dizer que estamos pais ou que estamos filhos de alguém. Todos esses títulos e convenções sociais perdem ainda mais significado. Hoje sou senhor, e amanhã, em outra vida, nada impedirá que eu seja escravo...

— Não precisa ir tão longe, Caio. Ninguém melhor do que eu para afirmar a transitoriedade das coisas. A vida dá e a vida tira, como lhe apraz. Sei que somos apenas usufrutuários de tudo. Nesta mesma vida, eu já fui escrava e hoje sou senhora de muitos escravos. Tenho trinta anos, sou mãe há doze anos. Embora nos pareça que sempre fomos aquilo que representamos hoje e que essa realidade do dia é eterna, todos sabemos que a vida é movimento constante, é transformação. E, para bem vivermos, é preciso aprender a se transformar e, de cada transformação, extrair um aprendizado, que é apenas o que restará no final.

Caio riu, recordando o passado.

— Você tem razão, Verônica. Vivemos anos de abençoada calma e felicidade em Jerusalém; quase esqueço de Roma e do início. Se, naquela época, alguma adivinha tivesse me dito que seria um homem feliz e realizado, vivendo em uma poeirenta cidade do oriente, em meio a um povo fanático e místico, que vive à espera de um grande profeta, ainda que fosse a mais renomada sibila, eu daria risada, tomado de incredulidade. Entretanto, veja só, é assim que vivo e como me sinto.

Verônica ergueu a mão acariciando-lhe a face, com ternura, e beijando-o na testa.

— O amor nos satisfaz. Também nunca senti falta de nada do que vivi em Roma. Sonhei tanto em ser gladiadora; fui, obtive sucesso ao preço de férrea disciplina, muita necessidade, e pela força do sonho que acalentava. Mas quando você me levou para Tívoli, depois daquela crise e eu descobri que o amava, simplesmente não me importei mais, meus projetos mudaram totalmente e logo veio Cibele, a mudança. Longe de tudo e de todos, nada me fez falta. Não temo as rugas ou os cabelos brancos. Acho que poderei suportá-los muito bem e dizer aos nossos netos que mais do que viver, nós existimos, e com muita intensidade.

— Minha filósofa doméstica! Sou um privilegiado, sempre fui, nasci nessa condição — brincou Caio, esfregando o rosto no ombro desnudo da mulher. — Você sofreu muitas transformações, e eu admiro essa sua capacidade de mudar e também de modificar as situações em torno de si...

— Eu nunca modifico as situações, eu é que mudo diante delas — corrigiu Verônica, em um sussurro.

— Quer me deixar terminar? — ralhou Caio, fingidamente zangado, também falando baixinho. — Você mudou, venceu algumas crises que nunca mais se repetiram, e somou muitas virtudes. Você não é uma gladiadora, tornou-se uma guerreira na vida. Assumiu me acompanhar a essa terra distante, ter uma filha sozinha. E, juntos, criamos uma nova vida. Graças ao amparo dos deuses e ao nosso esforço, tudo corre muito bem. Mas você alguma vez pensou no quanto estava arriscando?

— Sim, pensei. Primeiro a vida me tirou tudo que eu tinha, deixou-me só e sem nada; nessa condição era fácil ser livre. Mas quando eu decidi acompanhá-lo, abri mão de uma relativa segurança: eu tinha dinheiro, trabalho digno, amigos e fama. Claro, estive mal, muito mal, no entanto melhorei, poderia ter voltado e não o fiz. Esse era o preço da felicidade. E, além do mais, emocionalmente, eu não tive escolha, não suportaria ficar sem você.

Caio apertou a mão da mulher que estava entrelaçada à sua, e falou:

— Assim será com Cibele. A lei da vida é uma só para todos nós. Somos os pais dela, agora, mas, acima de nós, esses princípios regem a vida. Se o caminho da felicidade dela for nos templos, aceitaremos. Sobretudo, quero que minha filha seja feliz e realizada; é para isso que a educo. Mas o caminho é ela que descobrirá, que trilhará ou que abrirá com as próprias mãos; somente ela sabe o que deve ou não fazer nesta vida.

Verônica ficou pensativa. Reconhecia no pensamento de Caio a grande influência de Sáfia. Mais do que uma serva, ela se tornara a amiga indispensável. Experiente, a auxiliara na gestação, no parto, nos primeiros cuidados com o bebê. Ela contribuíra muito para a paz, harmonia e organização daquele lar. Admirava a sabedoria e a afetividade de Sáfia. Confiava nela cegamente. E a egípcia, com frequência, chamava sua atenção para a sensibilidade de Cibele e os dons de profecia que naturalmente demonstrava.

— É dela, não há como tirar — respondia Sáfia, negando seus pedidos de que usasse seus conhecimentos para retirar os dons da filha. — Sem dúvida, poderão fazê-la muito feliz e contribuir para ajudar muitas pessoas. Tudo dependerá da forma como ela irá empregá-los. Posso ajudá-la a aprender a conhecê-los e usá-los corretamente. Mas não a retirá-los, senhora. Lembra-se de que quando estava grávida, logo que chegamos aqui, a senhora se comportava de maneira muito parecida com o que faz Cibele hoje? Já era a alma dela influenciando-a. Os dons são dela, senhora Verônica. Nunca mais me peça para retirá-los; além de ser impossível, não seria

322

correto. Eles são naturais, todas as pessoas os têm, mas em algumas, eles são mais desenvolvidos que em outras. Creio que seja fruto de trabalhos anteriores, em outras vidas. Aceite a menina como os deuses entregaram-na à senhora. Ajude-a a tornar-se a melhor pessoa que ela pode ser. É essa a parte da missão da maternidade que se abre a sua frente, senhora Verônica.

Lembrou-se do templo das sibilas, em Tívoli, e no enorme bem que lhe haviam feito.

— Vocês têm razão, Caio — capitulou, por fim. — Cada um de nós traz um esboço do caminho que deve percorrer nesta vida, e é bom que o faça.

Caio acomodou a cabeça ainda apoiada no ombro de Verônica e um leve sorriso estampou-se em sua face serena.

A vida prosseguiu amena para a família de Verônica, embora o ambiente social começasse a dar sinais de sensível desarmonia. Desde que Caio chegara ao Oriente, não precisara se envolver na política local, mas a pressão começava a modificar o cenário. A vida pública solicitava sua inteligência e, acima de tudo, seu equilibrado julgamento dos fatos.

Corria o ano 30 da era cristã.

34
Turbulência

É preciso limitar as andanças sem destino para as quais se entregam aqueles que vagueiam de casa em casa, pelos teatros e mercados, intrometendo-se em negócios dos outros, com ar de quem está sempre atarefado.

Perguntado ao sair da casa: "Para onde vais? Qual teu destino?" Ele responderá: "Por Hércules, sei lá eu! Em todo caso, vou ver gente e farei alguma coisa."(...)

Muitos conduzem de forma semelhante a vida. Alguém diria, com precisão, que isso equivale a uma preguiça agitada.

Sêneca. *A tranquilidade de alma*, cap. XII, Editora Escala, São Paulo/SP.

Essa "preguiça agitada", explicada com brilhante simplicidade pelo filósofo do século I da nossa era, resume a vida de Paulus. Ele perambulou por muitas províncias do império, tornou-se um guerreiro feroz, sanguinário mesmo. Todo o ciúme e a ira guardados dentro de si extravasaram nas batalhas. A crueldade era sua marca, e o temor o precedia sempre. Conquistou postos, fez carreira militar, mas não fez nenhuma "carreira humana". Aos olhos de seus pares, era um vencedor; aos olhos da espiritualidade, um aluno extremamente rebelde que pouco aprendeu e que causava aflição pelo extremo egoísmo que o movia. Isso era um indicativo de seu caráter infantil, e dele poderia se esperar desde as menores até as maiores atrocidades, uma vez que o egoísta não se importa com nada, senão com suas ilusões imediatas. Possuindo bem-estar material, o egoísta fica satisfeito e, para isso, não economiza esforços, nem considera aspectos da vida humana: emocional, social, moral, psicológico. Nada disso lhe interessa desde que tenha o que quer. O egoísta não deixa de ser alguém mimado, é incapaz de tolerar frustrações ou de preocupar-se com qualquer coisa além de si mesmo.

Eis o que veio à tona na personalidade de Paulus, ao longo de treze anos, desde a sua partida de Roma.

As histórias sobre sua crueldade ganharam fama entre seus companheiros. Crucificações, escalpos — um mar de sangue cobria suas pegadas.

Era assim que ele se apresentava na província da Judeia: um temido e brilhante comandante militar.

Suas frequentes rogativas a Hélius não eram meras palavras; ele se consagrava com devoção ao culto do protetor dos exércitos. Tinha por hábito, quando estava longe das batalhas, frequentar os templos e cumprir as obrigações devidas.

Havia poucos dias, no oriente, que tudo era novidade, mas Paulus, depois de instalar-se, apresentou-se ao serviço, cumprindo as obrigações, e logo saiu à procura de um templo romano.

Cesareia era uma bela e moderna cidade, construída por Herodes, o grande, em homenagem a César. Nada faltava, especialmente templos. Naquelas terras, religião e guerra eram causa e consequência uma da outra. Um terreno fértil e perigoso, que demandava muito cuidado. Religião e guerra atiçavam paixões, gerando fanatismo e loucura, em mentes frágeis.

Caio partira para lá, acompanhado da filha. Verônica permaneceu em Jerusalém. A viagem à Cesareia era inconveniente. Após o nascimento de Cibele, sofrera vários abortos espontâneos e convalescia de mais um. Sáfia aconselhou-a a ficar; o desgaste da viagem não seria benéfico.

A jovem partiu felicíssima em companhia do pai. Adoravam-se, e o tempo que passavam juntos era empregado em diversão, instrução e religiosidade. Ao contrário da mãe, o pai a compreendia e a incentivava a conhecer o que a atraía para saber escolher com conhecimento.

Assim, enquanto Caio envolvia-se na ingrata tarefa de pacificar os sacerdotes judeus e os interesses do império romano, neste período governado pelo insano Calígula, sua filha, acompanhada da serva, percorria as ruas e templos da Cesareia Marítima.

O pai a levara para conhecer o porto e o mar Mediterrâneo. Cibele encantou-se com o porto, com o mar e com a impressão de infinito que transmitia.

— Ilusão, querida — prontamente corrigiu Caio, sorrindo. — Uma linda ilusão. Por toda volta desse infinito existem povos e países. A sete dias de viagem fica Roma e a sede de seus exércitos que controlam o mundo. Muitos homens sábios a governaram, e rezo à Cibele para que retornem ao poder, homens dignos da grandeza do que comandam e das vidas que estão sob seu império. Mas...

— Já sei, você não suporta o imperador. A mãe diz que nem a Augusto, que os mandou para cá, você tinha tantas restrições — comentou Cibele.

— Augusto foi um excelente governante. Intransigente, autoritário, astuto, sim, foi tudo isso, e muito mais, mas eu entendo que, em determinadas posições, o homem tenha que fazer o necessário, e que isso nem sempre seja o ideal. É o preço alto para fazer algo de acordo com sua consciência, talvez. O fato é que a política é um jogo complexo e pesado, e nele somente deve se envolver quem sabe e conhece onde está se metendo. É difícil transitar por esse meio e não se envolver nas artimanhas dispostas há muito tempo.

— Mas você vivia nesse meio — argumentou Cibele.

— Sim, eu vivi intensamente nesse meio, mas evitei tudo e todos que pudessem se tornar, cedo ou tarde, perniciosos. Eu circulei, filha. Não desejei expandir o que a tradição de nossa família havia me legado. Cuidei de honrá-la e viver bem com minha consciência. Não era ameaça aos mais gananciosos. Todos sabiam o que podiam esperar de mim. Eu não tinha motivos para me queixar de Augusto, afinal, era sabido o que esperar dele, como também o que obteríamos. Pobre homem! Trabalhou tanto, deixou um império e grandes melhorias, e quem o sucedeu? Tibério, um homem amargurado e infeliz, manipulado pela mãe. Foi mais um exemplar das pessoas que têm tudo deste mundo e, ao mesmo tempo, não têm nada.

É tão ilusório crer que as coisas materiais e transitórias, por natureza, sejam causa de felicidade, quanto crer na infinitude deste mar, minha filha. A vida de nossos governantes é um exemplo. Agora, por um capricho do destino, temos Germânicus como imperador. Você sabe que o apelido Calígula, vem de *caligae,* aquelas sandálias militares, usadas pelos legionários de Germânico, o pai de Calígula. Esse sim, era um homem de valor. As tropas deram esse apelido ao então menino, porque ele era o encanto de todos. Achavam graça de vê-lo, tão pequeno, em trajes militares, e esperavam muito do filho de Germânico. Hoje, torna-se uma ironia, um deboche, ante o que está fazendo como imperador. Veja o absurdo de querer impor a este povo, que não adora nem faz imagem de seu deus — aliás, é proibido —, veneração, à beira do fanatismo. O imperador Calígula faz de quase tudo uma questão religiosa e quer que coloquem estátuas suas em seus templos. Deseja que reconheçam sua origem divina e o venerem como a um deus encarnado. Não fosse ele o imperador de Roma, por aqui acabaria apedrejado e acusado de heresia — desabafou Caio, indignado.

— Mas eu admiro a cultura dos judeus e sua fé — declarou Cibele. — São autênticos, ousam ser diferentes da maioria dos povos.

— Sim, concordo com você. Existem milhares de coisas positivas na cultura desse povo. São sábios. A vida no deserto, a história de lutas e a constância em sua fé desenvolveram valores admiráveis. Mas eles são tão humanos quanto nós, minha querida, e sua política é tão ou mais complexa e corrompida do que a de Roma. São parceiros, eis tudo. É o fato. Esse povo grita e se revolta contra os impostos e faz disso uma questão de honra e religião, mas veja, somos nós, os romanos, quem define aquele que será o sumo sacerdote deles. O rei dos judeus ceia com César e se diverte em Roma, há dias. É preciso não ser ingênua, querida. As mulheres de Roma são tudo, menos ingênuas. São uma verdadeira força paralela, muda; usam-nas, mas também são frequentemente usados por elas. Nos últimos anos, são elas que decidem quem será o imperador. Lívia Drusilla colocou seu filho, Tibério, como sucessor de Augusto. Depois dela as esposas dos imperadores honraram o legado.

— Você pensa em retornar a Roma, pai? As restrições ao seu casamento com mamãe já não existem mais...

— Eu sei, querida. Mas não desejo voltar a Roma. Somos felizes aqui. Não há por que voltar.

— Não sei, às vezes, sinto que por aqui é inseguro — falou Cibele, tomando a mão do pai. — Tenho tido sonhos ruins. Acho que o senhor corre perigo; isso tem me afligido tanto...

Caio, enternecido, abraçou a jovem e a beijou no alto da cabeça loura. Cibele tinha uma aparência mais exótica que a da mãe. Loira, olhos escuros, os traços de Verônica, porém era mais delicada e graciosa. A sensibilidade de sua alma expressava-se na meiguice de seu modo de ser.

— Você está sentindo a pressão desse impasse no qual estamos metidos. Meu desejo é embarcar essa estátua de Calígula para Roma e lhe dizer onde fica o templo adequado a ela — desabafou Caio. — Não preocupe essa linda e jovem cabecinha com a minha segurança. Eu sei onde piso, fique tranquila. Mas eu respeito sua intuição, minha filha, tomarei cuidado. Agora vá! Cesareia é uma linda cidade, e você era muito pequena quando estivemos aqui.

Obediente, Cibele mais uma vez deixou o pai e seguiu acompanhada da serva e de um guarda.

— Eles dizem que me escutam, mas não é verdade — resmungou a jovem.

— O que disse, senhora? — perguntou a serva, solícita.

— Disse que meus pais falam que respeitam e acreditam em meus sonhos e pressentimentos, mas não agem de acordo. E isso me incomoda, eu não queria, mas sei que ele corre perigo e não tenho outra coisa a fazer, senão falar. Mas eles não me obedecem!

A serva escondeu um sorriso ante a rebeldia da moça, preparando-se para mais uma tarde peregrinando pelos templos. "Ah! Como gostaria que a jovem ficasse em casa um único dia que fosse, descansando."

Cibele dirigiu-se ao templo no centro da cidade, em geral, vazio àquela hora do dia.

— Obrigada, divina mãe! — murmurou a jovem caminhando pela nave central. — Precisava muito de paz para dar serenidade ao meu espírito.

Colocou-se em frente à imagem de Júpiter e pôs-se a orar fervorosamente. Alguns metros atrás, a criada trocava olhares com um grupo de soldados que chegava ao local. Adorava os uniformes do exército; achava lindos os homens vestidos de vermelho e dourado, com os músculos das pernas e braços à mostra, para o seu deleite.

Ela não percebeu que perdia tempo, pois os soldados vinham com seu comandante, e a disciplina e o rigor hierárquico, bases do exército romano, os impediam de qualquer diversão. Em especial, na companhia do comandante Paulus, todos sabiam que com ele a ordem era: trabalho e religião. Não se descuidava da proteção de Hélius, mas tolerava o mínimo de divertimento em suas tropas. Assim, embora a serva fosse uma mulher aprazível ao olhar, os bem treinados soldados a ignoraram, para sua decepção, que fez tudo quanto sabia para chamar discretamente a atenção.

O comandante, em silêncio, colocou-se junto da jovem. Sem querer, o perfume da moça o atraiu. Ela cheirava a rosas e flores do oriente — sentiu-se atraído.

Com o canto dos olhos, permitiu-se contemplar sua fisionomia. Encantou-se com sua beleza incomum; seus traços lembraram a mulher que fora a paixão de sua juventude e, por que não dizer, de sua vida: Verônica. Esquecido de onde estava e do que fora fazer, Paulus permitiu-se observar a compenetrada moça.

Ela não percebia que era alvo do interesse do comandante romano. Continuava com os olhos fechados. O manto azul, cobrindo-lhe os cabelos claros, envolvendo seus ombros, descendo até a altura dos cotovelos, emprestava-lhe muita ternura e suavidade. Sentimentos opostos aos que dominavam Paulus.

A imagem da jovem era como um sopro de brisa fresca anunciando o fim de uma tarde escaldante. Ele se alegrou, pois há anos não se interessava por uma mulher. Satisfazia suas necessidades sexuais em alguns atos brutais, comuns nas batalhas, ou com prostitutas. Isso era como comer o queijo e o pão nos acampamentos; tinha sempre o mesmo gosto e oferecia o prazer de saciar a fome tão somente. Se comesse as folhas das árvores o resultado seria o mesmo. Mas aquela jovem despertou-lhe um interesse adormecido, que julgava extinto, há décadas.

Cibele abriu os olhos escuros. Sabia que a natureza fora pródiga em dar-lhe o que de mais belo havia em seus pais, mas não se envaidecia de sua aparência. Sentiu-se observada e se voltou, à procura de quem tão fortemente a fitava.

Logo viu os olhos do comandante romano fixos sobre si. Saudou-o educada e voltou à cabeça em direção à imagem de Júpiter. Fez as reverências devidas e ergueu-se; chamou a escrava e foi embora. A presença dos soldados no templo e o modo como o comandante a olhava causaram-lhe mal-estar.

Paulus lamentou a partida da bela moça. Teve ímpetos de segui-la, mas viu que alguns de seus soldados observavam-no divertidos e se conteve. Para sua satisfação, um sacerdote ingressou no templo e conversou amistosamente com a jovem.

Paulus acompanhou a saída de Cibele com o canto dos olhos. O sacerdote seguiu inspecionando o interior do templo, cumprindo o que deveria ser sua rotina. Paulus apressou o término de suas preces e oferendas a Hélius, instruiu os soldados que o aguardassem e foi à procura do religioso.

Após as saudações de praxe, foi direto ao assunto:

— Eu vi que conversava com a jovem que se retirou do templo há pouco, pode me dizer quem é ela?

O sacerdote riu maroto e considerou a idade do comandante. Apesar de sua boa forma, deduziu que devia ter idade para ser pai da menina. Mas isso não era empecilho à pretensão.

— A menina chama-se Cibele Petrônia, é filha de Caio Petrônio. Está na cidade acompanhando o pai. Tem vindo seguidamente ao templo. É linda, não? — informou o sacerdote risonho.

— Filha de Caio Petrônio? — indagou Paulus, surpreso. E para assegurar-se que falavam da mesma pessoa, fez uma série de indagações ao sacerdote, saindo convicto de que se tratava de seu antigo conhecido e desafeto.

Irritou-se. Deixou o templo, pisando firme e forte no piso. O sacerdote, sem entender a causa de tão repentino ataque de raiva, balançou a cabeça e, mais uma vez, convenceu-se que os seres humanos muito têm a aprender sobre a arte de viver. No entanto, como nenhum deles fosse seu amigo, tampouco qualquer causa de desavença entre eles lhe dissesse respeito, lamentou-os, e voltou ao seu trabalho.

Mas Paulus estava muito, muito distante de conseguir readquirir a calma. Caminhava a esmo pela cidade, sentia-se oprimido por uma ira muito antiga, que arrebentava o peito.

Velhas recordações ganhavam corpo em sua mente e o arremessavam muitos anos de volta no tempo.

35
Escolhendo prisões

De fato, na partida e não somente na morte dos que nos são caros, existe uma inevitável amargura e angústia até nos espíritos mais fortes. Mas aquilo que a imaginação acrescenta é mais do que aquilo que a natureza impõe.

[...] Agora tu te aprisionas a ti mesma: há uma grande diferença entre te permitires o sofrer e te impores o sofrer.

Sêneca. Cartas Consolatórias, consolação a Márcia, pág. 37/38, tradução Cleonice Van Raij, Pontes Editores, Campinas/SP.

Caetano amarrava as sandálias, apoiando o pé sobre uma mureta, quando viu Paulus ingressando no pátio do forte militar.

A distância, percebeu que o humor do companheiro estava alterado. Ao longo de mais uma década servindo juntos, conhecia-o o bastante para olhar e identificar o seu estado mental e emocional.

— Ih! Que... — e exclamou algumas palavras muito comuns na boca dos soldados e em ambientes masculinos.

Paulus, enfurecido, semblante fechado, lançando chispas pelos olhos, batia com firmeza os pés no chão; seu corpo e movimentos estavam enrijecidos e alerta, como um animal pronto para briga.

Calculou se deveria ou não questioná-lo, decidiu aguardar. Paulus aproximou-se; vinha exasperado, ralhando com um jovem comandado que, distraído, seguia com a cabeça baixa e trombou com ele.

Seria um episódio banal e cômico que, com um amistoso tapinha nas costas, se dissolveria sem consequências. Mas o infeliz soldado escolheu tudo errado: trombou com o comandante mal-humorado, em um dia, no qual os mil demônios que disputavam sua mente estavam todos querendo espaço e atenção.

Gritos ecoaram, seguidos por tímidos e envergonhados pedidos de desculpa.

— Imprestável! — berrou Paulus chutando o jovem, que desprevenido caiu. — Não olha por onde anda? — e chutou de novo. — Preste mais atenção da próxima vez.

Caetano balançou a cabeça. "Até quando? Céus, me respondam, até quando esse homem viverá assim? Há dias que eu não o suporto. É crueldade demais. Maldade gratuita. Acorda e em vez de leite, vinho ou cerveja, parece tomar litros de vinagre azedo e chupar as mais ácidas frutas que estejam à disposição. É insuportável! Não enxergo nem a sombra da alma do jovem soldado de quem me tornei amigo há tantos anos. Que tristeza! Quanta amargura e rancor em uma única criatura! Ele não era ou não me parecia ser assim, mas dia a dia essa besta foi se mostrando. É útil nas batalhas, é claro. Mas... depois de Verônica, ele se tornou insuportável. Ele nunca se permitiu esquecer aquela mulher e o que sentiu com seu abandono. Por dois anos, nas Gálias, se iludiu afirmando que ela o esperava, fora apenas uma briga de amor, por ciúme. A volta a Roma e a descoberta de que Verônica tornara-se mulher de Caio Petrônio e as fofocas que corriam à solta, em toda cidade, apesar do tempo passado, o enlouqueceram. Confirmo isso a cada dia que passa. Céus! O que foi aquele ataque contra a casa de Caio? Insanidade pura! Tentar incendiar a residência, onde, sabiam todos, habitavam somente os servos e os escravos, não tinha explicação lógica. Nem a fúria incontida contra qualquer pessoa que pronunciasse o nome de Caio Petrônio. Hélius! Hélius! Que faço agora? Esse ódio fez dele o que é: um comandante condecorado do exército romano. Mas os anos têm me ensinado que a diferença entre um herói e um assassino é apenas a boca que cita o nome do indivíduo. Paulus é capaz de atos horríveis. Ele parecia sentir prazer naquelas longas estradas cheias de presos de guerra, crucificados, apodrecendo sob o sol. Ah, quanta estupidez e bestialidade. Eu não suportava aquele cheiro, muitos homens passavam mal. Ele nem dava importância, ainda dizia que seus soldados precisavam se tornar homens fortes, valentes, e aquilo lhes faria bem, era o poder de Roma. Paulus se delicia com o sangue, com o ato de matar; ele tem um anseio sempre renovado e fortalecido de matar, e a crueldade é... injustificável, desumana. Bêbado, em estado excessivamente frequente, fala em Verônica. Que obsessão tem por essa infeliz! E nem sequer sabe se está viva ou morta, afinal já se passaram tantos anos. O silêncio seguiu Caio depois que deixou Roma; ninguém tinha notícias dele, apenas as oficiais e obrigatórias chegavam a Roma. Centenas de romances escandalosos ou ilícitos ganharam a atenção dos fofoqueiros; já nem se fala mais de Verônica, nem mesmo nas arenas. Mas ele..." — Caetano interrompeu suas reflexões. Paulus sentou-se pesadamente na mureta. Encarou-o e declarou entre dentes:

— Ele está aqui.

Caetano não cogitou fazer qualquer brincadeira como era de seu estilo; sequer o saudou. O aspecto irado de Paulus preocupou-o. Ficou pensativo; a testa franzida, buscando na memória a pessoa a quem ele poderia estar se referindo. Não tinham nenhum alvo específico para a ação, logo não se tratava de questão militar. Por fim, indagou:

— Ele, quem?

— O desgraçado. Meu inimigo, o causador da minha desgraça, o sedutor de Verônica... — rosnou Paulus, entre dentes. — O desgraçado tem uma filha linda, você acredita? Tão linda que me encantou e me fez lembrar Verônica, mas é filha daquele crápula, falso... — e enumerou qualidades pouco nobres, descritas com palavras menos nobres ainda, atribuídas a Caio Petrônio.

Um arrepio gelado correu pelos braços de Caetano e ele apertou as mãos, aflito. Não precisava procurar um vidente ou adivinho para saber o que Paulus desejava. Temeu pelo futuro. O horizonte se fechou como naqueles dias de verão, nos quais, subitamente, o azul é substituído pelo cinza escuro; nuvens densas, raios e trovoadas. Mas aquela tempestade interior não seria passageira como uma chuva de verão. Conhecia-a há décadas.

"Tudo que vi há pouco está explicado. Pobre soldado! Recebeu os pontapés que eram dirigidos a Caio. Preciso avisar Petrônio, é injusta e descabida a ira de Paulus. Sempre foi" — considerou Caetano intimamente, enquanto ouvia a narrativa do encontro com a jovem Cibele e a renovada fúria do comandante romano.

— Acalme-se, Paulus — pediu Caetano. — Tudo isso é passado, já aconteceu há tantos anos... Pense, nada do que você fizer vai mudar o que aconteceu. Creia, amigo, se beber até cair, bater em qualquer um, violentar mulheres, queimar casas, chorar, gritar, berrar, bater, matar, e o que mais você acreditasse fosse capaz de alterar o passado e devolver-lhe o que perdeu... acredite, eu o faria a seu lado. Mas aceite, é impossível. Esqueça, Paulus!

— Impossível, Caetano. Você diz isso porque nunca amou alguém do jeito que eu amo Verônica. Por isso, é tão fácil falar. Você não sabe o que é perder um amor assim para um sujeito vil e covarde como Caio Petrônio. Ele não a merecia. Ela era minha, fui roubado, você consegue entender o que é isso? Não, é claro que não! É como se tivessem roubado um pedaço de mim, minha alma, tudo...

Caetano ficou surdo ao conhecido e exagerado discurso de Paulus. Compreendia o que era sofrer por amor, quem é que não conhece essa dor tão humana, afinal de contas. Mas exatamente por isso reconhecia que Paulus era covarde para enfrentar a sua dor, em não reagir, em condenar-se a um sofrimento sem fim, e extrair desse sentimento desgovernado um prazer vicioso e mórbido. Tinha testemunhado o seu afastamento do convívio familiar e, com qualquer outra família; o ódio às esposas de seus colegas do exército, não importando se eram subalternos ou superiores; o horror às crianças; não participava de nenhuma data festiva, à exceção dos triunfos militares e das religiosas, em homenagem a Hélius. Enfim, tinha poucos amigos.

Nesse ponto de sua análise, Caetano deteve-se e ponderou, um a um, os homens que compartilhavam a companhia de Paulus e o relacionamento mantido. Refez a ideia: Paulus tinha apenas um amigo, o próprio Caetano. Que, por justiça, admitia não ser dos melhores. O sentimento dominante em si, há alguns anos, era a tolerância e a piedade.

Não cabia responsabilidade, muito menos culpa a Caio e Verônica, pelo que Paulus decidiu viver e fazer de seus sentimentos. O exagero da dor era fruto de sua imaginação, criação pessoal. Encarcerara-se, ou melhor, enjaulara-se naquela ira desgovernada, na dor, cuja intensidade exacerbou e alimentou. Orgulhava-se de ostentar o discutível título de mártir do amor, de homem traído, injustiçado. Tanto que quando ele ingressava em um ambiente, se o assunto envolvia amor, família, mulheres, filhos, festas comemorativas, todos se calavam, constrangidos, não sabendo como se comportar na sua presença.

Quando Paulus fez um intervalo, Caetano apressou-se em retomar a palavra, na tentativa de chamá-lo à razão.

— Paulus, você exagera, já lhe disse, não é para tanto. Você esqueceu o verso muito citado em Roma: *"Aquilo que pode ferir um, pode ferir todos os outros."*

Um soldado, emissário do general, os interrompeu chamando Paulus para uma conversa.

Disciplinado, Paulus ergueu-se, sem se importar de se despedir do amigo e andou na direção do local onde ficava o alojamento do superior. Caetano agradeceu aos deuses a intervenção oportuna e avançou apressado em direção à saída.

Não era difícil encontrar Caio Petrônio. Onde quer que ele estivesse, seu caráter afável e o trabalho que desenvolvia possibilitavam localizá-lo rapidamente. Caetano foi direto aos prédios da administração romana e perguntou por Caio. Em poucas horas, encontravam-se frente a frente.

A presença do militar, anunciada por um funcionário, fez Caio erguer as sobrancelhas, um pouco irritado. Aqueles dias estavam sendo um teste a sua paciência e bom humor. De um lado, as exigências do insano Calígula, de outro, os interesses de pacificação de um local que, a seu ver, era por natureza conturbado. As tarefas eram desgastantes, em especial porque ele se decidira por uma atitude a favor dos sacerdotes judeus. Não via razões para insultar aquele povo em sua crença, impondo-lhes a adoração de alguém que ele mesmo não respeitava. Enquanto sua paciência suportasse, a estátua de Calígula não partiria dali para Jerusalém. Tramava intimamente algum "acidente" que a deformasse e determinasse seu retorno a Roma. O tempo, em alguns casos, resolvia. Ainda mais se tratando de situações que dependem da ideia de uma criatura. Caio confiava que Calígula esquecesse aquele desejo, que afinal não passava de uma adulação a sua vaidade doentia.

— Disse o que deseja? Se for algum assunto referente a... — e ergueu a voz involuntariamente.

O funcionário sorriu compreensivo e, apressado, informou:

— Não, não, senhor Caio. Não se trata "daquele" assunto. Hoje está calmo, não tivemos nenhuma novidade. O militar disse ser seu amigo particular e que não o vê há anos, desde que veio para o Oriente.

— Ah! melhor assim. Mande-o entrar — ordenou Caio, enquanto assinava alguns documentos.

Caetano surgiu à porta da sala de trabalho de Caio, sorridente. Os dois homens olharam-se alguns segundos e logo se abraçaram.

— Caetano! — cumprimentou Caio. — É uma alegria vê-lo por aqui. Quando chegou? O que o traz a essas terras?

— Caio Petrônio — respondeu o militar. — Há quantos anos, meu amigo! Você desapareceu, mas um cão bem treinado sabe farejar rastros — brincou Caetano.

— Eu sou assim, não tinha por que alimentar o falatório de Roma. Preferi virar lenda e ser esquecido. Mas conte-me: o que o traz aqui, o que fez estes anos todos?

Caetano relatou alguns fatos de sua vida, dizendo não haver novidades na rotina militar, nem na sua vida particular; tudo seguia os caminhos óbvios.

— O quê?! Você ainda não se casou? Não me diga que pretende morrer em batalha ou adotar alguém quando ficar velho? — questionou Caio, descontraído. — Não deixe os bons anos de sua vida passarem apenas a serviço de Roma. Acredite-me, ela não pede esse sacrifício e arrisco-me a dizer que não o vale, não hoje, ao menos. Não quero ser injusto com a memória de grandes homens.

— Você mudou, Caio. Eu jamais cogitaria ouvir de você uma declaração desse tipo.

— Espero que não me acuse de deslealdade ao imperador — brincou Caio, erguendo as mãos. — Mas, sim, eu mudei. A vida retirada, longe da política, fez-me grande bem. Aprendi novas virtudes, dediquei-me ao que desejava, não ao que esperavam de mim, constituí uma família e, nessa forma simples e pacata de viver, encontrei a minha felicidade e satisfação.

À menção da existência de sua família, Caio percebeu o semblante de seu visitante mudar. Caetano assumiu a preocupação vislumbrada por Caio, de maneira vaga, no sorriso que não iluminava os olhos.

— Você partiu de Roma levando Verônica — falou Caetano. — Ainda estão juntos?

Caio sorriu. Era visível, a qualquer observador, que a simples menção à mulher mudava sua fisionomia e o fazia feliz. Falar sobre ela, mais ainda.

— Com a bênção dos deuses! — respondeu Caio. — Não penso a minha vida sem ela, sem nossa filha. Temos uma menina, chama-se Cibele. Na verdade, quase uma mulher. Preparo-me para o dia em que a verei casada, embora talvez não seja esse seu caminho, mas, como pai, habituo-me à ideia de entregá-la aos cuidados de outro homem. Não será fácil, ela é uma extensão de Verônica.

— Já ouvi dizer que sua filha é linda — elogiou Caetano, prudentemente buscando uma forma de introduzir o assunto que o levara à presença do nobre Caio Petrônio.

— Sim, é. Mas está há tão pouco tempo em Cesareia, e é a primeira vez que trago Cibele comigo, depois de crescida. Quem lhe disse que ela é linda? Não me conte que os legionários lançam olhos à minha filha — brincou Caio. — Supremo castigo! Não é justo que os filhos paguem pelos atos de seus pais. Os desvarios de minha juventude são minha responsabilidade, aliás, foram bons tempos, não é verdade? Não creio que tenha deixado marcas profundas em ninguém... Não, Cibele não teria muito a responder, nem por mim nem por Verônica.

Caetano emudeceu; sua expressão revelou a extensão de sua preocupação. A abrupta mudança de comportamento, em meio a um diálogo ameno, mostrou a Caio que a visita não era mera cortesia em nome dos velhos tempos. Encarou o militar e, escorando-se contra a pesada mesa de madeira entalhada, inquiriu:

— Por que veio me procurar, Caetano? Vejo aflição em seu rosto, diga qual é o problema, se eu puder ajudá-lo, farei com prazer.

Caetano gemeu baixinho, não sabia como falar de seus receios. Mas não era homem de fazer rodeios.

— Eu lhe agradeço, Caio, a disposição em me ajudar. Mas não preciso de nada. Não é essa a razão da minha visita... — e fez outra pausa.

Caetano olhou o teto, depois mirou a janela que se abria para um pátio interno, no entanto, não viu os detalhes artísticos do teto ou os belos arbustos do lado de fora. Torceu as mãos, coçou o queixo, e o olhar de Caio não se desviava dele. Estava ciente de que algo grave trazia o visitante a sua presença.

— Então, qual é? — incentivou Caio.

— Nem sei como lhe dizer. É uma história longa que você não conhece, mas está envolvido e faz parte dela...

Caio o olhava em silêncio. Rodeou a mesa, pegou a cadeira e a colocou em frente a Caetano. Sentou-se e pediu:

— Conte-me.

Caetano narrou sua vida acompanhando Paulus, desde quando encontraram Verônica à margem da estrada. Traçou uma linha temporal reta, relembrando todos os episódios e falando das reações e mudanças que observara em seu companheiro de armas.

— Bem, foi Paulus quem me disse como sua filha é linda. Ele a encontrou no templo, faz pouco e retornou ao forte trans-tornado. Enlouquecido de ódio, para ser honesto. Ao longo de todos estes anos, Caio, Paulus viveu remoendo rancor contra você, acusando-o de traidor, por ter roubado Verônica. Tem muito ciúme e inveja. E acho que, sem medo de errar, poderia enumerar todos os maus sentimentos que se possa ter contra alguém e, ainda afirmar, que ele os possui contra você e oscilam em relação a sua mulher. A obsessão que tem por ela ainda é viva. Encantou-se com sua filha porque lembrou-lhe Verônica, mas odiou-a por ser sua, entende? Caio Petrônio, você consegue ver o perigo de que desejo alertá-lo?

Caio respirou fundo, abatido. Lamentava que os anos que, para ele e Verônica, tinham sido tão felizes, para Paulus, tivessem sido torturantes.

— Eu não imaginava isso — declarou Caio.

— Ninguém imaginaria, é impossível saber as escolhas na vida dos outros e o que farão com os sentimentos que despertamos — comentou Caetano. — Mas meu senso de justiça pessoal me obrigou a vir lhe falar e, ao menos, preveni-lo. Paulus pode se tornar perigoso para vocês, tome cuidado. Cuide de suas mulheres. Foi isso que vim fazer aqui. Sinto-me aliviado.

— Obrigado, Caetano. Você provou ser um amigo leal. Pensarei em tudo que conversamos e, por ora, fique tranquilo: Verônica não me acompanhou, está em Jerusalém. Portanto, não corre perigo. Cuidarei de Cibele e de mim.

Com a expressão esgotada, mas serena, Caetano abraçou Caio e renovou o pedido:

— Faça isso, cuide-se. Você é um bom homem, precisamos de você. Sei do transtorno que está vivendo por aqui com nosso jovem imperador. Sabe como é, os homens comentam. Entendi o que está fazendo, e o apoio. Estou cansado de lavar o sangue alheio do meu corpo. Frequentemente derramado por bobagens como essa. Quando soube que você estava aqui, tive certeza de que era sua essa orientação de, como direi,...

— Morosidade — sugeriu Caio, sorrindo.

— É. Ninguém deve ter pressa em fazer guerra, elas são longas e difíceis de serem terminadas.

— Trabalho pela *Pax Romana* a meu modo — comentou Caio.

— Tomei muito do seu tempo, é hora de partir. Cuide-se, Caio Petrônio.

Caio permaneceu em seu local de trabalho, pensativo, refletindo sobre os estranhos caminhos escolhidos pelos seres humanos para lidar com suas dores. Não conseguia entender que alguém aumentasse seu sofrimento com as próprias mãos, mas as evidências desses fatos batiam a sua porta todos os dias, e agora o atingiam pessoalmente.

Ao cair da tarde, sob as últimas luzes do dia, o mesmo funcionário retornou à presença de Caio, trazendo-lhe um documento oficial contendo ordens de Roma, vindas do imperador.

Resignado, Caio leu o documento. Não acreditando no que lia, começou a rir e disse ao funcionário uma série de locais, onde consideraria adequado que o imperador de Roma colocasse aquela ordem. O funcionário riu discretamente. Era fiel a Caio, em quem reconhecia bondade e justiça como valores de caráter. Por isso, trabalhavam com intimidade; acompanhava-o onde quer que fosse.

— Meu amigo, há dias que um homem precisa ir para sua casa e tomar um bom vinho em grande quantidade. Acho que hoje é o que eu mereço. Imagine uma ordem do imperador determinando que eu resolva esse impasse idiota ou me suicide para poupá-lo do trabalho de ordenar a minha morte. Eles realmente pensam que são deuses! Idiota! Não enxerga de que linha de desgraças e crimes ele próprio vem, que por ela está no comando do império e, por uma mesma causa, poderá amanhã cair. Homem estúpido!

Ao dizer isso, Caio guardou os documentos que tinha sobre a mesa, ergueu-se, lançou o manto sobre o ombro e saiu. O funcionário acompanhou-o; em seus olhos brilhavam admiração e medo das atitudes de seu superior.

36
Enfrentando a dor

A vida está cheia e infestada de vários perigos, de que ninguém tem um longo sossego, apenas uma trégua.

Cartas consolatórias, tradução Cleonice Van Raij, Pontes Editores, Campinas, SP, pág.48.

Caio nada perguntou à filha quanto aos fatos contados por Caetano. Limitou-se a observá-la. Estava alegre, feliz com a viagem, e com todas as novidades que uma cidade como Cesareia Marítima tinha a oferecer-lhe. Acomodados na sala de refeições, em torno de uma mesa farta, Caio olhou os alimentos e a bebida e, tomando a jarra que estava sobre a mesa, em uma atitude inusitada, devolveu-a ao servo e ordenou:

— Hoje quero um bom vinho, o melhor que tivermos à disposição.

— Sempre tomamos bom vinho, meu pai. Por que o melhor e por que hoje? — indagou Cibele, acomodando-se à mesa do jantar.

— Calígula exige o máximo da minha paciência, filha. Não estou mais habituado às intrigas de Roma ou elas pioraram muito desde que me ausentei das funções públicas.

— Ainda o impasse entre os sacerdotes e o nosso "divino" imperador — brincou Cibele. — Dizem que os deuses não foram muito felizes com esse seu "filho". Ouvi dizer que ele é muito feio, e estou sendo gentil.

— Calígula nunca foi bonito, eu o conheci criança, agarrado às pernas de Agripina, sua mãe. Não era uma criança bonita. E, se as "obras de arte" enviadas para cá, de belas não têm nada, imagine o modelo. Pobre escultor! Há de ter sofrido muito.

O servo apresentou o vinho ao senhor e, com sua aprovação, serviu as taças. Caio ingeriu o vinho em longos goles, como se bebesse água. Cibele o estranhou. Ao servir-se da segunda taça, Caio sorriu para a filha, dizendo:

— Querida, mesmo o mais estoico dos filósofos admite que há dias na vida dos seres humanos, em que é preciso um pouco de exagero para compensar as tensões a que, não entendi ainda o motivo, lançamos uns sobre os outros. É um jogo de interesses desumano o que nós, humanos, praticamos. Impomos uma carga de tensão sobre os outros, apesar de nenhum homem ter sido feito para suportá-la. E, nosso "divino imperador", além de belo, com sua extrema magreza, altura, calvície e olhos esbugalhados, realmente lindos — ironizou Caio — é também muito saudável, tanto física quanto mentalmente. Tanto que seus julgamentos são os melhores e mais lúcidos, iguais ao seu amor pela família, em especial pelas irmãs — é o que dizem. Portanto, hoje beberei à minha saúde para suportar as determinações de Calígula. Não estranhe, minha filha, teu pai é um homem comum, como qualquer outro.[21]

Cibele riu do desabafo paterno e ergueu a taça em um brinde:

— Ao melhor e mais humano dos pais, você.

Caio sorriu, embevecido com o carinho da filha e, tomando-lhe uma das mãos, beijou-a e piscou o olho, pedindo:

— Não conte à sua mãe que fiz isso.

Cibele riu do charme do pai e respondeu:

— Ela não saberá, prometo.

---

21 Calígula sofria de epilepsia desde a infância e insônia, dormia poucas horas por noite e tinha pesadelos, em que dizia falar com o mar. Conta o historiador antigo, Suetônio, que ele passava as noites caminhando pelas galerias do palácio, esperando e invocando a luz. Era acusado de incesto, especialmente com sua irmã Drusila.

Tarde daquela noite, via-se a luz de algumas velas nos aposentos de Caio. Concentrado, ele escrevia. Páginas e páginas jaziam ao seu lado.

***

Em Jerusalém, Sáfia velava o sono de sua senhora. Debruçada sobre o parapeito da janela, contemplava as estrelas e meditava. No início da tarde, sentira uma angústia, uma opressão no peito, a incomodá-la. Aproveitava as horas do descanso de Verônica para buscar e encontrar a causa.

Enfraquecida, após séria hemorragia, Verônica passava muitas horas acamada. Sáfia permanecia a seu lado. Ignorara um divã ao pé da cama que lhe oferecia descanso e convidava a um cochilo. A estranha e desconfortável sensação exigia solução para dar-lhe sossego. Resolveu entregar-se à reflexão e às evocações a Ísis, deusa de sua devoção. Contemplar o céu dava-lhe paz. Nas horas luminosas do dia, o brilho do sol comunicava-lhe ideias de calor, vida, poder, igualdade, generosidade. O manto da noite a chamava para desvendar os mistérios da vida e mostrava-lhe a existência de mundos distantes; falava-lhe do movimento e das transformações como lei natural. A lua ensinava-lhe que a distância não é sinônimo de ausência, pois torna-se presente e atuante, regulando o fluxo da água, em toda Terra, determinando a germinação das sementes e o nascimento dos seres vivos. Pensar na grandiosidade da vida dava-lhe paz. Na natureza, há tanta harmonia, inteligência e sabedoria, que refletir sobre as lições que ela apresenta aos nossos olhos é um convite irrecusável e fonte de confiança e serenidade. Tudo está bem; conectar-se com essa realidade é caminho de equilíbrio interior.

Nem mesmo a morte está fora dessa verdade. Tudo morre para renascer, para renovar-se; é a lei geral. Tudo está muito bem! As necessidades que tanto nos afligem, são criações culturais, pois a natureza não tornou trabalhosa nenhuma das necessidades que imputou aos homens. Se dá a necessidade, dá também a fonte. Sirva-nos de exemplo: o bebê que se alimenta no seio materno — a mãe não se ocupa de fazer-lhe o leite, a natureza supre o que o bebê necessita e serve seu alimento na temperatura exata.

Sáfia entretinha-se com essas reflexões, e assim tentava enganar a sensação persistente e desconfortável de angústia. Porém, uma breve pausa em seus pensamentos, um suspiro ou gemido de Verônica, e lá estava a sensação a oprimi-la, no peito.

Desistiu de enganar-se, refugiando-se na busca de paz interior, sem confrontação das perturbações. Resolveu mergulhar na angústia e desvendar a origem.

Fechou os olhos, concentrou-se em suas sensações e logo se formou, em sua mente, a imagem de um coração com um grande corte transversal, sangrando muito. Após instantes, em meio ao sangue, viu o rosto de Verônica, mas a expressão dela era muito diferente. Reconhecia em sua senhora uma lutadora, uma mulher forte; conhecia a história de sua vida cheia de adversidade e admirava sua disposição de não se entregar a lamúrias e procurar construir a sua felicidade.

Apreciava muito a serena e natural humildade de seu caráter, Verônica não alterava sua conduta, quer estivesse na presença de escravos, quer diante de membros da elite, patrícios ou estrangeiros, homens ou mulheres. Tratava-os igualmente bem, não se rebaixando frente aos poderosos, nem se exaltando em face dos mais fracos. Cada pessoa recebia dela igual tratamento: calmo, educado, atencioso. Atendia-os conforme as possibilidades. Esse proceder a fizera respeitada e amada em Jerusalém, como a digna esposa de Caio Petrônio.

Mas, para quem a conhecesse bem, vislumbrava nessa face serena, a expressão frágil e as marcas deixadas pelo passado. Ela, às vezes, chorava por nada, emocionava-se, combatia o medo, enfurecia-se rapidamente e, depois, dominava a emoção. Não canalizava a energia, para que isso desse a determinação de fazer o que era preciso dentro dos limites do necessário — nem além, com exageros emocionais; nem aquém, numa fúria improdutiva que acabasse em lágrimas. A disciplina da infância moldava o proceder e ela recuperava o controle. O convívio com Caio trouxera-lhe conhecimento; aprendera a usar a razão. Ela tinha a face de alguém que vive em paz.

Porém a mulher que surgia à sua visão espiritual não era a mesma que dormia na cama, a alguns passos da janela, na qual se debruçava. Sáfia enxergava uma mulher com expressão de força inquestionável, com um olhar profundo, como um abismo, onde se perdiam da vista do observador, muitas vivências, e nele brilhava a lucidez.

Era a mesma face, mas era outra mulher, inegavelmente. Enquanto a contemplava, a egípcia ouviu a voz de uma amiga espiritual a falar-lhe ao ouvido:

— Bem viver é transformar-se, Sáfia. Não se deve temer a dor nem a luta, não se deve temer ganhar ou perder, não se deve temer destruir ideias ou ilusões — tudo faz parte do mesmo caminho. Precisamos tanto saber estar no alto quanto no pé da montanha. E, acima de tudo, precisamos nos harmonizar com o ritmo da vida e nos habituar, com o menor sofrimento possível, à sua lei de eterna mudança e transformação. Procede mal, quem pensa ser meritório aguçar as próprias dores. Não, não há privilegiados isentos do sofrimento. Existem, sim, diferentes sofrimentos e diferentes modos de enfrentá-los. A emoção os exacerba; a razão os acalma.

"É isso que significa a visão que tive: sofrimento e transformação?" — indagou Sáfia, mentalmente, a sua mentora.

— Sim. Esteja ao lado dela, e, quando for a hora, conduza-a ao templo para que encontre, na espiritualidade, a força interior e a paz nos sofrimentos. É a missão que você pediu, eis a sua tutelada — Verônica. Inspire-a a seguir o bom caminho, ensine a fé e a força que ainda lhe faltam, dê-lhe ânimo, conforte-a em suas dores, inspire-lhe coragem. Sejam felizes juntas. Seguirei seus passos, velarei pelo seu sucesso.

— Que assim seja! Obrigada!— respondeu Sáfia, inclinando a fronte, reverente.

A angústia desapareceu; estava bem, confortável em si mesma. Ergueu os olhos à Constelação de Orion e agradeceu a Ísis o conforto espiritual.

Tranquila, deu as costas à janela e contemplou Verônica adormecida. Há décadas havia deixado o templo de Ísis, muito antes de encontrar Verônica. Saiu de lá, deixando o pedido de que aceitaria, de bom grado, a missão de confortar e amparar alguém, em sofrimento tão grande como o que tinha enfrentado, como forma de gratidão ao que havia recebido. A sacerdotisa dissera-lhe que, no momento oportuno, o pedido seria concedido; jamais imaginara que seria sua senhora. Mas, afinal, senhores e escravos são apenas papéis sociais, dentro de um tempo e de uma cultura transitórios. Na condição de espíritos imortais, não possuímos outros papéis, além de sermos nós mesmos.

37
O CORTEJO

*[...] maior é o amor, que com
igual perigo, obtém menor vantagem.*

Sêneca, *Cartas consolatórias.*Consolação a
Hélvia, Tradução Cleonice Van Raij, pág. 94,
Pontes Editores, Campinas/SP.

Com o passar dos dias, o alerta de Caetano perdeu a eficácia. Caio preocupava-se com a segurança de Cibele; ordenou proteção reforçada à filha quando saísse à rua.

Cibele, ciente da tensão vivida pelo pai para solucionar pacificamente o impasse entre o imperador e os sacerdotes judeus, decidiu permanecer na residência oficial.

Admoestada pelo pai, para aproveitar a estada na cidade, alegou:

— Pai, poderei voltar aqui quando quiser. Não preciso me expor a nenhum risco, muito menos preocupá-lo mais do que já está. Estou bem, resolva esse "problema" que nos trouxe a Cesareia. Não se preocupe comigo, certo?

A sensibilidade de Cibele sempre o afetava. Não dissera à filha uma única palavra, mas ela captara sua aflição. Convencido da maturidade da jovem, Caio puxou-a para sentar-se ao seu lado, em um divã, na sala de refeições e lhe relatou o motivo de seus cuidados: a ameaça de Calígula e a história de Paulus no passado.

— Cuide-se – pediu Cibele, num murmúrio angustiado. Recostando-se no peito do pai, prosseguiu: – Sinto que esse homem não está bem. Ele é perigoso, seu amigo tem razão. Há muito ódio nele, muito ciúme e inveja. Ele pensa muito em você e na mãe. Quer vingança. Tome cuidado, não sou eu que estou em perigo, pai.

Caio acariciou os cabelos da filha, beijou-os e respondeu baixinho, com falsa descontração:

— É a minha sibila que está falando?

— Não brinque, pai. O que eu sinto é sério. Eu vejo o rosto desse homem e me sinto mal. É como se eu conhecesse a maldade de que ele é capaz. É um sentimento fortíssimo de certeza de que as ameaças dele não são vãs. Eu sinto medo, muito medo, por você. Quero quatro guardas com você, o tempo todo!

— Hum, agora é a filha de Verônica falando – resmungou Caio, sorrindo.

— Não, sou eu, Cibele Petrônia, mandando em você – retrucou a moça, exigindo ser obedecida. — Eu darei ordens aos guardas.

— Não me desmoralize, menina – ralhou Caio e brincou: – Deixe que faço isso sozinho. Sou bom no assunto.

Cibele desistiu, conhecia o pai. Ele não daria demonstrações de preocupação, não permitiria nada que pudesse afligi-la ou a sua mãe.

Rezou à deusa Cibele, pedindo proteção ao pai e que aquela missão terminasse rapidamente.

A preocupação de Cibele não foi suficiente para recordar Caio das ameaças que pesavam sobre sua cabeça. Na semana seguinte, recebeu duas notícias de Roma que o fizeram rir. Primeira: Calígula havia sido persuadido por um senador, amigo de Caio, a revogar a absurda ordem de impor ao povo judeu que o adorasse como a um deus. Segunda: a notícia do assassinato de Calígula, de sua esposa e filha e da ascensão de seu tio Cláudio, novo César do império romano.

— Ora, ora, essa vida é mesmo cheia de acontecimentos improváveis – comentou Caio com o funcionário. – Quem ousaria pensar que Cláudio, um dia, chegaria ao poder! Era a escolha impossível. Os conspiradores que assassinaram Calígula não esperavam por essa, não tenho dúvida. Bem, que Júpiter inspire o novo governante! Que a despeito do improvável, ele tenha vida longa e dê prosperidade a Roma e paz ao mundo.

O funcionário repetiu a saudação e os votos ao novo governante e sorriu ao acrescentar:

— Que seja sadio!

— Mentalmente – acrescentou Caio, rindo. – Ao que sei, Cláudio é bastante doente, mas sofre enfermidades físicas. Nunca soube que fosse louco. É um homem tímido, um estudioso, não um político... Mas o melhor mesmo é que acabou essa pendência, acabou o conflito. Ordem suspensa, imperador morto, e nós, meu amigo, livres para retornarmos para casa. Já não somos úteis por aqui. Rendo graças a minha mãe divina; faça uma oferta no templo em meu nome, Apolônio.

Leve e contente, Caio despachou ordens, mandando cumprir as decisões de Roma.

À noite, com a filha, participou-lhe a boa notícia e completou:

— Prepare tudo, minha filha. Retornaremos para casa o mais breve possível, sinto falta de sua mãe e ela deve estar angustiada com essa demora.

— Começaremos agora mesmo! – respondeu a jovem.

Dois dias depois, eles partiam de retorno ao lar, acompanhados de uma pequena comitiva.

***

— Aiiiiiii!! Nããoo! – berrou Verônica, em frente à porta de sua residência, em Jerusalém. — Nãoo! Nããooo! Aaiii...

O choque sucedia a uma dor intensa, e ela dobrou-se sobre si, e, encostada ao umbral da porta, deslizou ao chão, chorando e gritando dolorosamente.

O movimento da rua parou. O grito desesperado ecoou entre as paredes e, em todas as janelas e sacadas, apareceram rostos assustados e curiosos. Ao identificarem a cena, contagiados pela emoção de Verônica, deixavam escorrer grandes lágrimas.

— Pobre senhora – lamentou uma judia que cedera o passo surpreendida pelo grito.— Que Jeová a ampare!

— Que tristeza! – murmurava um artesão, parado entre o povo que assistia a cena. – Júpiter lhe dê força!

Um casal, sem pensar, abraçou-se, e, juntos, oraram à deusa de sua devoção pedindo por aquela mulher, para eles desconhecida.

Uma criança se agarrou às pernas da mãe, que o enlaçou imediatamente, ansiosa por senti-lo ao seu lado.

— Manhê, por que todo mundo tá chorando? – perguntou a criança.

A mulher lançou um olhar à Verônica, soluçando tanto que mal respirava. Sentada no chão da calçada, ao lado da porta, "como explicar isso a uma criança?", pensou. E, sem saber o que fazer, abaixou-se, tomou o pequeno nos braços, contornou o pequeno círculo de pessoas aglomeradas em torno dos veículos parados à frente da casa de Caio Petrônio, e, enquanto afastava-se, informou ao filho:

— Aquela senhora é uma boa mulher, meu filho. E está muito triste, por isso todos choram.

— Mas ninguém vai acalmar ela? Por quê?

— Às vezes é muito difícil acalmar certas dores, meu filho. Quando você crescer vai entender.

E, com essas palavras, encerrou, ou pensou ter encerrado, a conversa com a criança. O assunto voltaria em outras ocasiões. Porém, naquela hora, confrontada com o sofrimento, a mulher preferiu omitir-se.

Sáfia descia as escadas apressada, aflita com os gritos e soluços de Verônica. Reconhecia a dor pungente e, ao ouvi-los, lembrou a visão do coração ulcerado.

— Sagrada mãe Ísis, não me falte nesta hora! Tu, que venceste a morte e a dor, tu que reinas entre os mortos, dá-me inspiração e força – pediu Sáfia.

Correndo, chegou onde estava sua senhora em soluços e gritos, jogada ao chão, e viu os carros fúnebres parados. Embora um oficial do exército e outro da administração romana trouxessem informações e homenagens, não precisou ouvi-los.

— Mãe divina, minha senhora, recebe a sua dor: tem o esposo e a filha assassinados. Dá-nos amparo, te imploro! – murmurou Sáfia.

Ignorou os oficiais e, aproximando-se de Verônica, abraçou-a fortemente, sem nada dizer. Sustentou o corpo da senhora sacudido por tremores e incontroláveis soluços. Não adiantava falar-lhe, não naquele momento, e Sáfia tinha consciência disso. Comunicava-lhe que não estava só naquela dor; não era necessário nada mais. Dizia-lhe com seu abraço que a acolhia em sua dor. Ninguém precisava fazer perguntas; a dor é igual para todos, muda somente sua intensidade, de acordo com os sentimentos que nutrimos pelo morto. Permaneceram abraçadas por bom tempo, até que Antúlio surgiu do final da comitiva, abrindo caminho entre os populares.

Trocou um rápido olhar com Sáfia e entenderam-se silenciosamente: Verônica não tinha condições de raciocinar; ele devia tomar as providências necessárias.

Sem demora, abriu as portas, reuniu os servos e escravos, distribuiu ordens e assumiu a organização daquele inesperado e sofrido evento.

Sáfia, grata por reconhecer a iniciativa e competência de Antúlio, agradeceu aos céus e à divina providência a presença de espírito do secretário de Caio. Lançou olhares ao redor, observando que a comoção inicial que unira as pessoas na aflição de Verônica, cedia à curiosidade e à especulação em torno da tragédia. Conseguia ouvir os murmúrios: "Mas o que aconteceu? Como morreram? Oh, foi assassinado! Quem fez isso? Um louco os atacou, matou pai e filha e ainda feriu os guardas. Credo! Matar um animal desses é pouco!..." E os comentários seguiam inflamando-se. Decidindo que sua senhora não se beneficiaria com aquilo, ergueu-a e conduziu-a aos aposentos.

Antúlio, observando-as passar pela sala principal, não

conteve as lágrimas, e a garganta ardeu, deixando-o mudo. Não havia palavras que descrevessem a dor extravasada por Verônica.

Horas depois, ele batia à porta dos aposentos de Verônica. Havia um silêncio pesado, de tempos em tempos quebrado por um soluço. Sáfia abriu a porta; a dor e o pesar se refletiam em seus olhos, mas ela estava calma, perfeitamente controlada. O secretário admirou-lhe a força moral e agradeceu aos deuses, pois, se não fosse a egípcia, estaria só para lidar com a delicada situação. Os escravos e servos de Caio estavam desolados. Afora ele e Sáfia, ninguém mais mantinha a lucidez; estavam entregues e dominados pela dor, pela revolta e pela ira. Sabiam que um militar romano antigo conhecido de Caio Petrônio o havia assassinado e a sua filha. Fora uma agressão rápida e violenta; eles não tiveram chance de defesa, e o agressor fugira imediatamente, e ainda não havia sido encontrado. Eles clamavam por justiça e vingança.

Antúlio guardou a dor e a revolta no íntimo. Naquele transe de dor, apenas pensara em fazer o que era necessário a cada momento. Presenciou o atentado covarde, viu o autor, sabia das motivações, afinal acompanhou os dias difíceis vividos por Caio em Cesareia. Atribuía o crime a causas políticas, a algum militar ainda fiel a Calígula, que desconhecia a revogação da ordem de execução. A política romana era corrupta e perigosa; sua história era escrita com sangue e pontas de faca.

No ato do crime, buscou socorrê-los, mas as mortes foram quase instantâneas. Não houve o que fazer, senão dar ciência às autoridades. Só lhe restou trazer os mortos para Jerusalém e entregá-los a Verônica.

Foi a viagem mais dolorosa e com a pior chegada de sua vida. Mas era preciso que alguém fizesse. Providenciou os atos fúnebres, com toda a pompa devida aos membros da elite romana. Com muita dificuldade, conseguiu que alguns servos controlassem as emoções e o ajudassem, mas eles foram somente braços, não pensavam, não se autodeterminavam.

Mesmo em meio ao sofrimento, alegrou-se e se sentiu amparado, ao ver que Sáfia estava controlada e cuidando da situação de sua senhora. Lançou o olhar para dentro do cômodo e deparou com Verônica jogada sobre a cama, em posição fetal, abraçada ao travesseiro de Caio. Eram dela os soluços que cortavam o silêncio.

— Como ela está? – indagou Antúlio.

— Do jeito que seria de se esperar. Não é possível consolá-la agora, nem o será por muitos dias. Deixá-la chorar e ficar ao seu lado é tudo que podemos fazer. Mais tarde, quando as emoções serenarem, então sim, poderemos dizer alguma coisa. Agora não há palavras, e ela não as escutaria.

Antúlio meneou a cabeça, era difícil contemplá-la. De novo lhe doeu a garganta e sentiu as lágrimas escorrendo pelas faces. Sáfia tocou-lhe o ombro, com carinho, e confortou-o lembrando:

— Façamos o que nosso amado amigo gostaria que fizéssemos: cuidemos dela que ele tanto amou e protegeu; cumpramos nosso dever fazendo o que é necessário. Infelizmente para chorar sempre há tempo, mas para fazer o necessário é apenas na hora presente. Eu sinto e você também, a diferença é que entendemos o imperativo de controlar as emoções e usarmos a razão. Sentarmos ao lado dela e chorarmos um mar de lágrimas não devolverá a vida à Cibele nem ao senhor Caio, não alterará a realidade, nem servirá de conforto à senhora Verônica. Portanto, elas são inúteis. Choraríamos pela nossa dor, e isso, diante da dor dela, é egoísmo. Choraremos a nossa dor mais tarde, longe das vistas da senhora. Agora façamos o que podemos e o que é necessário.

Antúlio fitou Sáfia, nunca reparara na força emanada do olhar da escrava egípcia. Sentiu-se fortalecido, compreendido, e num impulso, tomou-lhe a mão e a beijou, profundamente grato.

— Vá, Antúlio! Faça o que precisa ser feito. Eu levarei a senhora quando for a hora.

— É isso que vim avisar — murmurou Antúlio. — Está tudo pronto. Será que ela não quer vê-los antes dos outros?

Sáfia balançou a cabeça pensativa. A medida era adequada e necessária. É preciso confrontar a morte para que ela não deixe um vazio inexplicável e de difícil superação. O sentimento de luto precisa ser vivido em toda sua extensão.

Somente depois, a razão consolará a dor, a tristeza será vencida, e a criatura humana se habituará à ausência.

— Você tem razão, esse é o momento, é algo que não poderemos fazer depois, como eu lhe disse.

Antúlio concordou e, apertando-lhe suavemente a mão, soltou-a e afastou-se pelo corredor. Aguardando orientação de Sáfia, manteve a casa fechada; nem mesmo as tradicionais carpideiras que deveriam entoar os cânticos fúnebres e lamentar os mortos tiveram acesso à sala onde estavam os corpos. Elas aguardavam silenciosas, num dos cômodos destinados aos empregados.

Horas depois, Sáfia surgiu à porta da sala amparando Verônica e conduzindo-a, como se fosse uma sonâmbula. Verônica estava pálida, os olhos vermelhos, inchados, a expressão ausente, parecia não enxergar ninguém. Esporadicamente, soluçava. A egípcia acreditava que sua senhora não tinha mais lágrimas para verter.

Na intimidade dos aposentos, Sáfia dera ordens à Verônica. Disse-lhe que iria vesti-la e prepará-la para acompanhar com dor, sim, mas com muita dignidade o sepultamento de seus amores. Pois era exatamente isso que Caio Petrônio esperaria que ela fizesse, isso seria exemplo à filha de ambos. Verônica olhou a escrava como se não entendesse uma só palavra do que a mulher dizia. Depois, surpreendentemente, em absoluto silêncio e docilidade, ergueu-se do leito, dirigiu-se à casa de banhos e deixou que a vestisse e a conduzisse. Seu único gesto era segurar firme a mão de Sáfia.

A egípcia a observava: Verônica andava ereta e firme; a face era a expressão do sofrimento; a cara da tragédia. Sua atitude sugeria força em meio à dor. E ela rezou aos céus, pedindo que aquele alvorecer fosse verdadeiro.

Verônica soltou a mão de Sáfia e andou até a mesa onde repousava a filha. Grossas lágrimas correram por seu rosto. Delicada, acariciou o rosto da jovem, afagou seus cabelos e sentou-se ao lado, entoando baixinho antigas canções com que a embalara na infância, em busca de um sono tranquilo. Alguns versos eram cortados por soluços que sacudiam o corpo todo.

Sáfia e Antúlio, únicas testemunhas daquele encontro, abraçaram-se sem perceber e choraram juntos, vencidos pela dor que transmitia a voz de Verônica. Ela permaneceu ao lado do corpo de Cibele pelo tempo que costumava, todas as noites, ficar com a menina, até que ela adormecesse.

Assistida espiritualmente por Mirina e Talita, Verônica despedia-se da filha, beijando-a na face.

Antúlio tremeu e, instintivamente, apertou Sáfia, ao ver que Verônica deixava o corpo de Cibele e se dirigia até a mesa sobre a qual jazia Caio Petrônio, trajado com sua melhor túnica senatorial.

— Vamos aguardar do outro lado do corredor – disse Antulio, com voz chorosa. – Não creio ter o direito de assistir a esse momento. Eles se amavam muito.

Sáfia concordou e, sem fazer barulho, deram alguns passos atrás, deixando-a se despedir sozinha de Caio Petrônio.

Mirina e Talita, respeitosamente a acompanhavam, sustentando-a naquele transe de dolorosa e inesperada separação.

Verônica o abraçou, repousando a cabeça sobre seu peito e soluçou amargamente até lhe faltarem as forças. Então respirou fundo, lembrou-se do nicho da deusa Cibele, na Vila de Tívoli, da profunda religiosidade do companheiro e recitou a prece de evocação da deusa, pedindo-lhe coragem para suportar aqueles momentos. Feito isso, uniu seus lábios aos dele, em um longo beijo, como se não quisesse deles se desgrudar; uma carícia carregada de amor e sofrimento.

— Basta, minha filha — murmurou Mirina, acariciando os cabelos de Verônica. — Basta! Isso satisfará sua alma e a dele também. A morte não é o fim, querida. Tenha calma!

A emoção que envolvia Verônica exauriu-a e, sem opor resistência, aceitou os comandos mentais dados por Mirina e se ergueu. Lançou um último olhar ao corpo do marido e se afastou lenta e pesadamente.

— Façam o que deve ser feito – determinou, num sussurro, ao casal de servidores que a amparou na porta.

— A senhora está bem? – indagou Sáfia, preocupada com a súbita expressão esgotada e apática que tomara o rosto de Verônica.

— Estou – declarou e se sentou em uma cadeira, indicando que ali receberia as condolências e exporia a quem quisesse ver a extensão da dor causada pela tragédia.

E assim fez. Pálida, esgotada, cortada em mil pedaços pela dor, Verônica suportou calada a todo ritual.

O ritual das tochas e archotes abria o cortejo fúnebre; anunciava que morrera uma criança. Acreditavam que as luzes do ritual descortinariam as luzes da espiritualidade, do além, do caminho que se abria à alma. Apesar de triste, era belo, e seu simbolismo lembrava a todos a finitude da existência física e a esperança da continuidade da vida. Logo após as luzes, caminhava Verônica, de mãos dadas com Sáfia e, depois, vinham os carros fúnebres e a enorme multidão de amigos e admiradores de Caio Petrônio e sua pequena família, prestando-lhe as derradeiras homenagens.

Ninguém dava atenção, mas, a metros do final do cortejo, um homem bêbado cambaleava, ora chorando, ora rindo, zombeteiro e ameaçador.

38
Destinos

Não pode haver couraça mais forte do que um coração limpo.

Shakespeare, William. *Henrique VI* – 2ª parte, ato III, cena II — Rei Henrique. Shakespeare de A a Z, L&PM Pocket, Porto Alegre/RS.

Nada mais bem escondido dos olhos do que o bigode. Paulus acompanhou passo a passo a trajetória de seus atos, após o brutal ataque que resultou na morte de Caio e Cibele. Viu a dor de Verônica ao receber os carros fúnebres em sua porta. Entendeu que a matara por consequência. Quando a viu andando à frente do cortejo, carregando aquela dor imensa, com extrema dignidade e lutando em busca de forças para manter-se de pé, compreendeu que aquela era, definitivamente, outra mulher.

Não suportou ouvir seus gritos e se refugiou em uma taberna, uma verdadeira espelunca, consumindo, em bebida, todo dinheiro que carregava consigo. Porém o álcool não lhe deu o anestésico buscado. A culpa o destruía internamente e com muita pressa. Em sua mente perturbada, ecoava o chamado pleno de amor e desespero de Cibele:

— Pai, cuidado!

A jovem gritara aquelas palavras, quando ele estava a metros de atacá-los. Não sabia como ela pressentira sua intenção, mas viu, nos olhos de Cibele, o medo e a certeza antecipada do ataque. Tanto que ela se jogara abraçando Caio e recebendo os primeiros golpes mortais em seus pulmões.

Em meio à ação, ouviu a resposta espantada de Caio:

— Meu amor, minha filha! O que é isso? – provavelmente ao sentir o sangue da moça banhar-lhe as vestes.

Não pretendera matar Cibele, ela não fazia parte de seus planos, mas, ao jogar-se para defender a vida do pai, tornara--se um empecilho e não parou para pensar, simplesmente executou o que o descontrole emocional, companheiro de anos, havia ditado como conduta. Agora, essa vivência, por tanto tempo alimentada, transcendia as barreiras da sanidade mental. E as últimas palavras de suas vítimas o perseguiam como um eco maldito.

Caio o reconhecera e, enquanto desfechava as punhaladas mortais, ele balbuciara:

— Paulus, minha filha... é quase uma criança, nem o conhece... Não se mata ...impunemente...

Por mais de uma década tinha cultivado seu ciúme, seu ódio, sua revolta e planejara sua vingança. E acabara ali, naquele estado: bêbado, um louco dominado por uma paixão doentia, pelo ciúme e pelo despeito. Mil vezes tinha matado Verônica e Petrônio, em cada homem que sua espada transpassara. Em cada um, tinha matado Verônica, mas nunca matara a menina inocente.

Rangia os dentes, tomado de raiva, lembrando que Verônica ainda vivia. Mas qualquer som ecoava aos seus ouvidos como a voz doce e amorosa de Cibele, gritando pela vida de seu pai. Vida que ele arrancara junto com a dela. Aqueles sons o torturavam, não havia álcool que calasse o grito de Cibele. Desde o momento do atentado, aquele chamado não silenciava, e, aflito, ele considerava não mais deixar de ouvi-lo. Isso lhe causava horror. Matara tantas pessoas que não tinha conta; isso o tinha feito um herói festejado, escondendo o homem frustrado que ele era.

A tragédia correu Jerusalém, de boca em boca, com a rapidez de um vendaval. Em toda parte, para desespero de Paulus, se chorava a morte de Caio Petrônio e de sua filha. Judeus e romanos superavam barreiras culturais, sociais e econômicas, para lamentarem a perda de um ser humano e, amigo. Aquele lamento coletivo colaborava para o seu desequilíbrio. Estava acostumado a matar e terminada a batalha, seguir marchando. Quem perecera sob sua espada não tinha nome, nem história, nem família ou amigos. Caio Petrônio tinha tudo isso. Após as batalhas, não ouvia senão elogios a sua conduta exemplar; agora ouvia, com clareza e rispidez, na voz do povo, no que tinha se transformado:

— Um assassino cruel, desumano, covarde.

Compreendeu que facilmente seria apedrejado se o povo soubesse que ele era o autor do duplo homicídio.

Bebeu muito; caiu em sono pesado, torturado por vivências de violência, agressão, com o rosto de Verônica, tal como ela era em Roma, imiscuindo-se inesperadamente nas cenas. Acordou suando frio, sobressaltado e tornou a beber. Foi assim que ouviu a notícia de quando partiria o cortejo para o sepultamento.

Cambaleante, mas disposto a matar Verônica, ficara à espreita, escondido atrás da parede, na primeira esquina, após a residência. Espantou-se, quando Verônica abriu a porta da casa, trajada de luto, acompanhada por Sáfia. Ninguém questionava o quanto ela sofria; estava estampado na face dela, nos olhos inchados, vermelhos e sem brilho. Justo ela, cuja olhar era luminoso. Mas também ninguém questionava a força interior com que se mantinha de pé, digna, carregando o fardo de dor que ele lhe enviara.

Aquela não podia ser Verônica, não podia ser a mesma mulher passional que a sensualidade, o medo e a raiva dominavam com facilidade em Roma.

Foi assim, arrastado pela força que emanava daquela mulher coberta de luto, que seguiu o cortejo a alguns metros de distância.

Paulus, trôpego, caiu em um barranco e rolou até um córrego fétido que levava detritos de toda espécie. Não conseguiu levantar-se e acabou entregando-se ao pranto. Chorava por Cibele e por ele mesmo; chorava pela Verônica que não mais existia e que desejara amar e matar com igual intensidade.

Não sabia quanto tempo havia transcorrido, nem mesmo se era pouco ou muito. Surpreendeu-se ao ver uma mulher parada à beira do barranco. Vestia uma túnica simples e envolvia a cabeça e os braços com um manto púrpura. Os olhos dela eram de um castanho dourado, e embelezavam ainda mais os traços orientais clássicos; eles luziam, irradiando paz, serenidade e força. Tudo o que Paulus mais precisava no momento. No entanto, ele não reparara que, na força, havia severidade e firmeza. Ele queria aconchego, alguém que lhe dissesse que agira corretamente, que fora vítima de uma mulher sem escrúpulos, que abusara de seus sentimentos e fizera dele o homem que era hoje. No entanto, ele nunca ouvira falar de Mariamna, tampouco conhecera outra mulher igual.

Ela o olhou, examinou cautelosamente suas roupas, sua aparência, a faca ainda suja de sangue seco, que portava presa à cintura, seu estado visível de desequilíbrio, cambaleando atrás do cortejo fúnebre que avistava ao longe. Mariamna soube que ali estava o responsável por aquele crime, mas não lhe cabia julgar. "Os mortos estavam mortos e nenhuma lamúria lhes devolveria a vida. Aquele traste humano estava ali, ao alcance de sua mão, se ele quisesse poderia ajudá-lo a ser alguém melhor e evitaria outro doloroso cortejo como o que ia à frente" — pensou enquanto o fitava.

— Levante-se! Siga-me! — ordenou Mariamna e lhe deu as costas, avançando a passos lentos, pela mesma estrada, mas em sentido contrário ao do cortejo. Paulus hesitou, depois vencido pela força atrativa daquela estranha, ergueu-se e foi ao seu encontro. Permanecer no barranco era condenar-se a morrer, literalmente, na sarjeta.

"Ela sabe!" — pensou Paulus. "Essa mulher de olhos dourados não me dá a mão, não me oferece afagos, não me pede dinheiro... também que dinheiro ainda teria! Essa estranha apenas me olha, e vi quando olhou o cortejo que se afasta, que já vai distante. Não ouço nem os cantos nem os lamentos, e depois olhou-me. Eu vi que ela sabe. Toda Jerusalém sabe quem eu sou e o que fiz, mas ela não me condena. É uma mulher severa, exala força. Ela manda, não pede. Nem ao menos virou-se para ver se a obedeço. É como se ela lançasse uma rede de pesca.

O silêncio de Mariamna deu a Paulus o necessário e que ele mesmo desconhecia: acolhimento, paz e tempo para pensar. Ela sabia que os sentimentos podem e devem ser expressos, mas quando muito intensos, e sob forte impacto, precisam primeiro ser assimilados, absorvidos e não jogados em um turbilhão de palavras que enche a mente, consome energia com explicações, queixas e justificativas, mas não traz aprendizado, pois impede o sentir.

Ela sabia da necessidade de vivenciar a plenitude da dor das próprias loucuras e que somente isso geraria a libertação. Silêncio permeado com trabalho, eis a sua fórmula para auxiliar o reequilíbrio de alguns desajustados.

Mariamna conduziu Paulus a uma casa próxima do deserto, absolutamente isolada de outras residências. Nos primeiros dias, ele nem ao menos percebeu que não estavam sós, estava enlouquecido. Foi com o passar dos dias que notou a existência de outras pessoas, tanto homens quanto mulheres, de diferentes idades, e de diferentes povos. Alguns pareciam pobres, incultos; em outros se notavam as marcas de um passado de riqueza e indícios de cultura. Todos trabalhavam e sorriam, Mariamna era a mais feliz, e nenhuma dessas diferenças lhe importava.

Em um instante de lucidez, enquanto trabalhava ao lado dela, carregando água, indagou:

— Mariamna, como reuniu pessoas tão estranhas na sua casa? Por que mora com elas?

— Estranhas? – repetiu Mariamna, erguendo a sobrancelha, numa expressão divertida. — São todas humanas, apenas humanas. Elas se parecem comigo: carregam feridas que só nós, humanos, podemos ter. A vida nos aproximou, assim como aproximou-me de você.

— Mas são assassinos, são criminosos, prostitutas,

ladrões, mendigos, doentes de todo tipo — insistiu Paulus, inconformado com a calma resposta.

— Sim, eu sei. Somente nós, humanos, podemos ser tudo isso que você citou.

— Nem ao menos eles são da mesma religião. Vejo cada um rezando para um deus diferente...

— Isso não importa, fico feliz que tenham uma crença, é o que basta. Paulus, aprendi que perante a vida todos nós temos um dever: sermos melhores e não importa por quais caminhos atingiremos essa meta. Nossas atitudes são as pedras de calçamento de um mundo melhor e é preciso que cada um de nós coloque as suas pedras nesta estrada. Se eles foram marginais, doentes, criminosos — não me interessa. Eu não dito regras, não ensino religião, não prescrevo nem condeno qualquer ritual ou deus, mas lembro todos do dever de se tornarem melhores. Poderiam ter sido pessoas destacadas na sociedade, e ainda assim eu não mudaria. Penso que o importante em nossa vida são nossas atitudes. O que pensamos e sentimos é um patrimônio pessoal que ninguém pode tocar, além de nós mesmos, mas nossas atitudes são o legado que deixamos para a humanidade, portanto elas precisam ser boas. Elas são reflexos de nossas almas; são espelhos nos quais podemos enxergar nosso íntimo; são nosso autorretrato sem retoques.

***

— Sáfia, por favor, arrume nossa bagagem! — pediu Verônica, contemplando o horizonte através da janela.

A escrava surpreendeu-se ao ouvir a ordem, serena e firme. Imediatamente, veio-lhe à memória os fatos recentes. Dois meses haviam se passado desde o sepultamento de Caio e Cibele.

Verônica, ao regressar da cerimônia, encerrara-se em seus aposentos, se alimentara frugalmente e não permitira nem mesmo a presença de Sáfia. Por mais de dez dias ficou em isolamento absoluto. Ninguém sabia o que ela fizera, pensara ou sentira. Com o ouvido colado à porta, a escrava ouvira alguns soluços, barulhos de pergaminhos e o som de passos indo e vindo. No entanto, o que imperou foi o silêncio.

Quando saiu, avistavam-se alguns fios prateados na cabeleira escura, e seus olhos haviam se tornado um abismo profundo e negro. Sáfia reconheceu a mulher de sua visão.

Dali para frente, passaram horas e horas conversando sobre a história de Ísis, a deusa do luto e guardiã dos mortos, a grande feiticeira capaz de, por amor, restituir a vida. Sáfia contou-lhe das consolações que encontrou, em refletir sobre a vida após a morte, o quanto sua visão dos fatos e acontecimentos da existência humana invertia o grau de importância e confundia os "sábios" de plantão na sociedade.

— Senhora, quando se vê a vida física como uma escola na qual precisamos aprender e crescer; quando vemos que o curto tempo entre o nascer e o morrer não é tudo, que existe um renascer, redimensionamos nossas experiências. Descobrimos que o apego não é amor, e que ele faz sofrer porque é sempre material. Ou nos apegamos a coisas ou a corpos, não às pessoas em si, que, em essência, são imortais, é o apego ao corpo, à matéria e tudo que o ela produz, a causa de muito dos nossos sofrimentos. Por isso, algumas pessoas se desesperam com a morte, sentem-na como se fosse um arrancar de raízes, não como a temporária separação que é. Veja como a forma de crer e pensar muda a intensidade e a direção do sentimento. O sofrimento ensina, não tenho dúvidas; mas não é a única nem a mais meritória forma de se aprender a bem viver. O apego também deixa nu a nossa desconfiança e o desespero. Não cremos na vida e nas forças imutáveis e sábias que a regem, então queremos controlar tudo e todos, e, de repente, a vida escorre entre nossos dedos. Em um breve instante, o que está já partiu; o inteiro se quebrou, o uno se dividiu, o saudável adoeceu e morreu. Fracassamos? Eis a pergunta que atormenta e enche de culpa muitas criaturas. Não. Não fracassamos quando fazemos o possível e o necessário nas situações que nos cercam. Aquilo que aconteceu apenas foi a vida nos dizendo que não detemos o controle de forças maiores e que, para o nosso bem-estar e saúde, é muito inteligente confiar e manter a serenidade na inteligência superior e amorosa que rege tudo. Senhora, a fé como confiança em si e em um Ser Supremo é o pilar do equilíbrio e da força interior. Todos os acontecimentos bons e ruins têm o propósito de nos instruírem. Pense, senhora, que se nem mesmo o mais horrível abutre é um ser inútil na criação, pois cumpre um papel e executa um trabalho útil na natureza, por que seriam os fatos, os acontecimentos da vida humana, obras do acaso, que aconteceriam ao léu, sem propósito ou significado, sem leis que os regessem? Não, a natureza, a vida, são sábias demais. Só não enxergamos isso quando nos cega o orgulho, ou o egoísmo não nos permite pensar além do próprio umbigo.

Verônica a ouvia, calada. Ficava pensativa, contemplando o horizonte. Frequentemente, ajoelhava-se em frente ao nicho de Cibele e entregava-se à prece por seus entes queridos. Apesar de sofrida, ela não esbravejava contra os deuses. A consciência dizia-lhe que se revoltar era perder duplamente, era desperdiçar as próprias forças. A aceitação e a resignação eram o oposto, eram forças ativas a sustentá-la.

Antúlio descrevera-lhe, dias depois, como acontecera o crime, inclusive a fisionomia do assassino.

— Paulus – murmurara Verônica, levando as mãos ao rosto, surpresa e confusa.

— Conhece-o, senhora? O senhor Caio recebeu em Cesareia um militar de nome Caetano que o alertou sobre um homem chamado Paulus. Na verdade, o senhor Caio tinha duas ameaças de morte... — e informou-a dos fatos passados antes do assassinato.

Verônica expressara, na ocasião, profundo desejo de estrangular Paulus com as próprias mãos. Aquele sentimento a agitou, fê-la passar mal, sentiu a cabeça ferver e a extrema necessidade de arrebentar, de destruir qualquer um ou qualquer coisa que lhe passasse pela frente, sem medir consequência. Era visível que sentia prazer ao imaginá-lo estrebuchando em suas mãos.

Esse estado durou alguns dias e começava a preocupar

Sáfia. A egípcia tinha conhecimento de que abrigar a ira não era o caminho da saúde e do equilíbrio. Reconhecia, na ira, a presença de uma lei divina — a destruição e o resguardo, a proteção, da própria vida —, porém também sabia que tal sentimento tinha duas faces: a destrutiva a conduzir ao rancor e ao ódio, a ditar e originar condutas, que, em geral, sobrevinham com grande quantidade de violência e graves doenças ao seu hospedeiro; ou a que serve como combustível à determinação e à coragem, o lado construtivo desse sentimento natural. Educá-lo é o problema. Para bem dosá-lo e gerenciá-lo, controlando os impulsos destrutivos negativos — rancor e ódio — é preciso perdoar. Naqueles dias, Sáfia afligiu-se, pois a resignação não se mostrava profunda, ainda não tinha raízes no coração.

Mas, naquela manhã, constatou Sáfia, que Verônica acordara novamente serena, embora tivesse dormido pouco. Estava mais calada do que o usual. O pedido de organizar a bagagem era a sua primeira manifestação.

— Para onde iremos? — indagou Sáfia.

— Para o Egito. Desejo permanecer no templo de Ísis algum tempo, quero conhecer mais.

Sáfia exultou intimamente. Cumprir sua missão não estava sendo tão penoso quanto considerara no passado. A hora era grave, implicava a decisão de abandonar tudo e afastar-se do desejo de vingança. Verônica optava pelo exercício do desapego e do perdão. A resignação bem entendida e sentida operava sua ação: devolvia à Verônica forças para viver, lembrando-a de si e de seu futuro. Feliz com a decisão, Sáfia respondeu-lhe:

— Sábia escolha, senhora.

— Obrigada, Sáfia — a voz e a expressão de Verônica eram suaves e firmes, não havia notas de padecimento, quando prosseguiu: — A família de Caio reivindica seu patrimônio, e, por lei, tudo de fato lhes pertence, não quero discutir nada disso. Apanhe somente nossas roupas, um pequeno baú que está fechado sobre meu leito e as minhas joias. Venderemos as joias para apurar os recursos necessários à viagem. Os escravos e servos deverão esperar ordens de seu novo senhor. Nós partiremos o mais breve possível. Daqui levarei somente o que vivi, minhas lembranças e meu aprendizado. A vida renasce a cada dia, Sáfia, compreendi que isso acontece conosco nesta vida, quando nos transformamos diante das experiências e, em outras ocasiões, quando espiritualmente recomeçamos nova jornada, em um novo corpo, mas levando nosso aprendizado. Então, você tinha razão ao me dizer que compreender isso redimensionava nosso modo de ser, pensar e sentir. Agora, eu sei que tudo o que tenho, tudo o que levo e tudo o que eu preciso é o que eu sou. Busquei liberdade e segurança em coisas exteriores e tudo que vivi até hoje serviu para me ensinar que, ou eu sou livre e tenho autoconfiança, ou nada nem ninguém poderá me dá-las. Eu aprendi que são conquistas pessoais. A vida me ensinou isso: nasci filha de escrava, tornei-me famosa, fui senhora, hoje sou apenas Verônica e sei que é assim que posso ser tudo o que eu quiser.

Epílogo

*Conhece-te a ti mesmo. De nada
em excesso. Viva aqui e agora. Em qualquer situação da vida faça o possível e
o necessário. Lembre-se: o que pode
ferir a um, pode ferir a todos. Nada é
eterno, poucas coisas são duradouras;
cada coisa é frágil ao seu modo, o fim
das coisas é diferente, mas tudo o que
começa tem fim.*

Lições da antiguidade de diversos autores.

O que vivi, o que senti naqueles dias, somente eu posso contar. A mãe natureza, sob o nome de Providência Divina, fez-nos iguais para a dor física, mas diferentes para o prazer e o sofrimento moral. Cada um carrega a própria dor; com ela vive e decide o que fazer.

Eu lutei com uma ira muito antiga. Paulus despertava paixão em mim, e paixão é o excesso de qualquer sentimento ou necessidade. Ele despertou minha paixão sensual, algo muito diferente do amor, e despertou com igual intensidade minha ira. Em meu espírito havia reminiscências de uma sensualidade antiga, porém as brasas mais mal encobertas eram as da ira. Eu odiava Paulus com todas as minhas forças e, apaixonadamente, ou seja, em excesso. Demorei muito a entender que o ódio atrai e algema. Nisso, a ajuda das sacerdotisas egípcias foi inigualável.

Quando saí daquele estado de revolta, por descobrir a

autoria dos assassinatos, Sáfia e Antúlio não entenderam o que havia acontecido, qual fora a causa de tão súbita transformação.

Parti para o Egito, ingressei no culto de Ísis. Renenet, a grã-sacerdotisa, completou o trabalho de Mirina e Caio. Desenvolveu as sementes da espiritualidade em mim. Renenet foi meu reencontro com Helena e meu regresso aos caminhos da espiritualidade, trabalhada e tangida pela dor. Lembro-me que, ao encarar os olhos de Renenet, senti um misto de medo, admiração, reconhecimento e, instintivamente, sustentei seu olhar com a mesma firmeza e controle que ela. Respondi-lhe, honestamente, quais eram minhas razões de ali estar: desejava ampliar meu entendimento da vida e, assim, entender seus recados e caminhos. Reconheci que precisava burilar meus sentimentos e atitudes. Contei-lhe minha vida, sem chorar, nem me lamentar. Sáfia olhava-me surpresa e mais surpresa ficou, quando recebi um grande e carinhoso abraço de Renenet, que me disse:

— Sê bem-vinda em teu retorno. A vida ensinou-te o que eu não pude e agora a devolve aos meus cuidados para que eu dê minha participação. Você recebeu as dores de Ísis; o que eu sei dos segredos dela eu te ensinarei. Dendara a orientará. Sê bem-vinda, filha de Ísis.

Confesso que na hora estranhei a atitude da sacerdotisa, mas não questionei.

Sáfia somente entendeu as causas da minha transformação, quando lhe permiti conhecer o conteúdo do pequeno baú trazido de Jerusalém, meu companheiro inseparável, no restante dos meus dias como Verônica. Eram cartas escritas por Caio em Cesareia Marítima. A mais lida de todas dizia:

Amada Verônica, fiel amiga de minha alma, amante da minha vida.

Hoje descobri que, para certas atitudes humanas, o tempo parece não passar; elas desdenham altaneiras a passagem dos dias. Refiro-me à corrupção dos caracteres, à desmedida ambição, ao egoísmo, à violência, aos abusos e más paixões de toda ordem. Elas grassam na história de Roma, desde suas origens e ainda não as vencemos. Espero, ansiosamente, o dia em que ouvirei contar que isso acontecia no passado e não é mais realidade cotidiana. Mas não sei quando será tal dia. Sáfia, nossa boa amiga, diz que já vivemos antes e que tornaremos a viver depois da morte e a renascer em outros corpos físicos. Verônica, eu creio nisso. Desde a primeira vez que ela me falou de suas crenças, eu senti que elas eram verdadeiras e minhas conhecidas. Foi como se um véu se rasgasse e eu pudesse ver o que sempre esteve lá, mas que estava oculto. Por isso, me sinto tranquilo e confiante: um dia tudo será melhor, depende de nós, depende que cada um construa hoje os alicerces desse futuro. Eu quero fazer a minha parte, por isso, meu amor, a altas horas da madrugada e distante de você, lhe escrevo.

Sei que, quando você ler estas cartas — escrevi várias, tantas quantas eram meu anseio de para todo sempre compartilhar alguns dos meus pensamentos –, eu não estarei fisicamente ao seu lado, por algum motivo terei deixado de existir neste corpo material. Peço que não se aflija. Recebi ameaças de morte, e a política romana é escrita com o sangue das guerras e dos assassinatos. Infeliz cultura que enlameia um grande legado de nobres espíritos que deram sua vida para construir uma nova civilização. Serei mais uma vítima da insânia pelo poder.

Querida, não importa por que meios, o certo é que tudo e todos temos um fim. Nem mesmo Sáfia nega a morte, apresentou-a como um portal, e eu penso que seja essa a melhor definição. Ao cruzarmos o portal, nos separamos, e isso dói em mim e em você. Peço que, em nome do nosso amor, que me acompanhará para onde eu for e sei que seguirá com você para onde você for, não se aflija por mim, nem me dê o desgosto de vê-la chorar sentindo pena de si mesma. Sim, eu sinto que a verei, não me pergunte como, ainda não posso lhe dizer. Mas eu sinto.

O seu pranto não me fará feliz, nem me falará da sua saudade. Eu sei que ela existirá, pois sempre a sentimos quando nos separamos, ainda que por alguns poucos dias. Mas nosso pranto será inútil, meu amor. Aceitemos os fatos. Se rios de lágrimas pudessem mudar a realidade dessa separação, o mar *seria pequeno para escoar tanta água. Mas não mudará, nós sabemos. Viver será nosso destino e bem viver a nossa escolha. Eu não renegarei uma única lembrança sua, nem fugirei de falar de você e de contar o quanto a amo e sou feliz por amá-la. Espero que faça o mesmo. Não tenho paciência com aquelas mulheres que choram para todo o sempre, de tal maneira que as outras pessoas não sabem como se portar diante delas, se falam ou não de alguém que morreu e de suas lembranças. Por tudo que há de sagrado, peço-lhe que não faça isso. Nosso passado, nossas lembranças tornam-se imortais; é um patrimônio que nada destrói, é o que de fato temos e que devemos consultar e usar no futuro que nos aguarda. É o legado da vida. Deixe-me viver lá eternamente e você nunca estará sozinha. Em minhas lembranças, Verônica, você viverá junto comigo para onde quer que eu vá. Não chore minha ausência física, viva minha presença, cultivando a capacidade de amar e de ser feliz, que juntos aprendemos. É a nossa herança, e ela é como aqueles pós e poções míticos: quanto mais se distribui mais aumenta. Partirei em paz, sei que a deixo tão rica quanto o tesouro que comigo levo. Nenhuma lei atinge nosso sagrado direito de compartilhar esses bens. Quanto aos bens materiais, ficam para Cibele, minha legítima herdeira. Infelizmente esses são regrados pelas leis humanas, feitas conforme os interesses da época. Mas tomei todos os cuidados possíveis para que nada lhe falte.*

Cibele é o fruto do nosso amor. Aprendi com Sáfia que lhe demos apenas um corpo, ela é um espírito imortal como nós e traz as próprias necessidades e capacidades. Cabe-nos orientá-la, e os deuses confiaram que o nosso amor seria um bom sustentáculo para ampará-la e guiá-la até que possa tomar as próprias decisões. Como pai, eu jamais impus minha vontade sobre a dela. Conversamos muito, às vezes, ela cedeu, outras eu cedi. Verônica, você ainda tem mais dificuldades de aceitar as decisões dela. Entendo que quer protegê-la, evitar que ela sofra o que você sofreu vivendo sua juventude sozinha. Mas, meu amor, não a sufoque e não confunda o ato de protegê-la com o de viver a vida que pertence a ela. Oriente-a, ajude-a a pensar, a conhecer, a refletir, conte-lhe suas experiências, mas

*deixe que ela decida e, ao decidir, seja senhora das respon-
sabilidades. Se, em alguma situação a decisão de Cibele for
ruim e as consequências forem dolorosas, assista-a, mas não
a isente de enfrentar as consequências de seus atos. Prometa-
-me não esquecer disso. Ela carrega um dom. Sabemos que
ela era diferente desde menina, lembra-se? Eu aceitei há muito
tempo que talvez o destino dela seja entre vestais, sibilas ou
sacerdotisas. Ela escolherá quem servir. Sei que você também
teme esse caminho. Eu margeei essa estrada, sei que pode ser
linda, muito bela mesma, o que não quer dizer que não tenha
pedras, temporais, dias escuros — tem. Mas pergunto-lhe, meu
amor, qual não tem?*

*Não pense, Verônica, em vingar a minha morte. É perda de
tempo, é inútil. A vingança não apagará a morte, não recolocará
os fatos de volta ao que eram antes, tampouco mudará a sua
dor. Não, meu amor, tudo seguirá igual, apenas você ficará pior,
sofrendo ainda mais do que sofria antes. Se apegará a alguém
que odeia e de quem não tem nenhuma boa lembrança, isso é
lamentável. É um morrer em vida. Você foi capaz de renunciar ao
desejo de vingar a morte de sua mãe e de sua avó; renuncie
ao desejo de vingar a minha. A dor da revolta e do desejo de
vingança não nos ajuda, apenas tortura; devemos afastá-la o
mais breve possível; resgate seu espírito desse consolo inútil
e desse amargo desejo de chorar.*

*Você é uma mulher corajosa, busque essa coragem, observe
que, em toda parte, há razões para chorar e pelas mesmas coisas;
há quem chore por estar só e há quem chore por ser estimado
demais e não ter privacidade; há quem chore por ser pobre,
e há quem chore os problemas causados pela riqueza; uns
se queixam de ter filhos, outros de tê-los perdido. Querida,
lembre-se que a vida não nos prometeu apenas prazeres e que
nosso primeiro ato ao chegar aqui é chorar. Acredito que isso
tenha uma razão, além de anunciar que estamos respirando.
Creia-me, se resolvermos chorar, faltarão lágrimas e sobrarão
razões para fazê-lo. Por isso, é prudente moderar o que acabará
precisando ser feito outras vezes. Poupemos o que usaremos
mais de uma vez. Creia-me, eu não quero que você sofra. De*

minha parte, procurarei agir como penso. Quero ser causa de saudade, não de tormento. Quero que fique feliz quando sonhar comigo e que seus sonhos sejam bons e a encham de bons sentimentos. Nessa hora, lembre-se de mim e agradeça pelo tempo que vivemos juntos. Eu agradecerei sempre, até que chegue o dia de nosso reencontro. Para sempre, seu:

Caio

A vida, as experiências, os conhecimentos transformaram-me. Os anos servindo à grande mãe Ísis foram valiosos. O amor e as lembranças foram companheiros que aprendi a dividir e multiplicar, nessa estranha matemática divina que aumenta o que se dá. Faltava-me experimentar a confiança em um Ser Superior e Supremo para me entregar confiante à vida. Foi o que aprendi com Renenet e tutelada por Sáfia.

Na espiritualidade, reencontrei meus amores. Em uma reunião, assistida por Talita e acompanhada de Caio e Mirina, compreendi que Cibele era um espírito que se recuperava de experiências ligadas ao suicídio, equívoco que repetira mais de uma vez, sendo que, em uma, eu tive participação direta: Cibele era a reencarnação de Cloé[22]. Viera às minhas mãos para desenvolvermos, como mãe e filha, a amizade e o amor iniciados no plano espiritual, e me propus ajudá-la a entender e a usar as faculdades mediúnicas que tinha, das quais eu abusara no passado. Morrer ainda muito jovem era parte de seu aprendizado de valorização da vida e uma medida de benevolência dos mentores espirituais, uma oportunidade para viver na matéria, apenas o tempo necessário a não reincidir em velhos erros. Faria aprendizados sucessivos, mas por curtos períodos, até a completa recuperação. Isso não isentava Paulus de seus atos; fazia-o tão somente um instrumento. Ele, outra vez, se colocou nos caminhos da violência, e a vida nos dá conforme nossas escolhas.

Talita informou-nos que ele vagava enlouquecido ainda

---

22   A experiência de Cibele como Cloé é relatada em nosso romance Em busca de uma nova vida, publicado pela Vida e Consciência Editora

na Terra, e projetava para si um futuro difícil. Senti piedade, ao ouvir a notícia; meus olhos encheram-se de lágrimas. Elas anunciaram minha mudança de sentimentos; naquele momento eu consolidava meu perdão.

Caio e Mirina abraçaram-me felizes; apesar de todas as dores, saíamos vitoriosos. Eu era um novo ser, aprendera a lição.

Mas o universo feminino tinha muitas lições reservadas ao meu aprendizado.

***

Ao vasculhar meu passado, muito depois de ter sido Verônica, vejo-me uma adolescente trigueira, de longos cabelos negros, penteados em grossas tranças, enfeitadas com uma flor vermelha. Pele morena, grandes olhos escuros, roupas coloridas e muitas joias. Eu danço faceira, para deleite da tribo que marca o ritmo com palmas. O sol se põe, as fogueiras estão acesas no acampamento e o colorido no deserto é deslumbrante. Vivemos os primeiros séculos da Idade Média; minha tribo viaja pelas terras do Egito. Eu sou a pequena Eshe, uma beduína...

Inverno de 2010.
Layla

Sucessos de
ZIBIA GASPARETTO

Romances mediúnicos, crônicas e livros. Mais de 17 milhões de exemplares vendidos. Há mais de 20 anos, Zibia Gasparetto vem se mantendo na lista dos mais vendidos, sendo reconhecida como uma das autoras nacionais que mais vendem livros.

Romances ditados pelo espírito Lucius

- Ela confiou na vida
- O poder da escolha
- O encontro inesperado
- O amor venceu
- O morro das ilusões
- Entre o amor e a guerra
- Laços eternos
- O matuto
- Esmeralda - nova edição
- O fio do destino - nova edição
- Espinhos do tempo
- Quando a vida escolhe - nova edição
- Somos todos inocentes
- Pelas portas do coração - nova edição
- A vida sabe o que faz
- A verdade de cada um - nova edição

- Sem medo de viver
- O advogado de deus
- Quando chega a hora
- Ninguém é de ninguém
- Quando é preciso voltar - nova edição
- Tudo tem seu preço
- Tudo valeu a pena
- Um amor de verdade
- Nada é por acaso
- O amanhã a deus pertence
- Onde está teresa?
- Vencendo o passado
- Só o amor consegue
- Se abrindo pra vida

Crônicas Mediúnicas — Espíritos Diversos

- A hora é agora!
- Voltas que a vida dá - nova edição

- Pedaços do cotidiano

Crônicas ditadas pelo espírito Silveira Sampaio

- Pare de sofrer
- O mundo em que eu vivo

- Bate-papo com o além
- O repórter do outro mundo

Outros Livros de Zibia Gasparetto

- Conversando contigo!
- Eles continuam entre nós 1 e 2
- Reflexões diárias

- Pensamentos (com outros autores)
- Recados de Zibia Gasparetto

Sucessos de SILVANA GASPARETTO

Obras de autoconhecimento voltadas para o universo infantil. Textos que ajudam as crianças a aprenderem a identificar seus sentimentos mais profundos tais como: tristeza, raiva, frustração, limitação, decepção, euforia etc., e naturalmente auxiliam no seu processo de autoestima positiva.

- Fada consciência 1 e 2

Sucessos de LUIZ GASPARETTO

Estes livros vão mudar sua vida! Dentro de uma visão espiritualista moderna, vão ensiná-lo a produzir um padrão de vida superior ao que você tem, atraindo prosperidade, paz interior e aprendendo, acima de tudo, como é fácil ser feliz.

- Gaparetto responde!
- Atitude
- Faça dar certo - nova edição
- Prosperidade profissional
- Conserto para uma alma só
- Para viver sem sofrer
- Se ligue em você (adulto) - nova edição

Série AMPLITUDE

- Você está onde se põe
- Você é seu carro
- A vida lhe trata como você se trata
- A coragem de se ver

Livros ditados pelo espírito Calunga

- Calunga revela as leis da vida
- Um dedinho de prosa
- Tudo pelo melhor
- Fique com a luz
- Verdades do espírito
- Calunga - o melhor da vida

Livros Infantis

- Se ligue em você – nº 1, 2, e 3
- A vaidade da Lolita

LUIZ ANTONIO GASPARETTO EM CD

Autoajuda. Aprenda a lidar melhor com as suas emoções para conquistar um maior domínio interior.

Série PRONTO-SOCORRO

1 – Confrontando o desespero
2 – Confrontando as grandes perdas
3 – Confrontando a depressão
4 – Confrontando o fracasso
5 – Confrontando o medo
6 – Confrontando a solidão
7 – Confrontando as críticas
8 – Confrontando a ansiedade
9 – Confrontando a vergonha
10 – Confrontando a desilusão

Série VIAGEM INTERIOR (vols. 1. 2 e 3)

Exercícios de meditação

Por meio de exercícios de meditação, mergulhe dentro de você e descubra a força de sua essência espiritual e da sabedoria. Experimente e verá como você pode desfrutar de saúde, paz e felicidade desde já.

Série CALUNGA

• Prece da solução
• Chegou a sua vez!
• Presença
• Tá tudo bão!
• Teu amigo

Série PALESTRAS

• Meu amigo, o dinheiro
• Scja sempre o vencedor
• Abrindo caminhos
• Força espiritual
• A eternidade de fato
• Prosperidade
• Conexão espiritual
• S.O.S. Dinheiro
• Mediunidade
• O sentido da vida
• Os homens (somente para mulheres)
• Paz mental
• Romance nota 10
• Segurança
• Sem medo de ter poder
• Simples e chique
• Sem medo de ser feliz
• Sem medo da vida
• Sem medo de amar
• Sem medo dos outros

Série REALIZAÇÃO

Com uma abordagem voltada aos espiritualistas independentes, eis aqui um projeto de 16 CDs para você sintonizar-se com o Poder Espiritual para práticas espirituais de prosperidade.

Rua Agostinho Gomes, 2.312 — SP
55 11 3577-3200

contato@vidaeconsciencia.com.br
www.vidaeconsciencia.com.br